ŒUVRES

DE

J. Michelet

OEUVRES
DE
J. Michelet

HISTOIRE DE LA RÉVOLUTION

TOME TROISIÈME

PARIS

ALPHONSE LEMERRE, ÉDITEUR

27-31, PASSAGE CHOISEUL, 27-31

M DCCC LXXXVIII

CHAPITRE XI

PROGRÈS DE ROBESPIERRE
INTOLÉRANCE DES DEUX PARTIS

L'Assemblée, sur la proposition de Robespierre, décide que les députés ne seront ni ministres, ni réélus, etc., 7 avril, 16 mai 91. — Robespierre succède au crédit des Lameth près des Jacobins, avril. — Les Lameth conseillers de la Cour, avril. — Ils ne parlent ni contre la limitation de la Garde nationale (28 avril), ni pour la défense des Clubs, mai. — Lutte de Duport et de Robespierre, 17 mai. — Tous deux parlent contre la peine de mort. — La lutte religieuse éclate, aux approches de Pâques, 17 avril 91 ; le Roi communie avec éclat. — Le Roi constate publiquement sa captivité, 18 avril. — Intolérance ecclésiastique, spécialement contre ceux qui sortent des couvents. — Intolérance jacobine contre le culte des réfractaires, mai. — Lettre du pape brûlée, 4 mai. — L'Assemblée accorde à Voltaire les honneurs du Panthéon, 30 mai 91.

E 7 avril, cinq jours après la mort de Mirabeau, Robespierre proposa et fit décréter que nul membre de l'Assemblée *ne pourrait être porté au*

ministère pendant les quatre années qui suivraient la session.

Aucun député important n'osa faire d'objection. Nulle réclamation des rédacteurs ordinaires de la Constitution (Thouret, Chapelier, etc.), nulle des agitateurs de la gauche (Duport, Lameth, Barnave, etc.). Ils se laissèrent enlever, sans mot dire, tout le fruit qu'ils pouvaient attendre de la mort de Mirabeau. L'entrée au pouvoir, qui semblait s'ouvrir, leur fut fermée pour toujours.

Cinq semaines après, le 16 mai, Robespierre proposa et fit décréter que les membres de l'Assemblée actuelle *ne pourraient être élus* à la première législature.

Par deux fois, l'Assemblée constituante vota par acclamation contre elle-même.

Et deux fois, sur la *proposition* du député le moins agréable à l'Assemblée, de celui dont elle avait invariablement repoussé les motions, les amendements.

Il y a là un grand changement, qu'il faut tâcher d'expliquer.

Et d'abord, un signe bien surprenant que nous en trouvons, c'est, dès le lendemain de la mort de Mirabeau, le ton nouveau, audacieux, presque impérieux, de Robespierre. Le 6 avril, il reprocha violemment au Comité de Constitution la présentation *à l'improviste* du *projet d'organisation ministérielle* (présenté depuis deux mois). Il parla « de *l'effroi* que lui inspirait l'esprit qui présidait aux délibérations. » Il finit par cette parole dogmatique : « Voilà *l'instruction* essentielle que je présente à l'Assemblée. » Et l'Assemblée ne murmura point. Elle lui accorda, pour le fond de la loi, l'ajournement au lendemain; et c'est le lendemain, 7 avril, qu'assuré probablement d'une forte majorité, il fit la *proposition* d'interdire le ministère aux députés pour quatre ans.

Robespierre n'était plus l'homme hésitant, timide. Il avait pris autorité. On le sentit au 16 mai, où il développa, avec une gravité souvent éloquente, cette thèse de morale politique : que le législateur doit se faire un devoir de rentrer dans la foule des citoyens et se dérober même à la reconnaissance. L'Assemblée, fatiguée de son Comité de Constitution, d'un décemvirat qui parlait toujours et légiférait toujours, sut bon gré à Robespierre d'avoir le premier exprimé une pensée juste et vraie, qu'on peut résumer ainsi : « La Constitution n'est point sortie de la tête de tel ou tel orateur, *mais du sein même de l'opinion qui nous a précédés* et qui nous a soutenus. Après deux années de travaux au-dessus des forces humaines, il ne nous reste qu'à donner à nos successeurs l'exemple de l'indifférence pour notre immense pouvoir, pour tout autre intérêt que le bien public. Allons respirer dans nos départements l'air de l'Égalité. »

Et il ajouta ce mot impérieux, impatient : « Il me semble que, pour l'honneur des principes de l'Assemblée, cette motion ne doit pas être décrétée avec trop de lenteur. » Loin d'être blessée de ce mot, l'Assemblée applaudit, ordonne l'impression, veut aller aux voix. Chapelier demande en vain la parole. La *proposition* est votée à la presque unanimité.

Le prôneur habituel et très zélé de Robespierre, Camille Desmoulins, dit avec raison qu'il regarde ce décret comme un coup de maître : « On pense bien qu'il ne l'a emporté ainsi de haute lutte que parce qu'il avait des intelligences dans l'amour-propre de la grande majorité, qui, ne pouvant être réélue, a saisi avidement cette occasion de niveler tous les honorables membres... Notre féal a calculé très bien, etc. »

Ce qu'il avait calculé, et ce que Desmoulins ne peut dire, c'est que, pour les deux extrêmes, Jacobins, aristocrates, l'ennemi commun à détruire était la Constitution et les constitutionnels, pères et défenseurs naturels de cet enfant peu viable.

Mais Robespierre était un homme trop politique pour qu'on croie qu'il s'en rapportât à ce calcul de vraisemblance, à cette hypothèse fondée sur une connaissance générale de la nature humaine. Quand on le voit parler avec tant de force, d'autorité et de certitude, on ne peut douter qu'il ne fût très positivement instruit de l'appui que sa *proposition* trouverait auprès du côté droit. Les prêtres, pour qui récemment il s'était fort avancé, presque compromis (le 12 mars), pouvaient l'éclairer parfaitement sur la pensée de leur parti.

D'autre part, si la voix de Robespierre semble grossie tout à coup, c'est qu'elle n'est plus celle d'un homme ; un grand peuple parle en lui : celui des sociétés jacobines. La société de Paris, nous l'avons vu, fondée par des députés, et qui d'abord en compte quatre cents en octobre 89, en a au plus cent cinquante le 28 février 91, le jour où Mirabeau fut tué par les Lameth. Qui donc domine aux Jacobins ? Ceux qui ne sont pas députés, qui veulent l'être, ceux qui désirent que l'Assemblée constituante ne puisse être réélue. C'est la pensée des Jacobins que Robespierre a exprimée, leur désir, leur intérêt ; il est leur organe. Il parle pour eux, et devant eux, soutenu par eux, car ce sont eux que je vois là-haut remplir les tribunes. Cette assemblée *supérieure*, comme je l'ai nommée déjà, commence à peser lourdement d'en haut sur l'Assemblée constituante. Et ce n'est pas une des moindres raisons qui font que celle-ci aspire au repos. De plus en plus, les tribunes interviennent, mêlent des paroles aux discours des orateurs, des applaudissements, des huées. Dans la question des colonies, par exemple, un défenseur des colons fut sifflé outrageusement.

L'histoire intérieure de la société jacobine est infiniment difficile à pénétrer. Leur prétendu journal, rédigé par Laclos, loin d'en être la lumière, en est l'obscurcissement. Ce qui pourtant est très visible, c'est que des deux fractions primitives de la société, la fraction orléaniste baisse alors, discréditée par l'avidité de son chef dans l'affaire des quatre millions, par la polémique républicaine que Brissot et autres dirigent contre elle. L'autre fraction (Duport, Barnave et Lameth) semble aussi usée, énervée; il semble qu'en blessant à mort Mirabeau, le soir du 28 février, elle ait laissé dans la plaie son dard et sa vie. En mars, agit-elle encore dans la violente émeute où les Jacobins firent achever le Club des Monarchiens à coups de pierres et de bâtons? C'est ce qu'on ne peut bien savoir. Ce qu'on peut dire en général des triumvirs, c'est que leur mauvais renom d'intrigue et de violence, les bruits sinistres (quoique injustes) qui coururent sur eux à l'occasion de la mort de Mirabeau, auront conduit les Jacobins à suivre de préférence un homme net, pauvre, austère, de précédents inattaquables. La scène remarquable, observée de tous, à l'enterrement de Mirabeau (Lameth au bras de Sieyès, couvert par lui contre les soupçons du peuple, un Jacobin protégé en quelque sorte devant le peuple par l'impopulaire abbé!), c'était de quoi faire réfléchir la société jacobine. Elle laissa les Lameth, se donna à Robespierre.

L'affaire des Jacobins de Lons-le-Saulnier, décidée contre les Lameth par la société de Paris, vers la fin de mars, me paraît dater leur décès.

On pourrait dire presque qu'ils meurent avec Mirabeau ; vainqueurs, vaincus, ils s'en vont à peu près en même temps.

Rien n'avait plus contribué à accélérer leur ruine que leur opinion illibérale sur les droits des hommes de couleur. Les Lameth avaient des habitations aux colonies, des esclaves. Barnave parla hardiment pour les planteurs. L'Assemblée, balancée entre la question trop évidente du Droit et la crainte d'exciter un incendie général, rendit cet étrange décret : « Qu'elle ne délibérerait *jamais* sur l'état des personnes non nées de père et de mère libres, si elle n'en était requise par les colonies. » On était tout à fait sûr que cette réquisition ne viendrait *jamais* : c'était s'interdire de *jamais* délibérer sur l'esclavage des Noirs. Les planteurs voulurent élever une statue à Barnave, comme s'il était mort déjà ; cela n'était que trop vrai.

Indépendamment de ces intérêts, une influence occulte contribuait, il faut le dire, à neutraliser les Lameth.

Peu après la mort de Mirabeau, lorsque beaucoup de gens les en accusaient, un matin, de très bonne heure, Alexandre de Lameth étant encore couché, un petit homme sans apparence veut lui parler, est admis. C'était M. de Montmorin, ministre des Affaires étrangères. Le ministre s'asseoit près du lit, et fait sa confession. Il dit du mal de Mirabeau (sûr moyen de plaire à Lameth), se reproche la mauvaise voie où il est entré, les grandes sommes qu'il a dépensées pour pénétrer les secrets des Jacobins. « Tous les soirs, dit-il, j'avais les lettres qu'ils avaient reçues des provinces, et je les lisais au Roi, qui souvent admirait la sagesse de vos réponses. » La conclusion de l'entretien que Lameth oublie de donner, mais qu'on sait parfaitement, c'est que Lameth succéda, sous un rapport, à Mirabeau, qu'il devint ce qu'était déjà Barnave depuis le mois de décembre : un des conseillers secrets de la Cour*.

L'Assemblée, le 28 avril, franchit un pas redouté : elle décida que les citoyens actifs pourraient seuls être Gardes nationaux. Robespierre réclama. Duport et Barnave gardèrent le silence ; Charles de Lameth parla sur un accessoire.

La véritable pierre de touche, la mortelle épreuve, c'était la défense des Clubs, attaqués solennellement devant l'Assemblée par le département de Paris, la défense des assemblées populaires en général, communes, sections, libres associations, leur droit de faire des pétitions collectives, des Adresses, leur droit d'afficher, etc. Chapelier proposa une loi qui leur ôtait ce droit ; elle fut votée, en effet, non exécutée. Il déclarait que, sans cette loi, les Clubs seraient des corporations, et de toutes les plus formidables. Robespierre et Pétion se portèrent défenseurs des Clubs. Duport, Barnave et Lameth, les fondateurs des Jacobins et leurs meneurs si longtemps, n'allaient-ils pas parler aussi? Tout le monde s'y attendait... Non; silence, profond silence. Visiblement, ils abdiquaient.

Robespierre leur avait lancé un mot, qui, sans doute, contribua à leur ôter toute tentation de prendre la parole : « Je n'excite point la révolte... Si quelqu'un voulait m'accuser, je voudrais qu'il mît toutes ses actions en parallèle avec les miennes. » C'était porter le défi aux anciens perturbateurs de pouvoir parler de paix.

Dans la question de la rééligibilité (16 mai), Duport laissa voter l'Assemblée contre elle-même; mais, le lendemain, lorsqu'on n'eut plus à s'occuper que de la rééligibilité des législatures suivantes, il sortit de son silence. Il semblait qu'il voulût épancher en une fois tout ce qu'il avait d'amertumes et de craintes de l'avenir. Ce discours, plein de choses élevées, fortes, prophétiques, a le tort le plus grave qu'un discours politique puisse avoir : il est triste et découragé. Duport y déclare : qu'encore un pas, et le gouvernement n'est plus ; ou, s'il renaît, ce sera pour se concentrer dans le pouvoir exécutif. Les hommes ne veulent plus obéir aux anciens despotes, mais veulent s'en faire de nouveaux, dont la puissance, plus populaire, sera mille fois plus dangereuse. La Liberté sera placée dans l'individualité égoïste; l'Égalité, dans un nivellement progressif, jusqu'au partage des terres... Déjà, visiblement, on tend à changer la forme du gouvernement, sans prévoir qu'auparavant il faudra noyer dans le sang les derniers partisans du trône, etc., etc. Puis, désignant spécialement Robespierre, il accuse le système adroit de certains hommes qui se contentent toujours de parler principes, hautes généralités, sans descendre aux voies et moyens, sans prendre aucune responsabilité, « car ce n'en est pas une de tenir sans interruption une chaire de Droit naturel. »

Duport, dans sa longue plainte, partait d'une idée inexacte, qu'il répéta par deux fois : « La Révolution est faite. » Ce seul mot détruisait tout. L'inquiétude universelle, le sentiment qu'on avait d'obstacles infinis à vaincre, l'insuffisance des réformes, tout cela mettait dans les esprits une réfutation muette, mais forte, d'une telle assertion. Robespierre n'eut garde de saisir la prise dangereuse que donnait son adversaire, il ne donna pas dans le piège, ne dit pas qu'il fallait continuer la Révolution. Il se tint à la question. Seulement, comme s'il eût voulu rendre une idylle pour une élégie, il revint à son premier discours, aux douces idées morales *« d'un repos commandé par la raison et par la Nature, d'une retraite nécessaire pour méditer sur les principes. »* Il garantit *« qu'il existait dans chaque contrée de l'empire des pères de famille* qui viendraient faire volontiers le métier de législateurs, *pour assurer à leurs enfants* des mœurs, une patrie... Les intrigants s'éloigneraient : tant mieux, *la vertu modeste* recevrait alors le prix qu'ils lui auraient enlevé. »

Cette sentimentalité, traduite en langue politique, signifiait que Robespierre, ayant saisi le levier révolutionnaire échappé aux mains de Duport (le levier des Jacobins), ne craignait pas de se fermer l'Assemblée *officielle*, au nom des principes, pour d'autant mieux tenir la seule assemblée *active*, *efficace*, le grand Club directeur. Il y avait à parier que la prochaine législature, n'ayant plus des Mirabeau, des Duport, des Cazalès, serait faible et pâle, et que la vie, la force, seraient toutes aux Jacobins. Cette douce retraite philosophique qu'il conseillait à ses adversaires, lui il savait où la prendre, au vrai centre du mouvement.

Duport honora sa chute par un discours admirable contre *la peine de mort*, où il atteignit le fond même du sujet, cette profonde objection : « Une société qui se fait légalement meurtrière, n'enseigne-t-elle pas le meurtre ? » Cet homme éminent, dont le nom reste attaché à l'établissement du Jury en France et à toutes nos institutions judiciaires, eut, comme Mirabeau, le glorieux bonheur de finir sur une question d'humanité. Son discours, supérieur en tout sens au petit discours académique que Robespierre prononça aussi contre *la peine de mort*, n'eut pourtant aucun écho. Personne ne remarqua ces paroles, où l'on n'entrevoit que trop un sombre pressentiment : « Depuis qu'un changement continuel dans les hommes a rendu presque nécessaire un changement dans les choses, faisons au moins que les scènes révolutionnaires soient le moins tragiques. *Rendons l'homme respectable à l'homme !* »

Grave parole, qui malheureusement n'avait que trop d'à-propos. L'homme, la vie de l'homme, n'étaient déjà plus respectés. Le sang coulait. La guerre religieuse commençait à éclater.

Dès la fin de 90, la résistance obstinée du Clergé à la vente des biens ecclésiastiques avait mis les municipalités dans l'embarras le plus cruel. Elles répugnaient à sévir contre les personnes, s'arrêtaient devant cette force d'inertie qui leur était opposée ; d'inertie plutôt apparente, car le Clergé agissait très activement par le confessionnal et la Presse, par la diffusion des libelles. Il répandait, spécialement en Bretagne, le livre atroce de Burke contre la Révolution.

Entre les municipalités, timides, inactives, et le Clergé insolemment rebelle, la nouvelle religion périssait vaincue. Partout, les sociétés des Amis de la Constitution furent obligées de pousser les municipalités, d'accuser leur inaction ; au besoin, d'agir à leur place. La Révolution prenait ainsi un redoutable caractère : elle tombait tout entière entre les mains patriotiques, mais intolérantes, violentes, des sociétés jacobines.

Il faut dire, comme César : « *Hoc voluerunt.* » Eux-mêmes, ils l'ont ainsi voulu. — Les prêtres ont cherché la persécution, pour décider la guerre civile.

Le fatal décret du serment immédiat, la scène du 4 janvier, où les nouveaux Polyeuctes eurent à bon marché la gloire du martyre, donna partout au Clergé une joie, une audace immense. Ils marchaient maintenant hauts et fiers, la Révolution allait tête basse.

L'un des premiers actes d'hostilité fut fait, comme il était juste, par un pontife édifiant, le cardinal de Rohan, le héros de l'affaire du Collier*. Il rentra ainsi en grâce auprès des honnêtes gens. Retiré au delà du Rhin, il anathématisa (en mars) son successeur, élu par le peuple de Strasbourg, et commença la guerre religieuse dans cette ville inflammable.

Une lettre de l'évêque d'Uzès qui chantait : *Io ! triumphe !* pour le refus du serment, tomba dans Uzès, comme une étincelle, la mit en feu. On sonna le tocsin, on se battit dans les rues.

En Bretagne, le Clergé remua sans peine la sombre imagination des paysans. Dans un village, un curé leur dit la messe à trois heures, leur annonce qu'ils n'auront jamais plus de vêpres, qu'elles sont pour toujours abolies. Un autre choisit un dimanche, dit la messe de grand matin, encore en pleine nuit, prend le crucifix sur l'autel, le fait baiser aux paysans : « Allez, dit-il, vengez Dieu, allez tuer les impies. » Ces pauvres gens, égarés, marchent en armes sur Vannes ; il faut que la troupe, la Garde nationale, leur ferment l'entrée de la ville, on ne peut les disperser qu'en tirant sur eux ; une douzaine restent sur la place.

Tout cela, aux approches de Pâques. On attendait curieusement si le *Roi* communierait avec les amis ou les ennemis de la Révolution. On pouvait déjà le prévoir : il avait éloigné le curé de la paroisse qui était assermenté ; les Tuileries étaient pleines de prêtres non-conformistes. Ce fut entre leurs mains qu'il communia, le dimanche 17 avril, en présence de La Fayette, qui lui-même, au reste, donnait chez lui le même exemple, ayant dans sa chapelle un prêtre réfractaire pour dire la messe à madame de La Fayette. La communion du Roi avait cela de hardi, qu'elle se faisait en grande pompe, qu'on obligeait la Garde nationale d'y assister, de porter les armes au grand-aumônier, etc. Un grenadier refusa positivement de rendre cet hommage à la contre-révolution. Le district des Cordeliers l'en remercia le soir, et, par une affiche, « dénonça au peuple français le premier fonctionnaire public comme rebelle aux lois qu'il a jurées, autorisant la révolte. »

Cela n'était que trop exact. La Cour avait besoin d'un scandale et désirait une émeute pour constater devant l'Europe la non-liberté du Roi. Cette émeute, projetée depuis longtemps (selon La Fayette), retardée, à ce qu'il semble, par la mort de Mirabeau, à qui l'on aurait donné un rôle dans la comédie, eut lieu aux jours solennels, aux jours les plus émus pour les cœurs religieux, à la seconde fête de Pâques, le lundi 18 avril 1791.

Tout le monde bien averti la veille, tous les journaux retentissant dès le matin du départ du Roi, la foule obstruant déjà tous les abords du palais, vers onze heures, le Roi, la Reine, la famille, les évêques, les serviteurs, remplissant plusieurs voitures bien chargées, se mettent en mouvement pour partir. On ne va, dit-on, qu'à Saint-Cloud ; mais la foule serre les voitures. On sonne le tocsin à Saint-Roch. La Garde nationale rivalise avec le peuple pour empêcher tout passage. L'animosité était grande contre la Reine, contre les évêques. « Sire, dit un grenadier au Roi, nous vous aimons, mais *vous seul !* » La Reine entendit des mots bien plus durs encore ; elle trépignait, pleurait.

La Fayette veut faire un passage, mais personne n'obéit. Il court à l'Hôtel de Ville, demande le drapeau rouge. Danton, qui était là heureusement, lui fit refuser le drapeau, et peut-être empêcha un massacre : La Fayette, ignorant alors que l'intention du départ fût simulée, eût agi selon toute la rigueur de la Loi. Il avait laissé Danton à l'Hôtel de Ville, il le retrouva aux Tuileries, à la tête du bataillon des Cordeliers [*], qui vint, sans être commandé.

Au bout de deux heures, on rentra, ayant suffisamment constaté ce qu'on voulait.

La Fayette, indigné d'avoir été désobéi, donna

sa démission. L'immense majorité de la Garde nationale le supplia, l'apaisa ; la bourgeoisie ne se fiait qu'à lui pour le maintien de la paix publique.

Le Roi, le mardi 19, fit une démarche étrange, qui porta au comble la crainte où l'on était de son départ. Il vint à l'improviste dans l'Assemblée, déclara qu'il persistait dans l'intention d'aller à Saint-Cloud, de prouver qu'il était libre, ajoutant qu'il voulait maintenir la Constitution, « dont fait partie la Constitution du Clergé. » — Étrange contradiction avec sa communion du dimanche précédent, avec l'appui qu'il donnait aux prêtres rebelles.

Il ne faut pas croire que ces prêtres, victimes résignées, patientes, se tinssent heureux d'être ignorés. Ils agissaient de la manière la plus provocante, se montrant partout, aboyant, menaçant, empêchant les mariages, troublant la tête des filles, leur faisant croire que si elles étaient mariées par les prêtres constitutionnels, elles ne seraient que concubines, et que leurs enfants resteraient bâtards.

Les femmes étaient à la fois les victimes et les instruments de cette espèce de Terreur qu'exerçaient les prêtres rebelles. Elles sont plus braves que les hommes, habituées qu'elles sont à être respectées, ménagées, et croyant au fond qu'elles ne risquent pas grand'chose. Aussi faisaient-elles audacieusement tout ce que n'osaient faire leurs prêtres. Elles allaient, venaient, portaient les nouvelles, parlaient haut et fort. Sans parler des victimes obligées de leur irritation (je parle des maris, persécutés dans leur intérieur, poussés à bout de refus, d'aigreurs, de reproches), elles étendaient leurs rigueurs à beaucoup de petites gens de leur clientèle ou de leur maison. Malheur aux marchands philosophes, aux fournisseurs patriotes ! Les femmes fuyaient leurs boutiques; toutes les pratiques allaient aux boutiques bien pensantes.

Les églises étaient désertes. Les couvents ouvraient leurs chapelles à la foule des contre-révolutionnaires, athées hier, dévots aujourd'hui. — Chose plus grave, ces couvents maintenaient audacieusement leurs clôtures, tenaient leurs portes fermées sur les reclus ou recluses qui voulaient sortir, aux termes des décrets de l'Assemblée.

Une dame de Saint-Benoît, ayant insisté pour rentrer dans sa famille, fut en butte à mille outrages. On refusa de lui laisser emporter les petits objets sans valeur pour lesquels les religieuses ont souvent beaucoup d'attache. On la mit comme nue à la porte. Les parents étant venus réclamer, on leur jeta, sans ouvrir, quelques hardes par la fenêtre, comme si elles contenaient la peste; on les accabla d'injures.

L'Assemblée nationale reçut une pétition de la mère d'une autre religieuse, que l'on retenait de force; la supérieure et le directeur l'empêchaient de transmettre à la municipalité la *déclaration* qu'elle faisait de quitter son ordre. Aux dames de Saint-Antoine, une jeune sœur converse ayant témoigné de la joie pour les décrets d'affranchissement, fut en butte aux outrages, aux sévices de l'abbesse, grande dame très fanatique, et des autres religieuses qui faisaient leur cour à l'abbesse. La sœur, ayant trouvé moyen d'avertir de ses souffrances et de son danger, sortit d'une manière étrange : elle passa la tête au tour, et un homme charitable, la tirant de là à grand'peine, parvint à faire passer le reste. Une famille la reçut dans le faubourg Saint-Antoine; une souscription fut ouverte dans les journaux pour la pauvre fugitive.

On juge que de telles histoires n'étaient pas propres à calmer le peuple, déjà si cruellement irrité de ses misères. Il souffrait infiniment, ne savait à qui s'en prendre. Tout ce qu'il voyait, c'est que la Révolution ne pouvait ni avancer ni reculer : à chaque pas, il rencontrait une force immobile, la royauté; et, derrière, une force active, l'intrigue ecclésiastique. Il ne faut pas s'étonner s'il frappa sur ces obstacles. Je ne crois pas que les Jacobins aient eu besoin de le pousser : des trois fractions jacobines, deux (Lameth et Orléans) avaient alors moins d'influence; quant à celle de Robespierre, elle était certainement violente et fanatique; toutefois son chef, personnellement, n'était point homme d'émeute, moins encore contre les prêtres que contre tout autre ennemi.

Le mouvement fut spontané, sorti naturellement de l'irritation et de la misère. Des femmes se portèrent aux couvents, et fouettèrent des religieuses.

Mais ensuite, selon toute vraisemblance, on exploita le mouvement : on lui donna une grande scène, une occasion solennelle. C'était le plan de la Cour de compromettre, autant qu'il était possible, la Révolution devant la population catholique du royaume, devant l'Europe. Les non-conformistes louèrent de la municipalité une église dans le lieu le plus passant de Paris, sur le quai des Théatins ; là, ils devaient faire leurs pâques. La foule s'y porta, comme on pouvait aisément le prévoir, attendit, fermenta dans cette attente, menaça ceux qui viendraient. Le défi anime et excite : deux femmes se présentèrent, furent brutalement fouettées. On attacha deux balais sur la porte de l'église. L'autorité les enleva, mais ne put disperser la foule. Sieyès réclama en vain dans l'Assemblée les droits de la liberté religieuse. Le peuple, tout entier au sentiment de ses misères, s'obstinait à n'y voir qu'une question politique : le prêtre rebelle et ses fauteurs lui apparaissaient, non sans cause, comme soufflant ici l'étincelle qui devait allumer l'Ouest, le Midi, le monde peut-être.

Avignon et le Comtat offraient déjà une atroce miniature de nos guerres civiles imminentes. La première, fortifiée de tout ce qu'il y avait d'ardents révolutionnaires à Nîmes, Arles, Orange, guerroyait contre Carpentras, le siège de l'aristocratie. Guerre barbare des deux côtés, de vieilles rancunes envenimées, de fureurs nouvelles, moins une guerre qu'une scène horriblement variée d'embûches et d'assassinats. Les lenteurs de l'Assemblée nationale y étaient pour beaucoup, on devait l'en accuser, et la fatale proposition de Mirabeau d'ajourner la décision. Elle n'arriva que le 4 mai, et, encore, ne décida rien. L'Assemblée déclarait qu'Avignon ne faisait point partie intégrante de la France, sans toutefois que la France renonçât à ses droits. — Ce qui revenait à dire : « L'Assemblée juge qu'Avignon n'appartient pas, sans nier qu'elle appartienne. »

Le même jour, 4 mai, se répand dans Paris un bref du pape, une sorte de déclaration de guerre contre la Révolution. Il s'y répand en injures contre la Constitution française, déclare nulles les élections de curés et évêques, leur défend d'administrer les sacrements. Une société patriotique, pour rendre insulte pour insulte, jugea le lendemain le pape au Palais-Royal, et brûla son mannequin. Aux termes du même jugement, le journal bien aimé des prêtres, celui de l'abbé Royou, fut brûlé aussi, après avoir été préalablement mis dans le ruisseau.

Le pape a fait du chemin depuis le quatorzième siècle. Au soufflet de Boniface VIII, le monde tressaillit d'horreur. La Bulle brûlée par Luther l'agita profondément encore. Ici, le pape et Royou finissent paisiblement ensemble, sans que personne y prenne garde, exécutés au ruisseau de la rue Saint-Honoré.

Autant le pape recule, autant son adversaire avance. Cet adversaire immortel (qui n'est autre que la Raison), quelque déguisement qu'il prenne, jurisconsulte en 1300, théologien en 1500, philosophe au dernier siècle, il triomphe en 91.

La France, dès qu'elle peut parler, rend grâce à Voltaire. L'Assemblée nationale décrète au glorieux libérateur de la pensée religieuse les honneurs de la victoire. Elle est gagnée, il a vaincu ; qu'il triomphe maintenant, qu'il revienne dans son Paris, dans sa capitale, ce roi de l'esprit. L'exilé, le fugitif, qui n'eut point de lieu ici-bas, qui vécut entre trois royaumes, osant à peine poser l'aile, comme l'oiseau qui n'a pas de nid, qu'il vienne dormir en paix dans l'embrassement de la France.

Mort cruelle ! il n'avait revu Paris, cette foule idolâtre, ce peuple qui l'avait compris, que pour s'en arracher avec plus de déchirement ! Poursuivi sur son lit de mort, même après la mort, banni, enlevé la nuit par les siens, le 30 mai 78, caché dans une tombe obscure, son retour est décrété le 30 mai 91. Il reviendra, mais de jour, au grand soleil de la Justice, porté triomphalement sur les épaules du peuple, au temple du Panthéon.

Pour comble, il verra la chute de ceux qui le

proscrivirent. Voltaire vient; prêtres et rois s'en vont. Son retour est décrété, par un remarquable à-propos, lorsque les prêtres, surmontant l'indécision de Louis XVI, ses scrupules, vont le pousser à Varennes, à la trahison, à la honte. Comment, pour ce grand spectacle, nous passerions-nous de Voltaire? Il faut qu'il vienne voir à Paris la déroute de Tartufe. Il est le héros de la fête. Au moment où le prêtre laisse sa trame ténébreuse éclater au jour, Voltaire ne peut manquer de sortir aussi du caveau. Averti par l'audacieuse révélation de Tartufe, il se révèle en même temps, passe la tête hors du sépulcre, et dit à l'autre, avec ce rire formidable auquel croulent les temples et les trônes: « Nous sommes inséparables ; tu parais, je parais aussi. »

CHAPITRE XII

PRÉCÉDENTS DE LA FUITE DU ROI

Louis XV préoccupé du portrait de Charles Ier; Louis XVI, de l'histoire de Charles Ier et de Jacques II. — Louis XVI craint toutes les puissances, ne veut point quitter le royaume. — L'Europe est ravie de voir la France divisée.— La Russie et la Suède encouragent l'évasion. — L'Autriche en donne le plan, octobre 90. — Le projet eut d'abord une apparence française, puis devint tout étranger. — Le roi, étranger par sa mère; indifférent, comme chrétien, à la nationalité. — Le Roi blessé dans ses nobles et ses prêtres, février-mai 91. — Duplicité du Roi et de la Reine: ils trompent tout le monde. — Toute la famille royale, spécialement la Reine, contribue à la perte du Roi.—Préparatifs imprudents de la fuite du Roi, mars-mai 91.

Je ne puis visiter le musée du Louvre sans m'arrêter et rêver, souvent longtemps, malgré moi, devant le Charles Ier de Van Dyck. Ce tableau contient à la fois l'Histoire d'Angleterre et celle de France. Il a eu sur nos affaires une influence directe qu'ont rarement les œuvres d'art. Le grand peintre, à son insu, y mit le destin de deux monarchies.

L'histoire du tableau lui-même est curieuse. Il faut la prendre un peu haut, dire comment il vint en France.

Lorsque le ministère Aiguillon-Maupeou voulut décider Louis XV à briser le Parlement, il y avait une opération préalable à faire, rendre au vieux Roi usé la faculté de vouloir, en refaire un homme. Pour cela, il fallait fermer le sérail où il s'éteignait, lui faire accepter une maîtresse, le réduire à une femme ; rien n'était plus difficile. Il fallait que cette maîtresse, fille folle, hardie, amusante, mît les autres à la porte ; qu'elle n'eût pas trop d'esprit, ne fît pas la Pompadour, mais qu'elle eût assez d'esprit pour répéter à toute heure une leçon bien apprise.

Madame Du Barry, c'est son nom, joua son rôle à merveille. Cette singulière Égérie, lui soufflant la royauté la nuit et le jour, n'eût pas réussi pourtant avec un tel homme, si, à l'appui des paroles, elle n'eût appelé le secours des yeux, rendu sensible et visible la leçon qu'elle répétait. On acheta pour elle, en Angleterre, le tableau de Van Dyck, sous le prétexte étrange que, le page qu'on y voit s'appelant Barry, c'était pour elle un tableau de famille. Cette grande toile, digne de respect, et comme œuvre du génie, et comme monument des tragédies du destin, fut établie, chose indigne, au boudoir de cette fille, dut entendre ses éclats de rire, voir ses ébats effrontés. Elle prenait le Roi par le cou, et lui montrant Charles Ier : « Vois-tu, la France (c'est ainsi qu'elle appelait Louis XV), voilà un roi à qui on a coupé le cou, parce qu'il a été faible pour son Parlement. Va donc ménager le tien ! »

Dans ce petit appartement très bas (une suite de mansardes, qu'on voit encore dans les combles de Versailles), le grand tableau, vu si près, de plain-pied, face à face, eût été d'un effet pénible pour un homme moins fini de cœur, et de sens moins amortis. Nul autre que Louis XV n'eût porté sans en souffrir ce triste et noble regard où se voit une révolution tout entière, cet œil plein de fatalité, qui vous entre dans les yeux.

On se rappelle que le grand maître, par une sorte de divination, a d'avance peint Charles Ier comme aux derniers jours de sa fuite ; vous le voyez simple *cavalier*, en campagne contre les *têtes rondes*. Il semble que, de proche en proche, il est acculé à la mer. On la voit là solitaire, inhospitalière. Ce Roi des mers, ce Lord des îles, a la mer pour ennemie ; devant lui, l'Océan sauvage ; derrière, l'attend l'échafaud.

Ce tableau mélancolique, placé, sous Louis XVI, aux appartements du Roi, dut le suivre à Paris avec le mobilier de Versailles. Nul autre ne pouvait faire plus d'impression sur lui : il était fort préoccupé de l'Histoire d'Angleterre, et très spécialement de celle de Charles Ier. Il lisait assidûment Hume, et autres historiens anglais, dans leur langue. Il en avait retenu ceci, que Charles Ier avait été mis à mort pour avoir fait la guerre à son peuple, et que Jacques II avait été déclaré déchu pour avoir délaissé son peuple. S'il y avait une idée arrêtée en lui, c'était de ne point s'attirer le sort ni de l'un ni de l'autre, de ne point tirer l'épée, de ne point quitter le sol de la France. Indécis dans ses paroles, lent à se résoudre, il était très obstiné dans les idées qu'il avait conçues une fois. Nulle influence, pas même celle de la Reine, n'eût pu le tirer de là. Cette résolution de ne point agir, de ne point se compromettre, allait parfaitement d'ailleurs à son inertie naturelle. Il était fort indisposé contre les émigrés qui remuaient sur la frontière, criaient, menaçaient, faisaient blanc de leur épée, sans s'inquiéter s'ils aggravaient la position du Roi, dont ils se disaient les amis. En décembre 90, leur *conseil* se tenant à Turin, le prince de Condé proposait d'entrer en France et de marcher sur Lyon, « quoi qu'il pût arriver au Roi. »

Louis XVI avait, de plus, un autre scrupule pour faire la guerre. C'était la nécessité de s'aider de l'étranger. Il connaissait très bien l'état de l'Europe, les vues intéressées des puissances. Il voyait l'esprit intrigant, ambitieux, de la Prusse, qui, se croyant jeune, forte, très militaire, poussait partout au trouble pour trouver quelque chose à prendre. Dès 1789, la Prusse était là, qui offrait à Louis XVI d'entrer avec cent mille hommes. D'autre part, le machiavélisme de l'Autriche ne lui était pas moins suspect ; il n'aimait pas ce Janus à deux faces : dévot, philosophe. C'était pour lui une tradition paternelle et maternelle : sa mère était de la maison de Saxe ; son père, le Dauphin, crut mourir empoisonné par Choiseul, ministre lorrain, créature de Lorraine-Autriche, élevé par Marie-Thérèse, et qui maria Louis XVI à une Autrichienne. Quoique tendrement attaché à la Reine, il devenait fort défiant quand elle parlait de recourir à la protection de son frère Léopold.

La Reine n'avait nulle autre chance. Elle craignait extrêmement les émigrés. Elle n'ignorait pas qu'ils agitaient la question de déposer Louis XVI, et de nommer un régent. Elle voyait près du comte d'Artois son plus cruel ennemi, M. de Calonne, qui, de sa main, avait annoté, corrigé le pamphlet de madame de Lamotte contre elle, dans la vilaine affaire du Collier. Elle avait à craindre plus de ce côté que de la Révolution. La Révolution n'en voulant qu'à la Reine, ne lui eût pris que la tête ; mais Calonne eût pu faire faire le procès à la femme, à l'épouse, la déshonorer peut-être juridiquement, l'enfermer.

Elle se tint, sans variation, au plan des hommes de l'Autriche, Mercy et Breteuil. Elle amusa Mirabeau, puis Lameth, Barnave, pour gagner le temps. Il en fallait pour que l'Autriche sortît de ses embarras de Brabant, de Turquie et de Hongrie. Il en fallait pour que Louis XVI, travaillé habilement par le Clergé, fît céder ses scrupules de roi aux scrupules de chrétien, de dévot. L'idée d'un devoir supérieur pouvait seule le faire manquer à ce qu'il croyait un devoir.

Le Roi, s'il l'eût voulu, pouvait fort aisément partir seul, sans suite, à cheval. C'était l'avis de Clermont-Tonnerre. Ce n'était nullement celui de la Reine. Elle ne craignait rien tant au monde que d'être un moment séparée du Roi. Peut-être aurait-il cédé aux insinuations de ses frères contre elle. Elle profita de l'émotion qu'il eut au 6 Octobre, lorsqu'il crut qu'elle avait été si près de périr ; pleurante, elle lui fit jurer qu'il ne partirait jamais seul, qu'ils ne s'en iraient qu'ensemble, échapperaient ou périraient ensemble. Elle ne voulait même pas qu'ils partissent, au même moment, par des routes différentes.

Louis XVI refusa, au printemps de 90, les offres qu'on fit de l'enlever. Il ne profita pas, pour fuir, du séjour à Saint-Cloud qu'il fit dans la même année ; il y avait toute facilité, allant tous les jours à cheval ou en voiture, et à plusieurs lieues. Il ne voulait laisser personne, ni la Reine, ni le Dauphin, ni Madame Élisabeth, ni Mesdames. La Reine ne pouvait se décider non plus à laisser telle dame confidente, telle femme qui avait ses secrets. On ne voulait partir qu'en masse, en troupe, en corps d'armée.

Dans l'été de 90, l'affaire du serment des prêtres troublant fort la conscience du Roi, on le poussa à la démarche d'écrire aux puissances et de protester. Le 6 octobre 90, il envoya une première *protestation* à une Cour parente, à son cousin, le roi d'Espagne, celui de tous les princes dont il se défiait le moins. Puis il écrivit à l'Empereur, à la Russie, à la Suède ; en dernier lieu, le 3 décembre, il s'adressa à la puissance qui lui était le plus suspecte, ayant voulu tout d'abord se mêler des affaires de France ; je parle de la Prusse. Il demandait à tous « un congrès européen, appuyé d'une force armée, » sans expliquer s'il voulait que cette force fût active contre la Révolution (Hardenberg, I, 103).

Les rois n'avaient généralement point de hâte. Le Nord branlait. La révolution de Pologne était imminente ; elle éclata au printemps (3 mai), et prépara un nouveau démembrement. Les autres États destinés à être absorbés tôt ou tard, la Turquie, la Suède, étaient ajournés. Mais déjà Liège et le Brabant venaient d'être dévorés. Le tour de la France arrivait, dès qu'elle serait assez mûre. « Les rois, dit Camille Desmoulins, ayant goûté du sang des peuples, ne s'arrêteront pas aisément. On sait que les chevaux de Diomède, ayant une fois mangé de la chair humaine, ne voulurent plus rien autre chose. »

Seulement, il fallait que la France devînt mûre et tendre, avant d'y mettre la dent, qu'elle s'affaiblît, se mortifiât par la guerre civile. On l'y encourageait fort. La grande Catherine écrivait à la Reine, pour l'animer à la résistance, cette parole qui vise au sublime : « Les rois doivent suivre leur marche sans s'inquiéter des cris du peuple, comme la lune suit son cours sans être arrêtée par les aboiements des chiens. » Imitation burlesque de Lefranc de Pompignan, ici d'autant plus ridicule que, pour suivre la comparaison, la lune se trouvait très réellement arrêtée.

Pour la tirer de cette éclipse, l'excellente Catherine animait toute l'Europe, agissait énergiquement de la plume et de la langue. Si elle pouvait, en effet, par la délivrance du Roi, déchaîner la guerre civile, puis mettre tous les rois aux prises sur le cadavre de la France, combien lui serait-il facile, assise dans son charnier du Nord, de boire le sang de la Pologne, d'en sucer les os !...

Quand l'évasion fut tentée, ce fut le ministre de Russie qui se chargea de faire donner à la Reine un passe-port de dame russe. Catherine n'envoyait nul secours ; mais elle trouvait très bon que Gustave III, le petit roi de Suède (qu'elle venait de battre, et maintenant son ami), roi d'esprit inquiet, romanesque, aventureux, cherchât son aventure à Aix, à la porte de la France. Là, sous prétexte des eaux, il devait attendre la belle Reine fuyant avec son époux, offrir son invincible épée, et, sans intérêt, enseigner au bon Louis XVI comment on refait les trônes.

L'Autriche, en possession, depuis Choiseul, depuis le mariage de Louis XVI, de l'alliance française, avait un intérêt bien plus direct à l'évasion du Roi. Seulement, pour que la jalouse Prusse et la jalouse Angleterre laissassent intervenir, il fallait non seulement que Louis XVI se remît positivement à l'Autriche, mais qu'un grand parti se déclarant pour lui, un puissant noyau royaliste se formant à l'Est, l'Autriche fût, comme malgré elle, obligée, sommée par la France. *La guerre civile commencée*, c'était la condition expresse que notre fidèle allié mettait à l'intervention.

Dès octobre 90, les conseillers de la Reine, les deux hommes de l'Autriche, Mercy et Breteuil, insistèrent pour l'évasion.

Breteuil envoya de Suisse un évêque avec son plan, conforme à celui que Léopold envoya plus tard ; mais ni la Reine, ni l'évêque, ne crurent prudent de parler au Roi les premiers du plan autrichien. La Reine le lui fit présenter par un homme à elle, intimement lié avec elle dans ses beaux jours, et resté très dévoué, un officier suédois, M. de Fersen. Pour ne point effrayer le Roi, on lui parlait simplement de se réfugier auprès de M. de Bouillé, au sein des régiments fidèles qui venaient de montrer tant de vigueur à Nancy, dans la proximité de la frontière autrichienne, à portée des secours de son beau-frère Léopold. Le Roi écouta, fut muet.

La Reine survint alors, appuya, pressa, obtint à la longue (23 octobre 90) un pouvoir général de traiter avec l'étranger, pouvoir donné par le Roi à Breteuil, l'homme de la Reine ; *l'étranger*, dès lors, ne devait plus être l'Europe, mais spécialement l'Autriche. M. de Bouillé, averti, conseillait au Roi de se rendre de préférence à Besançon, à portée du secours des Suisses, assuré par les capitulations, et d'ailleurs moins compromettant que celui d'aucune puissance. Ce n'était pas là le compte des conseillers autrichiens. On insista pour Montmédy, à deux lieues des terres d'Autriche.

Pour s'entendre définitivement, M. de Bouillé envoya en décembre l'un de ses fils, Louis de Bouillé, qui, conduit par l'évêque entremetteur primitif de cette affaire, alla de nuit s'aboucher avec Fersen dans une maison fort retirée du faubourg Saint-Honoré. Le jeune Bouillé était bien jeune, n'ayant que vingt et un ans; Fersen était infiniment dévoué, mais distrait, oublieux, ce semble; on en jugera tout à l'heure. Ce furent pourtant ces deux personnes qui eurent en main et réglèrent le destin de la monarchie.

M. de Bouillé, connaissant la Cour, et sachant qu'on pourrait fort bien le désavouer, si la chose tournait mal, avait exigé du Roi qu'il écrivît une lettre détaillée pour l'autoriser, laquelle passerait sous les yeux de son fils qui en tirerait copie. Chose grave, chose périlleuse. Le Roi écrivait et signait un mot qui, deux ans après, devait le mener à la mort : « Il faut s'assurer, avant tout, des *secours* de l'étranger. »

En octobre, le Roi, dans la première approbation qu'il donnait au projet, disait seulement qu'il comptait sur les *dispositions favorables* de l'Empereur et de l'Espagne. En décembre, il veut leurs *secours*.

Le projet d'abord avait eu une apparence française. Le succès de M. de Bouillé à Nancy avait donné l'espoir qu'un grand parti, et dans l'armée et dans la Garde nationale, se prononcerait pour le Roi, que la France serait divisée : il suffisait alors à M. de Bouillé que l'Autrichien fît une démonstration *extérieure*, seulement pour donner prétexte de réunir des régiments à mesure. Un fait se déclara qui changeait la face des choses, l'unanimité de la France.

L'affaire devint tout étrangère. M. de Bouillé avoue qu'il avait besoin de troupes allemandes *pour contenir* le peu qui lui restait de Français. *Il exigeait*, dit son fils, le secours des étrangers. A Paris, l'évasion fut tramée chez un Portugais, dirigée par un Suédois ; la voiture qui y servit fut cachée chez un Anglais.

Ainsi, dans ses moindres détails, comme dans ses circonstances les plus importantes, l'affaire apparaît, et fut, une conspiration étrangère, l'étranger déjà au cœur du royaume, nous faisant la guerre par le Roi. Et le Roi même, la Reine, qu'étaient-ils ? Étrangers tous deux par leurs mères : lui, né Bourbon-*Saxon ;* elle, née Lorraine-*Autriche*.

Les souverains en général, en qui les peuples cherchent les gardiens de leur nationalité, se trouvent ainsi, par leurs parentés et mariages, moins nationaux qu'européens, ayant souvent à l'étranger leurs relations les plus chères, leurs amitiés, leurs amours. Il est peu de rois qui, en bataille contre un roi, ne se trouvent avoir en face un cousin, neveu, beau-frère, etc. Ces rapports, qui, en Justice, obligent les hommes à se récuser, ne sont-ils pas des causes de suspicion légitime dans cette suprême Justice des nations qui se plaide en diplomatie, ou se tranche par l'épée ?

L'homme sous lequel la Marine française s'était relevée contre l'Angleterre n'était certes pas un roi *étranger* de sentiment; *il l'était de race.* L'Allemand était son parent, l'Espagnol était son parent. S'il avait quelque scrupule d'appeler l'Autriche, il le combattait par l'idée qu'il appelait en même temps le roi d'Espagne, son cousin.

Il était encore *étranger*, par un sentiment extérieur (supérieur à ses yeux), à toute nationalité : *étranger de religion.* Pour le chrétien, la patrie est une chose secondaire. Sa vraie, sa grande patrie, est l'Église, dont tout royaume est province. Le

Roi *très chrétien*, oint par les prêtres au sacre de Reims, lié par le serment du sacre, et n'en étant point délié, jugeait nul tout autre serment. Quoiqu'il connût très bien les prêtres et ne les eût pas toujours écoutés, ici il les consulta : l'évêque de Clermont le confirma dans l'idée que l'atteinte aux biens ecclésiastiques était sacrilège (mars 90?), le pape, dans l'horreur que lui inspirait la Constitution civile du Clergé (sept. 90). L'évêque de Pamiers lui apporta le plan d'évasion (octobre) ; et la nécessité où il fut de sanctionner le décret du serment des prêtres (26 décembre) leva en lui tous scrupules. Le chrétien tua le roi, le Français.

Sa faible et trouble conscience se repaissait de deux idées, celles dont nous avons parlé au commencement de ce chapitre : 1° il croyait ne pas imiter Jacques II, ne pas quitter le royaume ; 2° ne pas imiter Charles Ier, ne point faire la guerre à son peuple. — Ces deux points évités, ceux que l'Histoire d'Angleterre lui avait mis dans l'esprit, il ne craignait rien au monde, se reposant tacitement sur la vieille superstition qui a enhardi les rois à tant de démarches coupables : « Que m'arriverait-il, après tout ? je suis l'oint de Dieu. »

Il écrivit dans la lettre qu'exigeait Bouillé qu'à aucun prix il ne voulait mettre le pied hors du royaume (pas même pour y rentrer à l'instant par une autre frontière), qu'il tenait absolument à n'en *point sortir*.

Les rois ont une religion spéciale : ils sont dévots à la royauté. Leur personne est une hostie, leur palais est le saint des saints, leurs serviteurs et domestiques ont un caractère sacré et quasi sacerdotal. Louis XVI fut sensiblement blessé dans cette religion par la scène qui eut lieu aux Tuileries, le 28 février au soir. La Fayette, à la tête de la Garde nationale, venait de comprimer l'émeute de Vincennes, et restait convaincu qu'elle était l'œuvre du château. Il revient aux Tuileries, et les trouve pleines de gentilshommes armés, qui sont là, sans pouvoir expliquer la cause de leur rassemblement. La Garde nationale, émue encore et de très mauvaise humeur, ne montra pas pour ces nobles seigneurs les égards que des gens de leur sorte se croyaient en droit d'attendre. On leur ôta leurs épées, leurs pistolets, leurs poignards, on les baptisa d'un nom qui reviendra plus d'une fois dans la Révolution, *chevaliers du poignard ;* désarmés, sortant un à un, parmi les huées, quelques-uns d'entre eux reçurent de la brutalité des bourgeois armés quelques corrections fraternelles.

Louis XVI, le cœur bien gros pour ce défaut de respect, fut infiniment plus sensible encore à l'expulsion des prêtres non-assermentés, qui, au printemps, durent quitter leurs églises. Il en reçut un grand nombre dans les maisons royales, dans les Tuileries. Il ne connaissait rien aux intrigues du Clergé, ne voyait point en lui ce qu'il était, l'organisateur de la guerre civile; il oubliait entièrement la question politique, réduisait tout à celle de la tolérance religieuse. Chose remarquable, des politiques même, des philosophes, nullement chrétiens, Sieyès, Raynal, en jugeaient ainsi; leurs réclamations pour les prêtres durent confirmer Louis XVI dans son opposition au mouvement révolutionnaire. Lui, qui avait accordé la tolérance aux protestants, comment n'en jouissait-il pas au sein de son propre palais?... Il se crut libre de tout serment, dégagé de tout devoir. Contre la Révolution, il crut voir la Raison et Dieu.

Qu'il le voulût ou non, d'ailleurs, la contre-révolution n'allait-elle pas s'opérer? Son frère, le comte d'Artois, était alors à Mantoue, auprès de l'empereur Léopold, avec les ambassadeurs d'Angleterre et de Prusse (mai 91). C'était, en réalité, un congrès où l'on traitait les affaires de France. Si le Roi n'agissait pas, on allait agir sans lui. Il ne tenait pas grande place dans le plan du comte d'Artois. Ce plan belliqueux, arrangé par son factotum Calonne, supposait que cinq armées, de cinq nations différentes, entraient en France en même temps. Nul obstacle : le jeune prince, sans autre retard que les harangues obligées aux portes des villes, menait gaiement toute l'Europe souper à Paris. Il était, dans cette Iliade, l'Agamemnon, le Roi des rois, il faisait grâce et justice, régnait... Et le Roi? Il n'en aurait que plus de temps pour la messe et pour la chasse. Et la Reine? Renvoyée en Autriche, ou au couvent.

Léopold, à ce roman, répondait par un roman, qu'au 1er juillet, sans faute, les armées seraient exactes au rendez-vous sur la frontière. Seulement, il témoignait répugnance pour les faire entrer en France. Quand même il eût eu réellement l'idée de faire quelque chose, sa sœur l'en aurait empêché; elle lui écrivait, de Paris, de n'avoir pas la moindre confiance dans Calonne; et en même temps, le Roi et la Reine faisaient dire au comte d'Artois qu'ils se fiaient à Calonne, et l'autorisaient à traiter pour eux*.

Toutes les démarches du Roi et de la Reine, à cette époque, sont doubles, contradictoires.

Ainsi, ils font faire à La Fayette (par le jeune Bouillé, son cousin) des offres illimitées, s'il veut aider au rétablissement du pouvoir royal (décembre, ou janvier). Et, presque en même temps, ils assurent au comte d'Artois qu'ils connaissent La Fayette « pour un scélérat et un factieux fanatique en qui on ne peut avoir aucune confiance » (mars 91).

Ainsi, au moment même où le Roi, par sa tentative de sortir des Tuileries (18 avril), vient de constater, devant l'Europe, sa non-liberté, il approuve une lettre que fort étourdiment ont rédigée les Lameth, dans laquelle on lui fait dire qu'il est parfaitement libre (23 avril). Montmorin représenta en vain l'invraisemblance de la chose. Le

Roi insista. Le ministre dut communiquer à l'Assemblée cette pièce unique, où il notifiait aux Cours étrangères les sentiments révolutionnaires de Louis XVI. Dans cette lettre ridicule, le Roi, parlant de lui-même en style jacobin, disait qu'il n'était que le premier fonctionnaire public, qu'il était libre, et librement avait adopté la Constitution, *qu'elle faisait son bonheur*, etc. Ce langage tout nouveau, où chacun sentait le mensonge, cette voix fausse qui détonnait, firent au Roi un tort incroyable ; ce qu'on avait encore d'attachement pour lui ne résista pas au mépris qu'inspirait sa duplicité.

Tout le monde jugeait qu'en même temps il écrivait un démenti. Et cela était exact. Le Roi trompait Montmorin, qui trompait Lameth (comme auparavant Mirabeau) ; il fit dire en Prusse, en Autriche, que toute démarche, toute parole en faveur de la Constitution devait être prise en sens opposé, et que *oui* voulait dire *non*.

Le Roi avait reçu une éducation royale de M. de La Vauguyon, le chef du parti jésuite ; son honnêteté naturelle avait repris le dessus dans les circonstances ordinaires ; mais, dans cette crise où la religion et la royauté se trouvaient en jeu, le jésuite reparut. Trop dévot pour avoir le moindre scrupule d'honneur chevaleresque, et croyant que celui qui trompe pour le bien ne peut trop tromper, il dépassait la mesure et ne trompait pas du tout.

L'Autriche ne semble pas avoir cru plus que la France à la bonne foi de Louis XVI. Et peut-être, en effet, restait-il assez bon Français pour vouloir tromper l'Autriche en profitant de ses secours. Il lui demandait seulement une dizaine de mille hommes, force insignifiante, et d'ailleurs fort balancée par une armée espagnole, par les vingt-cinq mille Suisses que les capitulations les obligeaient de fournir sur la réquisition du Roi. Aussi, les Autrichiens ne se pressaient nullement; ils attendaient, alléguaient les oppositions de la Prusse et de l'Angleterre; il ne leur convenait point de venir ainsi gratis, et seulement pour la montre, comme figurants de comédie, pour enhardir, rallier les royalistes, pour créer au Roi une force; ils lui demandaient, au contraire, de prouver qu'il en avait une, « *de commencer la guerre civile.* » Pour les décider à prendre sur eux le poids d'une telle affaire, il fallait les intéresser; si le Roi eût offert l'Alsace, quelques places au moins, son beau-frère, le sensible Léopold, aurait, malgré ses embarras, agi plus efficacement.

Telle était la situation de ce triste Louis XVI, et ce qui fait qu'on en a pitié, quoiqu'il trompât tout le monde.

Il n'avait rien de sûr, ni au dehors, ni au dedans, ni dans sa famille même. Il ne trouva en elle qu'égoïsme. Loin qu'elle lui fût un soutien, elle contribua singulièrement à sa perte.

Ses tantes y contribuèrent, ayant hâte de partir

avant lui, soulevant ainsi la terrible discussion du droit d'émigrer, diminuant d'autant pour le Roi les chances de l'évasion.

Monsieur y contribua. Il donna lieu au Roi de craindre qu'il ne partît seul, ce qui eût été pour Louis XVI un danger réel. Monsieur était fort suspect. Il avait essayé d'enlever le Roi par Favras, sans avoir son consentement. Beaucoup parlaient de le faire régent, lieutenant général, roi provisoire, dans la captivité du Roi.

Mais personne ne contribua plus directement que la Reine à la perte de Louis XVI.

Craignant à l'excès la séparation, se tenant au Roi, se serrant à lui, voulant partir ensemble et avec tous les siens, elle lui rendit la fuite presque impossible.

Une préoccupation excessive de la sûreté de la Reine fit que M. de Mercy, ambassadeur d'Autriche, exigea, contre le bon sens, contre l'avis de M. de Bouillé, qu'une suite de détachements serait échelonnée sur la route qu'elle devait parcourir; précaution très propre à inquiéter, avertir, ameuter les populations, très insuffisante pour contenir les masses d'un peuple armé, très inutile pour le Roi, qui, personnellement, n'était point du tout haï. On a vu plus haut, naïvement exprimée par un journal, l'opinion réelle du peuple : « Que Louis XVI pleurait à chaudes larmes des sottises que lui faisait faire l'Autrichienne. » Même reconnu, il eût passé; peu de gens auraient eu le cœur de mettre la main sur lui. Mais la vue seule de la Reine réveillait toutes les craintes, faisait sentir, même aux royalistes, le danger de la laisser conduire ainsi le Roi de France aux armées de l'étranger.

La Reine influa encore d'une manière très funeste sur l'exécution du projet en choisissant pour agents, non les plus capables, mais les plus dévoués à sa personne, ou les clients de sa famille, son fidèle M. de Fersen, son secrétaire Goguelat, qu'elle avait employé pour des missions fort secrètes près d'Esterhazy et autres; enfin, le jeune Choiseul, d'une famille chère à l'Autriche, jeune homme aimable, plein de cœur, d'une très grande fortune, qui se faisait une fête de recevoir la Reine royalement dans sa Lorraine, plus propre à la bien recevoir qu'à la sauver ou la conduire. M. de Bouillé voulut évidemment plaire à la Reine en confiant à ce jeune homme un des rôles les plus importants dans l'affaire de l'évasion.

Ce voyage de Varennes fut un miracle d'imprudence*. Il suffit de bien poser ce que le bon sens voulait, puis de prendre le contraire; en suivant cette méthode, si tous les Mémoires périssaient, on retrouverait l'Histoire.

D'abord, deux ou trois mois d'avance, la Reine, comme pour avertir du départ, fait commander un trousseau, pour elle, pour ses enfants. Puis elle fait commander un magnifique nécessaire de voyage, semblable à celui qu'elle avait déjà, meuble compliqué qui contenait tout ce qu'on eût désiré pour un voyage autour du globe. Puis, au lieu de prendre une voiture ordinaire peu apparente, elle chargea Fersen de faire construire une vaste et capace berline, où l'on puisse, devant et derrière, ajuster, échafauder malles, vaches, boîtes, tout ce qui fait regarder une voiture sur une route. Ce n'est pas tout : la voiture sera suivie d'une autre où l'on emmènera les femmes. Devant, derrière, galoperont trois Gardes du corps en courriers, vestes neuves d'un jaune éclatant, propres à attirer les yeux, à faire croire, tout au moins par la couleur, que ce sont des gens du prince de Condé, du général des émigrés !... Ces hommes apparemment sont des hommes bien préparés : non ; ils n'ont jamais fait la route. Ces Gardes apparemment sont des hommes bien déterminés, armés jusqu'aux dents ; ils n'ont que de petits couteaux de chasse. Le Roi les avait avertis qu'ils trouveraient des armes dans la voiture. Mais Fersen, l'homme de la Reine, craignant sans doute pour elle les dangers d'une résistance armée, a justement oublié les armes.

Tout cela, c'est le ridicule de l'imprévoyance. Mais voici le triste, l'ignoble. Le Roi se laisse habiller en valet ; il s'affuble d'un habit gris et d'une petite perruque. C'est le valet de chambre Durand. Ce détail humiliant est dans le naïf récit de Madame d'Angoulême ; on le trouve aussi constaté dans le passe-port donné à la Reine, et à madame de Tourzel, comme dame russe, baronne de Korff. Ainsi, chose inconvenante, qui elle seule révélait tout, cette dame est si intime avec son valet de chambre, qu'elle le met dans sa voiture, en face d'elle, et genoux contre genoux.

Pitoyable métamorphose ! Que le voilà bien caché ! et qui le reconnaîtrait ?... disons mieux, maintenant, qui voudra le reconnaître ? La France ? Non, à coup sûr. Si elle le voit ainsi, elle détournera les yeux.

« Vous mettrez, dit Louis XVI, dans la caisse de la voiture l'habit rouge brodé d'or que je portais à Cherbourg... » Ce qu'il cache ainsi dans les coffres aurait été sa défense. L'habit du jour où le roi de France apparut contre l'Angleterre, au milieu de sa Marine, valait mieux pour le sacrer que la sainte ampoule de Reims. Qui eût osé l'arrêter, si, écartant ses vêtements, il eût montré cet habit ?... Il aurait dû le garder, ou plutôt garder le cœur français, comme il l'eut alors.

CHAPITRE XIII

FUITE DU ROI A VARENNES
(20-21 JUIN 1791)

Le Roi, en partant, livrait ses amis à la mort. — Confiance et crédulité de La Fayette et Bailly. — Imprudences du départ, 20 juin 91. — Le Roi devait passer sur terre autrichienne. — Danger de la France. — Vengeances probables; Théroigne déjà arrêtée. — La France veille sur elle-même; la route se surveille. — Le Roi poursuivi, 21 juin 91; retardé à l'entrée de Varennes, arrêté. — Les habitants des campagnes affluent à Varennes. — Indignation du peuple. — Décret de l'Assemblée qui rappelle le Roi à Paris.

Ce qui afflige encore, entre autres choses, dans ce voyage de Varennes, ce qui diminue l'idée qu'on voudrait se faire de la bonté de Louis XVI, c'est la facilité avec laquelle il sacrifiait, en partant, livrait à la mort des hommes qui lui étaient sincèrement attachés.

La Fayette se trouvait, par la force des circonstances, gardien involontaire du Roi, responsable de sa personne devant la nation; il avait montré de bien des manières, et parfois en compromettant la Révolution elle-même, qu'il désirait pardessus toute chose le rétablissement de l'autorité royale, comme garantie d'ordre et de paix. Républicain d'idée, de théorie, il n'en avait pas moins sacrifié à la monarchie, sa grande passion, sa faiblesse, la popularité. Il y avait à parier qu'au premier éclat du départ du Roi, La Fayette serait mis en pièces.

Et que deviendrait le ministre Montmorin, aimable et faible caractère, crédule aux paroles du Roi, qui, le 1ᵉʳ juin, pour répondre aux journaux, écrivait à l'Assemblée qu'il attestait « sur sa responsabilité, *sur sa tête* et sur son honneur, » que jamais le Roi n'avait songé à quitter la France?

Qu'allait surtout devenir l'infortuné Laporte, intendant de la Maison du Roi, et son ami personnel, à qui, sans le consulter, il laissait en partant la charge terrible d'apporter à l'Assemblée sa *protestation?*... Le premier coup de la fureur publique devait tomber sur ce malheureux, messager involontaire d'une déclaration de guerre du Roi à son peuple; Laporte infailliblement, dans cette guerre, tombait la première victime; il en était le premier mort; il pouvait commander sa bière et préparer son linceul.

La Fayette, averti de plusieurs côtés, voulut

n'en croire que le Roi même : il l'alla trouver, lui demanda ce qui en était réellement. Louis XVI répondit si nettement, si simplement, avec une telle bonhomie, que La Fayette s'en alla complètement rassuré. Ce fut uniquement pour satisfaire l'inquiétude du public qu'il doubla les postes. Bailly poussa plus loin la chevalerie, et fort au delà de ce que lui permettait le devoir : averti positivement par une femme de la Reine, qui voyait les préparatifs, il eut la coupable faiblesse de remettre à la Reine cette dénonciation, que l'honneur du moins lui faisait un devoir de tenir secrète.

Le Roi, la Reine, avaient fait dire qu'ils assisteraient le dimanche suivant, le jour de la Fête-Dieu, à la procession paroissiale du clergé constitutionnel. Madame Élisabeth y témoignait de la répugnance. Le 19 (veille du départ), la Reine, parlant à Montmorin, qui venait de voir la sœur du Roi, disait au ministre : « Elle m'afflige ; j'ai fait tout au monde pour la décider ; il me semble qu'elle pourrait faire à son frère le sacrifice de son opinion. »

Le Roi tarda jusqu'au 20 juin, pour attendre que la femme qui avait dénoncé sortît de service, et aussi pour toucher encore un trimestre de la liste civile ; il le dit ainsi lui-même. Enfin, c'était le 15 juin seulement que les Autrichiens devaient avoir occupé les passages à deux lieues de Montmédy. Les retards successifs qui avaient eu lieu ;

les mouvements de troupes commandées, décommandées, n'étaient pas sans inconvénient. Choiseul dit au Roi, de la part de M. de Bouillé, que s'il ne partait le 20, dans la nuit, lui Choiseul relèverait tous les postes échelonnés sur la route et passerait, avec Bouillé, sur terre autrichienne.

Le 20 juin, avant minuit, toute la famille royale, déguisée, sortie par une porte non gardée, était dans le Carrousel.

Un militaire fort résolu, désigné par M. de Bouillé, devait monter dans la voiture, répondre, s'il était besoin, et conduire toute l'affaire. Mais madame de Tourzel, gouvernante des Enfants de France, soutint le privilège de sa charge : en vertu du serment qu'elle avait prêté, elle avait le devoir, *le droit*, de ne point quitter les Enfants ; ce mot de serment fit une grande impression sur Louis XVI. Il était d'ailleurs inouï, dans les fastes de l'étiquette, que les Enfants de France voyageassent sans gouvernante. Le militaire ne monta pas, et la gouvernante monta : au lieu d'un homme capable, on eut une femme inutile. L'expédition n'eut point de chef, personne pour la diriger ; elle alla, sans tête, au hasard.

Le romanesque de l'aventure, malgré toutes les craintes, amusa la Reine. Elle s'arrêta longtemps à voir déguiser ses enfants ; elle fit l'incroyable imprudence de sortir, pour les voir partir, dans la place du Carrousel, extrêmement éclairée. Ils montèrent dans un fiacre, dont le cocher était

Fersen; pour mieux dépayser ceux qui pourraient suivre, il fit quelques tours dans les rues, revint, attendit encore une heure au Carrousel; enfin arriva Madame Élisabeth, puis le Roi, puis, plus tard, la Reine, conduite par un Garde du corps; celui-ci, connaissant mal Paris, lui avait fait passer le pont, l'avait menée rue du Bac. Revenue dans le Carrousel, elle vit, avec haine, avec joie, passer La Fayette en voiture, qui revenait des Tuileries, ayant manqué le coucher du Roi. On dit que, dans le bonheur enfantin d'avoir attrapé son geôlier, elle toucha la roue d'une badine qu'elle tenait à la main, comme les femmes en portaient alors. La chose est difficile à croire : la voiture allait grand train, elle était entourée de plusieurs laquais à cheval, portant des flambeaux. Le Garde du corps affirme, au contraire, que cette lumière lui fit peur, et qu'elle quitta son bras pour fuir d'un autre côté.

Le cocher Fersen, menant dans son fiacre un dépôt si précieux, et ne connaissant guère mieux son Paris que les Gardes du corps, alla jusqu'au faubourg Saint-Honoré pour gagner la barrière Clichy, où la berline attendait chez un Anglais, M. de Crawford. De là, il gagna la Villette. Pour se débarrasser du fiacre où suivaient les Gardes du corps, il le versa dans un fossé. De là, il mena à Bondy. Là, il fallait bien se séparer : il baisa les mains au Roi, à la Reine, la quittant reconnaissante, pour ne jamais la revoir, au moment où il venait, pour cette religion de sa jeunesse, de risquer sa vie.

Une imprudence, parmi tant d'autres qui signalèrent ce voyage, avait été de faire partir les femmes de chambre très longtemps avant la famille royale, en sorte qu'elles arrivèrent six heures d'avance à Bondy. Le postillon qui les mena y était resté, de sorte qu'il vit avec ébahissement un homme habillé en cocher de fiacre, qui montait seul dans une belle voiture attelée de quatre chevaux.

Les voilà partis, bien tard, mais ils vont grand train; un Garde, à cheval, à la portière, un autre assis sur le siège, un troisième, M. de Valory, courant en avant pour commander les chevaux, donnant magnifiquement un écu pour boire à chaque postillon, ce que donnait le Roi seul. Un trait rompu arrêta quelques moments; le Roi aussi retarda un peu en voulant faire une montée à pied. Nulle difficulté, du reste; trente lieues et plus, où l'on n'avait placé aucun détachement de troupes, se trouvèrent ainsi parcourues. Le Reine, avant Châlons, disait à M. de Valory : « François, tout va bien, nous serions arrêtés déjà, si nous devions l'être. »

Tout va bien?... pour la France? ou bien pour l'Autriche?... — Car enfin, où va le Roi?

Il l'a dit hier au soir à M. de Valory : « Demain, je vais coucher à l'abbaye d'Orval, » hors de France, *sur terre autrichienne.*

M. de Bouillé dit le contraire ; mais lui-même, il montre aussi, il établit parfaitement, que le Roi, n'ayant plus aucune sécurité à attendre dans le royaume, avait dû changer d'avis, tomber enfin, malgré lui, dans le filet autrichien. Le peu de troupes que gardait Bouillé était si peu dans sa main, qu'ayant fait quelques lieues au-devant du Roi, il crut devoir retourner pour être au milieu de ses soldats, les veiller, les maintenir.

Le projet, qui semblait français en octobre, et même encore en décembre, ne l'est plus en juin, lorsque M. de Bouillé a vu son commandement limité, ses régiments suisses éloignés, ses régiments français gagnés, lorsqu'il garde à peine quelque cavalerie allemande. Le Roi le sait, et ne peut plus écouter ses répugnances pour passer sur terre d'Autriche.

Le plan primitif de Bouillé était plus dangereux peut-être encore. Si le Roi sortait de France, il se dénationalisait lui-même, apparaissait Autrichien, il était jugé : c'était un étranger ; la France, sans hésitation, lui faisait la guerre. Mais Bouillé voulait la faire de ce côté de la frontière, en France, et à peine en France, pas même dans une forteresse, dans un camp près Montmédy, un camp de cavalerie, mobile, allant ou venant ; là, il était et en même temps n'était pas dans le royaume. La position militaire où on le plaçait, bonne contre les Autrichiens, « est meilleure encore, dit Bouillé, contre les Français. » Le Roi, parmi ces cavaliers, derrière ces batteries volantes, adossé à l'ennemi, pouvant se retirer chez lui, ou lui ouvrir nos provinces, aurait parlé nettement; il aurait dit, par exemple : « Vous n'avez point une armée, vos officiers ont émigré, vos cadres sont désorganisés, vos magasins vides : j'ai laissé depuis vingt-cinq ans tomber en ruines vos fortifications sur toute la frontière autrichienne; vous êtes ouverts et sans défense... Eh bien, l'Autrichien arrive; d'autre part, l'Espagnol, le Suisse; vous voilà pris de trois côtés. Rendez-vous, restituez le pouvoir à votre maître. » Tel eût pu être le rôle du Roi, devenu le noyau de la guerre civile, le portier de la guerre étrangère, pouvant à son aise ouvrir ou fermer. On eût peut-être jeté quelques mots de Constitution pour annuler la résistance, pour que la vieille Assemblée pût endormir le pays et le livrer décemment.

Liège et le Brabant disaient assez ce qu'on pouvait attendre de ces paroles de prince. L'évêque de Liège, rentré avec des mots paternels et des soldats autrichiens, avait fait durement appliquer aux patriotes les vieilles procédures barbares, la torture et la question. Notre émigration n'attendait pas le retour pour faire circuler en France des listes de proscription. La Reine serait-elle clémente? oublierait-elle aisément son humiliation d'Octobre, quand elle parut au balcon, pleurant devant le peuple? Il n'y avait pas d'apparence. La femme qu'on accusait le plus d'avoir mené les femmes à Versailles, Théroigne, ayant été à Liège, fut suivie depuis Paris, désignée, livrée à la police liégeoise, à la *police autrichienne (mai 91)*, qui, *comme régicide*, la mena au fond de l'Autriche, dans les prisons du frère de Marie-Antoinette. Sans nul doute, il y eût eu une cruelle réaction, dans le goût de 1816; à cette dernière époque, à l'époque des Cours prévôtales, M. de Valory, ce Garde du corps, ce courrier du Roi dans le voyage de Varennes, fut prévôt du département du Doubs.

Dans l'après-midi, vers quatre ou cinq heures, dit Madame d'Angoulême (dans le simple et naïf récit qu'a donné Weber), « on passa la grande ville de Châlons-sur-Marne. Là, on fut reconnu tout à fait. Beaucoup de monde louait Dieu de voir le Roi, et faisait des vœux pour sa fuite. »

Tout le monde ne louait pas Dieu. Il y avait une grande fermentation dans la campagne. Pour expliquer la présence des détachements sur la route, on avait eu l'idée malheureuse de dire qu'un trésor allait passer, qu'ils étaient là pour l'escorter. Dans un moment où l'on accusait la Reine de faire passer de l'argent en Autriche, c'était irriter les esprits, tout au moins éveiller l'attention.

Choiseul occupait le premier poste, trois lieues plus loin que Châlons ; il avait quarante hussards, avec lesquels, dit Bouillé, il devait assurer le passage du Roi, fermer après lui la route à tout voyageur. Si le Roi était arrêté à Châlons, il devait l'en dégager par la force. Ceci ne se comprend guère : ce n'est pas avec quarante cavaliers qu'on vient à bout d'une telle ville ; combien moins si toutes les campagnes d'alentour se mettaient de la partie !

En effet, le paysan s'ennuyait de voir ces hussards sur la route ; il venait en foule, et les regardait. On y venait de Châlons même ; on se moquait du trésor ; tout le monde comprenait très bien de quel trésor il s'agissait. Le tocsin commençait à sonner dans ces villages. La position de Choiseul n'était pas tenable. Il calcula, par le retard de quatre ou cinq heures, que la partie était manquée, que le Roi n'avait pu partir ; fût-il parti, rester sur cette route, augmenter l'inquiétude de tout ce peuple assemblé, c'était empêcher le passage ; les hussards une fois éloignés, ces gens se dispersaient, le chemin devenait libre. Choiseul se décida à quitter le poste. Le secrétaire de la Reine, Goguelat, officier d'état-major, qui était là avec lui, et qui avait été employé à préparer tout sur la route, avertit Choiseul d'éviter Sainte-Menehould, où il y avait de la fermentation. Ils prirent un guide et entreprirent de passer par les bois, s'engagèrent dans des routes affreuses, n'arrivèrent qu'au matin à Varennes. Choiseul eût dû faire suivre la grande route par Goguelat ou quelque autre, afin que, si le Roi passait, on le guidât, on avertît les autres détachements ; loin de là, il envoya un valet de chambre de la Reine, serviteur dévoué, mais léger, de peu de tête (et qui, par l'émotion, n'avait plus même ce peu) ; il le dépêcha pour dire aux détachements, sur la route, qu'il n'y avait plus d'espoir, qu'il ne restait qu'à se rallier près de M. de Bouillé. Choiseul s'en allait tout droit hors de France, il partait pour Luxembourg.

Le Roi arriva au moment où il venait de s'éloigner. Point de Choiseul, point de Goguelat, point de troupes. « Il vit un abîme ouvert. » Cependant, la route est tranquille ; on arrive à Sainte-Menehould ; dans son inquiétude, il regarde, met la tête à la portière. Le commandant du détachement, qui ne l'avait pas fait monter à cheval, veut s'excuser, vient le chapeau à la main ; chacun reconnaît le Roi. La municipalité, déjà assemblée, fait défendre aux dragons de monter à cheval. Leurs dispositions étaient trop incertaines, pour qu'on essayât, malgré eux, de retenir la voiture ; mais un homme s'offre de la suivre, d'essayer de la faire arrêter plus loin ; la municipalité l'autorise expressément. Cet homme, un ancien dragon, Drouet, fils du maître de poste, partit, en effet, surveillé, suivi de près par un cavalier qui comprit son intention, qui l'eût tué peut-être ; il se jeta dans la traverse, s'enfonça dans les bois ; nul moyen de le poursuivre.

Il manqua cependant le Roi à Clermont ; cette ville, non moins agitée que Sainte-Menehould, et neutralisant de même la troupe par ses menaces, laissa pourtant passer la voiture. Jamais Drouet ne l'eût atteinte, si, d'elle-même, elle ne se fût arrêtée, une demi-heure au plus, à la porte de Varennes, ne trouvant point de relais.

Là se place une des fautes capitales de l'expédition. Goguelat, officier d'état-major, ingénieur et topographe, s'était chargé d'assurer, de vérifier tous les détails, de placer les relais aux points où il n'y avait pas de maison de poste; c'était lui qui avait donné tout le plan au Roi, qui lui avait fait, refait sa leçon. Louis XVI, qui avait une excellente mémoire, la répéta mot pour mot au courrier de Valory; il lui dit qu'il trouverait des chevaux et un détachement *avant* la ville de Varennes. Or, Goguelat les mit *après*, et il oublia de prévenir le Roi de ce changement au plan convenu.

Le courrier, M. de Valory, qui galopait en avant, aurait fini par trouver le relais, si, comme il était raisonnable, il eût pris une heure, au moins une demi-heure d'avance; mais il aimait mieux profiter d'une si rare occasion; il trottait à la portière, obtenait ainsi quelques mots des augustes voyageurs; tard, bien tard, il mettait son cheval au galop, et avertissait le relais. Ce fut bien aux autres postes; mais à Varennes, cela perdit tout.

Il passa une demi-heure à chercher dans les ténèbres, à frapper aux portes, faire lever les gens endormis. Le relais, pendant ce temps, était, de l'autre côté, tenu prêt par deux jeunes gens, l'un fils de M. de Bouillé ; ils avaient l'ordre de ne bouger, pour ne donner aucun éveil ; ils l'exécutèrent trop bien. L'un d'eux eût pu cependant, sans danger, aller voir à l'entrée de la ville si la voiture arrivait, la guider ; la présence d'un seul homme sur la route, quand même on eût pu la remarquer à cette heure, dans cette nuit noire, n'aurait eu rien certainement qui fît faire attention.

L'histoire de ce moment tragique où le Roi fut arrêté est et sera toujours imparfaitement connue. Les principaux historiens du voyage de Varennes n'ont rien su que par ouï-dire. MM. de Bouillé père et fils n'étaient point là ; MM. de Choiseul et de Goguelat n'arrivèrent qu'une heure ou deux après le moment fatal ; M. Deslons, plus tard encore. Tout se réduirait à deux mots (un de Drouet, un de Madame d'Angoulême), si M. de Valory, le Garde du corps qui allait en courrier, n'eût plus tard, sous la Restauration, recueilli ses souvenirs. Son récit, un peu confus, mais fort circonstancié, porte un caractère de naïveté passionnée qui éloigne toute idée de doute ; le temps, on le sent bien, n'a eu ici sur la mémoire aucune puissance d'oubli. Toute l'existence effacée du vieillard s'est concentrée dans ce fait terrible ; les périls, l'exil, tous les malheurs personnels ont glissé sur lui ; sa vie fut toute en cette heure, rien avant et rien après.

Quand on arriva, à onze heures et demie du soir, à la hauteur de Varennes, la fatigue l'avait emporté, tout dormait dans la voiture. Elle s'arrêta brusquement, et tous s'éveillèrent. Le relais n'apparaissait pas; point de nouvelles du courrier qui devait le commander.

Celui-ci (M. de Valory) le cherchait depuis longtemps; il avait d'abord appelé, sondé le bois des deux côtés de la route, appelé encore en vain. Il ne lui restait alors qu'à entrer dans la ville, frapper aux portes, s'informer. N'apprenant rien, il revenait désolé vers la voiture; mais cette voiture déjà et ceux qu'elle contenait avaient reçu un coup terrible, un mot, une sommation, qui les fit dresser en sursaut : « *Au nom de la Nation !...* »

Un homme à cheval accourt par derrière au grand galop, s'arrête droit devant eux, et, dans les ténèbres, crie : « De par la Nation, arrête, postillon ! Tu mènes le Roi ! »

Tout resta stupéfié. Les Gardes du corps n'avaient ni armes à feu, ni l'idée de s'en servir. L'homme passa, poussa son cheval à la descente et dans la ville. Deux minutes après, on commença à voir des hommes sortir avec des lumières, s'agiter et se parler, peu d'abord, puis davantage; les allants et les venants augmentent, la petite ville s'éclaire... Tout cela, en deux minutes... puis le tambour bat.

La Reine, pour s'informer aussi, était entrée,

conduite par l'un de ses Gardes, chez un ancien serviteur de la maison de Condé, dont la maison se trouvait sur la pente qui mène à Varennes. On l'attend ; quand elle remonte, les Gardes réunis contraignent par promesses et menaces les postillons, fort ébranlés, à traverser la ville, passer rapidement le pont qui la divise, la tour du pont, la porte basse et la voûte qui se trouvent sous la tour : nulle autre chance de salut. On venait d'apprendre que le commandant des hussards qui devait attendre à Varennes, sur la nouvelle de l'arrivée du Roi, au bruit de tout ce mouvement, s'était sauvé au galop ; les hussards étaient dispersés, les uns couchés, les autres ivres. Ce commandant était un Allemand de dix-sept ou dix-huit ans ; il n'était prévenu de rien ; il apprit la chose tout à coup et perdit la tête.

Drouet et Guillaume, un camarade qui l'avait suivi, mirent singulièrement à profit ces quelques minutes. Jeter leurs chevaux dans une écurie qui se trouva ouverte, avertir l'aubergiste pour qu'il avertît les autres, courir au pont, le barrer avec une voiture de meubles et d'autres voitures, ce fut l'affaire d'un instant. De là, ils courent chez le maire, le commandant de la Garde nationale ; ils n'ont rassemblé que huit hommes, n'importe, ils vont à la voiture ; elle n'était encore qu'au bas de la côte. Le commandant et le procureur de la Commune demandent les passe-ports... *La Reine* : « Messieurs, nous sommes pressées... — Mais enfin, qui êtes-vous ? » — *Madame de Tourzel :* « C'est la baronne de Korff. » Cependant le procureur de la Commune entre, la lanterne à la main, à demi dans la voiture, et en tourne la lumière vers le visage du Roi.

On donne alors le passe-port. Deux Gardes le portent à l'auberge. On le lit tout haut, devant les municipaux et tous ceux qui se trouvent là. « Le passe-port est bon, disent-ils, *puisqu'il est signé du Roi.* — Mais, dit Drouet, l'est-il de l'*Assemblée nationale ?* — Il était signé d'*un Comité* de membres de l'Assemblée. — Mais l'est-il du *président ?* » Ainsi, la question fondamentale du Droit de la France, le nœud de la Constitution, fut examiné, tranché, dans une auberge de Champagne, d'une manière décisive, sans appel et sans recours. Les autorités de Varennes, le procureur de la Commune, un bon épicier, M. Sauce, hésitaient fort à prendre une si haute responsabilité.

Mais Drouet et d'autres insistent. Ils retournent à la voiture : « Mesdames, si vous êtes étrangères, comment avez-vous assez d'influence pour qu'à Sainte-Menehoud on veuille vous faire escorter de cinquante dragons, d'autant encore à Clermont ? et pourquoi encore, à Varennes, un détachement de hussards est-il là à vous attendre... Veuillez descendre, et venir vous expliquer à la municipalité. »

Les voyageurs ne bougeaient pas. Les municipaux n'annonçaient nulle envie de les forcer à descendre. Les bourgeois arrivaient lentement ; la plupart, au bruit des tambours, se renfonçaient dans leur lit. Il fallut leur parler plus haut. Drouet et les patriotes accoururent au clocher, et, de toutes leur puissance, sonnèrent furieusement le tocsin. Toute la banlieue l'entendait... Est-ce le feu? est-ce l'ennemi? Les paysans courent, s'appellent, s'arment, prennent ce qu'ils ont, fusils, fourches, faulx.

Le procureur de la Commune, M. Sauce, l'épicier, se trouvait fort compromis, qu'il agît, qu'il n'agît point. Il avait une maîtresse femme, qui, dans ce moment critique, le dirigea probablement. Mener le Roi à l'Hôtel de Ville, c'était porter atteinte au respect de la royauté ; le laisser dans sa voiture, c'était se perdre du côté des patriotes. Il prit le juste milieu, mena le Roi dans sa boutique.

Il se présenta à la voiture, chapeau bas : « Le Conseil municipal délibère sur les moyens de permettre aux voyageurs de passer outre ; mais le bruit s'est ici répandu que c'est notre Roi et sa famille que nous avons l'honneur de posséder dans nos murs... J'ai l'honneur de les supplier de me permettre de leur offrir ma maison, comme lieu de sûreté pour leurs personnes, en attendant le résultat de sa délibération. L'affluence du monde dans les rues s'augmente par celle des habitants des campagnes voisines qu'attire notre tocsin : car, malgré nous, il sonne depuis un quart d'heure, et peut-être Votre Majesté se verrait-elle exposée à des avanies que nous ne pourrions prévenir et qui nous accableraient de chagrin. »

Il n'y avait pas à contredire ce que disait le bonhomme. Le tocsin ne s'entendait que trop. Nul secours.

Les Gardes du corps avaient inutilement essayé de déménager les meubles et voitures qui encombraient le passage étroit du pont. Des menaces de mort s'entendaient près de la voiture; plusieurs, armés de fusils, faisaient mine de la mettre en joue. On descendit, on entra dans la boutique de Sauce, les trois dames, les deux enfants, et Durand, le valet de chambre. On conteste à celui-ci sa qualité de valet. Il insiste, soutient son nom de Durand. Tout le monde secoua la tête : « Eh bien, oui, je suis le Roi; voici la Reine et mes enfants. Nous vous conjurons de nous traiter avec les égards que les Français ont toujours eus pour leurs Rois. » Louis XVI n'était pas parleur, il n'en dit pas davantage. Malheureusement son habit, son triste déguisement, parlait peu pour lui. Ce laquais, en petite perruque, ne rappelait guère le Roi. Le contraste terrible de ce rang, de cet habit, pouvait inspirer la pitié, plus que le respect. Plusieurs se mirent à pleurer.

Cependant le bruit du tocsin augmentait d'une manière extraordinaire. C'étaient les cloches des villages, qui, mises en branle par celles qui sonnaient de Varennes, sonnaient à leur tour le tocsin. Toute la campagne ténébreuse était en émoi ; du clocher, on aurait pu voir courir des petites lumières qui s'attiraient, se cherchaient ; une grande nuée d'orage se concentrait de toute part ; une nuée d'hommes armés, pleins d'agitation, de trouble.

« Quoi ! c'est le Roi qui se sauve ! le Roi passe à l'ennemi ! il trahit la nation !... » Ce mot, terrible de lui-même, sonne plus terrible encore à l'oreille des hommes de la frontière, qui ont l'ennemi si près, et toutes les calamités, les misères de l'invasion... Aussi, les premiers qui entrent à Varennes, et qui entendent ce mot, ne sont plus maîtres d'eux-mêmes.

Un père livrer ses enfants !... Nos paysans de France n'avaient guère encore d'autre notion politique que celle du gouvernement paternel ; c'était moins l'esprit révolutionnaire qui les rendait furieux que l'idée horrible, impie, des enfants livrés par un père, de la confiance trompée !

Ils entrent, ces hommes rudes, dans la boutique de Sauce : « Quoi ! c'est là le Roi ! la Reine !... Pas plus que cela !... » Il n'est pas d'imprécations qu'on ne leur jette à la face.

Cependant, une députation arrive de la Commune, Sauce en tête, soumis et respectueux : « Puisqu'il n'est plus douteux pour les habitants de Varennes, qu'ils ont réellement le bonheur de posséder leur Roi, ils viennent prendre ses ordres. — Mes ordres, messieurs ? dit le Roi. Faites que mes voitures soient attelées et que je puisse partir. »

MM. de Choiseul et Goguelat arrivèrent enfin avec leurs hussards ; puis, presque seul, M. de Damas, commandant du poste de Sainte-Menehould, que ses dragons avaient abandonné. Ce n'était pas sans peine que ces messieurs avaient pénétré dans la ville : on le leur défendait au nom de la municipalité, on tira même sur eux. Ils parvinrent à la maison de Sauce. Ils montèrent, par un escalier tournant, au premier étage, et, dans une première chambre, trouvèrent force paysans, deux entre autres armés de fourches, qui leur dirent : « On ne passe pas ! » Ils passèrent. Dans la seconde était la famille royale. Coup d'œil étrange ! le Dauphin dormait sur un lit tout défait ; les Gardes du corps, sur des chaises, ainsi que les femmes de chambre ; la gouvernante, Madame et Madame Élisabeth, sur des bancs près de la fenêtre ; le Roi et la Reine, debout : ils causaient avec M. Sauce. Sur une table étaient des verres, du pain et du vin.

Le Roi : « Eh bien, messieurs, quand partons-nous ? » *Goguelat :* « Sire, quand il plaira à Votre Majesté. » *Choiseul :* « Donnez vos ordres, Sire. J'ai ici quarante hussards ; mais il n'y a pas de temps à perdre : dans une heure, ils seront gagnés. »

Il disait vrai. Ces hussards étaient encore dans la première surprise où la grande nouvelle les avait jetés; ils disaient entre eux en se regardant : « *Der Kœnig! die Kœnigin!* (Le Roi! la Reine!) » Mais, tout Allemands qu'ils étaient, ils ne pouvaient pas ne pas voir l'unanimité des Français. Ils l'avaient bien éprouvée, même dans la route écartée qu'ils venaient de parcourir avec M. de Choiseul. Il avoue que, de village en village, le tocsin sonnait sur lui; qu'il fut obligé plusieurs fois de se faire jour le sabre à la main; que les paysans en vinrent jusqu'à lui enlever quatre hussards qui formaient son arrière-garde : il lui fallut faire une charge pour les dégager. Ces Allemands, qui se voyaient seuls au milieu d'un si grand peuple, qui se sentaient, après tout, payés, nourris par la France, ne pouvaient pas aisément se décider à sabrer des gens qui venaient amicalement leur donner des poignées de main et boire avec eux.

Dans ce moment critique, où chaque minute avait une importance infinie, avant que le Roi eût pu répondre à Choiseul, entre à grand bruit la municipalité, les officiers de la Garde nationale. Plusieurs se jettent à genoux : « Au nom de Dieu, Sire, ne nous abandonnez pas; ne quittez pas le royaume. » Le Roi tâcha de les calmer : « Ce n'est pas mon intention, messieurs; je ne quitte point la France. Les outrages qu'on m'a faits me forçaient de quitter Paris. Je ne vais qu'à Montmédy; je vous invite à m'y suivre... Faites seulement, je vous prie, que mes voitures soient attelées. »

Ils sortirent. C'était alors la dernière minute qui restait à Louis XVI. Choiseul, Goguelat, attendaient ses ordres. Il était deux heures du matin. Il y avait autour de la maison une foule confuse, mal armée, mal organisée; la plupart sans armes à feu. Ceux même qui en avaient n'auraient pas tiré sur le Roi (Drouet, peut-être, excepté), encore moins sur les enfants. La Reine seule eût pu courir un danger réel. C'est à elle que Choiseul et Goguelat s'adressèrent. Ils lui demandèrent si elle voulait monter à cheval et partir avec le Roi; le Roi tiendrait le Dauphin. Le pont n'était pas praticable; mais Goguelat connaissait les gués de la petite rivière : entourés de trente ou quarante hussards, ils étaient certains de passer. Une fois de l'autre côté, nul danger; ceux de Varennes n'avaient pas de cavaliers pour les suivre.

Cette hasardeuse chevauchée avait pourtant, il faut le dire, de quoi effrayer une femme, même brave et résolue. La Reine leur répondit : « Je ne veux rien prendre sur moi; *c'est le Roi qui s'est décidé à cette démarche*, c'est à lui d'ordonner; mon devoir est de le suivre... Après tout, M. de Bouillé ne peut tarder d'arriver. » (Goguelat, 29.)

« En effet, reprit le Roi, pouvez-vous bien me répondre que, dans cette bagarre, un coup de fusil ne tuera pas la Reine, ou ma sœur, ou mes enfants ?... Raisonnons froidement d'ailleurs. La municipalité ne refuse pas de me laisser passer;

elle demande seulement que j'attende le point du jour. Le jeune Bouillé est parti, vers minuit, pour avertir son père à Stenay. Il y a huit lieues, c'est deux ou trois heures. M. de Bouillé ne peut pas manquer de nous arriver au matin ; sans danger, sans violence, nous partirons en sûreté. »

Pendant ce temps, les hussards buvaient avec le peuple, buvaient « à la Nation ! » Il était bientôt trois heures. Les municipaux reviennent encore, mais avec ces brèves paroles, d'une signification terrible : « Le peuple s'opposant absolument à ce que le Roi se remette en route, on a résolu de dépêcher un courrier à l'Assemblée nationale, pour savoir ses intentions. »

M. de Goguelat était sorti pour juger la situation. Drouet s'avance vers lui, et lui dit : « Vous voulez enlever le Roi, mais vous ne l'aurez que mort ! » — La voiture était entourée d'un groupe de gens armés ; Goguelat approche, avec quelques hussards ; le major de la Garde nationale, qui les commandait : « Si vous faites un pas, je vous tue. » Goguelat pousse son cheval sur lui, et reçoit deux coups de feu, deux blessures assez légères ; une des balles, s'étant aplatie sur la clavicule, lui fit lâcher les rênes, perdre l'équilibre, tomber de cheval. Il put se relever pourtant, mais les hussards furent dès lors du côté du peuple. On leur avait fait remarquer aux extrémités de la rue des petits canons qui les menaçaient ; ils se crurent entre deux feux ; ces canons, vieilles ferrailles, n'étaient point chargés, et ne pouvaient l'être.

Goguelat, blessé, sans se plaindre, rentre dans la chambre de la famille royale. Elle présentait un spectale navrant, tout ensemble ignoble et tragique. L'effroi de cette situation désespérée avait brisé le Roi, la Reine, affaibli même visiblement leur esprit. Ils priaient l'épicier Sauce, sa femme, comme si ces pauvres gens avaient pu rien faire à la chose. La Reine, assise sur un banc, entre deux caisses de chandelles, essayait de réveiller le bon cœur de l'épicière : « Madame, lui disait-elle, n'avez-vous donc pas des enfants, un mari, une famille ! » — A quoi, l'autre répondait simplement, sans longs discours : « Je voudrais vous être utile. Mais, dame ! vous pensez au Roi, moi je pense à M. Sauce. Chaque femme pour son mari... » La Reine se détourna, furieuse, versant des larmes de rage, s'étonnant que cette femme, qui ne pouvait la sauver, refusât de se perdre avec elle, de lui sacrifier son mari et sa famille.

Le Roi semblait hors de sens. L'officier qui commandait le premier poste après Varennes, M. Deslons, ayant obtenu de pénétrer jusqu'à lui, et lui disant que M. de Bouillé, averti, allait sans nul doute arriver à son secours, le Roi parut ne pas l'entendre. Il répéta la même chose jusqu'à trois fois, et voyant qu'elle n'arrivait pas jusqu'à son intelligence : « Je prie, dit-il, Votre Majesté, de me donner ses ordres pour M. de Bouillé. — Je n'ai plus d'ordre à donner, monsieur, dit-il ; je suis prisonnier. Dites-lui que je le prie de faire ce qu'il pourra pour moi. »

Beaucoup de gens, en effet, craignaient fort qu'il n'arrivât, voulaient éloigner le Roi ; des cris s'élevaient : « A Paris ! » On l'engagea, pour calmer la foule, à se montrer à la fenêtre. Le jour, déjà venu, et clair, illuminait la triste scène. Le Roi, en valet, au balcon, sans poudre, dans cette petite ignoble perruque défrisée, pâle et gras, grosses lèvres pâles, muet, l'œil terne, n'exprimant aucune idée... La surprise fut extrême pour ces milliers d'hommes qui se trouvaient là ; d'abord, un silence profond indiqua le combat de pensées et de sentiments qui se faisait dans les esprits. Puis la pitié déborda, les larmes, le vrai cœur de la France... et avec une telle force, que parmi ces homme furieux, plusieurs crièrent : « Vive le Roi ! »

La vieille grand'mère de Sauce, ayant obtenu d'entrer, eut le cœur navré, et voyant les deux enfants qui dormaient ensemble, innocemment, sur le lit de la famille, elle tomba à genoux, et sanglotant demanda la permission de leur baiser leurs mains ; elle les bénit, et se retira en pleurs.

Scène cruelle, en vérité, à crever les cœurs les plus durs, les plus ennemis. Oui, un Liégeois même eût pleuré. Liège, captive de Léopold, barbarement traitée par les soldats autrichiens, eût pleuré sur Louis XVI.

Telle était la situation, étrange et bizarre : la Révolution, captive des rois en Europe, tient les rois captifs en France.

Que dis-je, situation étrange ! Non ; la compensation est juste.

Faibles esprits que nous sommes ! ce qui surprenait le plus dans la scène de Varennes, était le plus naturel ; ce qui semblait un changement, un renversement inouï, était un retour à la vérité.

Ce déguisement qui choquait, rapprochait Louis XVI de la condition privée, pour laquelle il était fait. A consulter son aptitude, il était propre à devenir, non valet, sans doute (il était lettré, cultivé), mais serviteur d'une grande maison, précepteur ou intendant, dispensé, comme serviteur, de toute initiative ; il eût été un économe exact et intègre, un précepteur assez instruit, très moral, très consciencieux, toutefois dans la mesure où un dévot le peut être. L'habit de serviteur était son habit réel ; il avait été déguisé jusque-là sous les insignes menteurs de la royauté.

Mais pendant que nous songeons, le temps va ; déjà le soleil est bien haut à l'horizon. Dix mille hommes remplissent Varennes. La petite chambre où est la famille royale, quoique regardant le jardin, tremble à cette grande voix confuse qui s'élève de la rue. La porte s'ouvre. Un homme entre, un officier de la Garde nationale de Paris, figure sombre, toute défaite, fatiguée, mais exaltée, cheveux sans frisure ni poudre, l'habit décolleté. Il ne dit que des mots entrecoupés : « *Sire, dit-il, vous savez... tout Paris s'égorge... Nos femmes, nos enfants, sont peut-être massacrés; vous n'irez pas plus loin.... sire... L'intérêt de l'État... Oui, sire, nos femmes, nos enfants !...* » A ces mots, la Reine lui prit la main avec un mouvement énergique, lui montrant M. le Dauphin et Madame qui, épuisés de fatigue, étaient assoupis sur le lit de M. Sauce : « *Ne suis-je pas mère aussi ? lui dit-elle. — Enfin, que voulez-vous ? lui dit le Roi. — Sire, un décret de l'Assemblée... — Où est-il? — Mon camarade le tient.* » La porte s'ouvrit; nous vîmes M. de Romeuf appuyé contre la fenêtre de la première chambre, dans le plus grand désordre, le visage couvert de larmes, et tenant un papier à la main; il s'avança, les yeux baissés. « *Quoi! Monsieur, c'est vous! Ah! je ne l'aurais jamais cru !...* » lui dit la Reine. Le Roi lui arracha le décret avec force, le lut, et dit : « *Il n'y a plus de Roi en France.* » La Reine le parcourt; le Roi le reprend, le relit encore, et le pose sur le lit où étaient les enfants. La Reine, avec impétuosité, le rejette du lit en disant: « *Je ne veux pas qu'il souille mes enfants.* » Il s'éleva alors un murmure général parmi les municipaux et les habitants présents, comme si l'on venait de profaner la chose la plus sainte. « Je me hâtai de ramasser le décret et le posai sur la table. » (Choiseul.)

Que faisait M. de Bouillé? Comment n'arrivait-il pas ? Averti successivement par son fils, par le petit officier des hussards de Varennes, puis par les messagers pressants de Deslons, de Choiseul, comment ne franchissait-il pas rapidement ce court espace de huit lieues?

Comment? il le dit lui-même, et prouve parfaitement qu'il ne pouvait rien. Il était si peu sûr de ce qu'il avait de troupes, il se voyait environné de tant de villes *mauvaises* (c'est lui-même qui parle ainsi), menacé de Verdun, de Metz, de Stenay, de tous côtés, qu'ayant été quelque peu au-devant du Roi, il revint bien vite pour s'assurer du soldat, craignant de moment en moment d'être abandonné. Et il garda près de lui son officier le plus sûr, son fils aîné, Louis de Bouillé. Et à eux deux, ayant à enlever le *meilleur* régiment de l'armée, le seul à vrai dire qui restât, c'était *Royal-Allemand*, ils ne purent le faire armer qu'en deux ou trois heures de nuit, de cette nuit terrible dont chaque minute, peut-être, décidait d'un siècle. Ce régiment, chauffé à blanc de leurs paroles brûlantes, gorgé, payé à tant de louis par homme, franchit les huit lieues d'un galop rapide à travers un pays soulevé, seul dans cette campagne grouillante de gens armés, vraiment en terre ennemie, en grand doute de retour... Ils rencontrent un des leurs : « Eh bien? — Le roi est parti de Varennes. » Bouillé enfonça son casque, jura, mit l'éperon sanglant dans les flancs de son cheval. En un moment, l'homme vit tout disparaître comme un ouragan.

Enfin, ils touchent à Varennes. Nul passage. Des barricades sur la route. Ils trouvent un gué, le passent. Au delà, c'est un canal. Ils cherchaient à le passer. De nouvelles informations les en dispensèrent. Ils avaient perdu tout espoir de jamais rejoindre le Roi. Les Allemands commençaient à dire que leurs chevaux n'en pouvaient plus. La garnison de Verdun marchait en force sur eux.

Le jeune Louis de Bouillé, racontant cette heure dernière où son père volait, l'épée nue, à la poursuite du grand otage, dit avec un mouvement audacieux et juvénile : « Nous nous enfoncions avec cette petite troupe dans la France armée contre nous... »

Oui, c'était bien vraiment la France. — Et ces Allemands qui couraient, et Bouillé qui les conduisait, et le Roi qu'on emmenait, qu'était-ce donc ?... C'était la révolte.

LIVRE V

Juin — Septembre 1791

CHAPITRE PREMIER

IMPRESSION DE LA FUITE DU ROI
(21-25 JUIN 1791)

État de la Presse et des Clubs. — La Bouche de Fer se déclare pour la République. — Paris regrettait-il le Roi? — Impression des départements. — Il n'était pas impossible d'établir la République. — Surprise de La Fayette. — Ordre d'arrêter ceux qui enlèvent le Roi. — Il n'y eut nul désordre à Paris. — Protestation du Roi. — Robespierre, Brissot et les Roland, chez Pétion. — Discours de Robespierre aux Jacobins. — Discours de Danton contre La Fayette. — L'Assemblée veut mettre le Roi hors de cause. — Elle lui donne une Garde qui répond de sa personne.

I, parmi les Français, il se trouvait un traître
Qui regrettât les rois et qui voulût un maître,
Que le perfide meure au milieu des tourments.
Que sa cendre coupable, abandonnée aux vents, etc.

Ces vers du *Brutus* de Voltaire se lisaient, le 21 juin 91, en tête d'une affiche des Cordeliers, signée de leur président, le boucher Legendre. Ils déclaraient qu'ils avaient tous juré de poignarder les tyrans qui oseraient attaquer le territoire, la Liberté ou la Constitution.

Il semble, au reste, que les Cordeliers n'étaient pas bien d'accord sur les mesures à prendre dans cette crise. Le seul expédient que proposent dans leurs journaux Marat et Fréron, c'est précisément un tyran, un bon tyran, dictateur ou tribun militaire. « Il faut choisir, dit le premier, le citoyen qui a montré le plus de lumières, de zèle et de fidélité. » Cela était assez clair, pour quiconque connaissait l'homme : Marat proposait Marat. Fréron n'ose indiquer personne; seulement, il trouve occasion de rappeler le nom de Danton, jusqu'ici fort secondaire, et veut qu'il soit maire de Paris.

Ni Pétion, ni Robespierre, ni Danton, ni Brissot, ne se prononcèrent sur la forme de gouvernement. Au premier mot de République, les Jacobins s'indignèrent. Robespierre exprimait leur pensée, lorsque, le 13 juillet, il disait encore: « Je ne suis ni républicain, ni monarchiste. »

Le seul journal qui se décida tout d'abord pour la République, avec netteté et courage, ce fut *La Bouche de Fer**. Des deux rédacteurs, Fauchet, récemment nommé évêque du Calvados, était dans son évêché. Ce fut l'autre, plus franc, plus hardi, le jeune Bonneville, qui prit cette grande initiative dans les numéros du 21 et du 23 juin. Il y avait juste deux ans que le même Bonneville, le 6 juin 89, dans l'assemblée des électeurs, avait le premier fait appel aux armes.

Bonneville, homme de grand cœur, franc-maçon mystique, trop souvent dans les nuages, prenait, dans les questions graves, dans les crises périlleuses, beaucoup de lucidité. Il soutenait contre Fauchet, son ami, que la Révolution ne pouvait prendre pour base religieuse un replâtrage philosophique du Christianisme*. Sur la question de la royauté, il vit aussi fort nettement que l'institution était finie, et il repoussa les formes bâtardes sous lesquelles les intrigants hypocrites essayaient de la ramener. « On a effacé du serment, dit-il, le mot infâme de roi... Plus de rois, plus de mangeurs d'hommes ! On changeait souvent le nom, jusqu'ici, et l'on gardait toujours la chose... Point de régent, point de dictateur, point de protecteur, point d'Orléans, point de La Fayette... Je n'aime point ce fils de Philippe d'Orléans, qui prend justement ce jour pour monter la garde aux Tuileries, ni son père, qu'on ne voit jamais à l'Assemblée, et qui vint se montrer hier sur la terrasse, à la porte des Feuillants... Est-ce qu'une nation a besoin d'être toujours en tutelle ?... Que nos départements se confédèrent et déclarent qu'ils ne veulent ni tyran, ni monarque, ni protecteur, ni régent, qui sont des ombres de roi, aussi funestes à la chose publique que l'ombre de cet arbre maudit, le Bohon Upas, dont l'ombre est mortelle. »

Et dans un autre numéro : « Enfin, on a retrouvé les piques du 14 Juillet ! On nous rend nos piques, frères et amis ! La première qu'on a vue à l'Hôtel de Ville a été saluée de mille applaudissements. Qu'est-ce que nous pourrions craindre ?... Avez-vous vu comme on est frère quand le tocsin sonne, quand on bat la générale, quand on est délivré des rois ?... Ah ! le malheur est que ces moments ne reviennent que rarement !...

« Il ne suffit pas de dire *république*. Venise aussi fut *république*. Il faut une communauté nationale, un gouvernement national... Assemblez le peuple à la face du soleil, proclamez que la Loi doit seule être souveraine, jurez qu'elle régnera seule... Il n'y a pas un ami de la Liberté sur la terre qui ne répète le serment. Sans parler d'avance d'aucune forme de gouvernement, celui que la nation la plus éclairée aura préféré sera le meilleur pour la Fête-Dieu. »

C'était le jour de cette fête que le républicain mystique écrivait ces paroles enthousiastes. Quelque jugement qu'on en porte, on est touché de cette foi jeune et vive dans l'infaillibilité de la raison commune.

Elle semblait être justifiée, cette foi, par l'attitude calme, forte, vraiment imposante, de la population de Paris. Elle se passait de roi à merveille. Le départ du Roi avait révélé la vérité de la situation, à savoir, que depuis longtemps la royauté n'existait que comme obstacle. Elle n'agissait plus, elle ne pouvait rien, elle embarrassait seulement. Plusieurs avaient peur de tomber en République; mais l'on y était.

Des groupes avaient menacé La Fayette, à la Grève, l'accusant de complicité. Il les calma d'un seul mot : « Nous sommes vingt-quatre millions d'hommes; le Roi coûtait vingt-quatre millions : c'est juste vingt sols de rente que chacun gagne à son départ. »

Camille Desmoulins rapporte qu'une motion fut faite au Palais-Royal (et sans doute c'est lui *qui la fit sur son théâtre ordinaire*) : « Messieurs, il serait malheureux que cet homme perfide nous fût ramené; qu'en ferions-nous? Il viendrait, comme Thersite, nous verser ces larmes grasses dont parle Homère. Si on le ramène, je fais la motion qu'on l'expose trois jours à la risée publique, le mouchoir rouge sur la tête; qu'on le conduise par étapes jusqu'aux frontières, et qu'arrivé là, etc. »

Cette folie était peut-être ce qu'il y avait de plus sage. Si Louis XVI était dangereux dans les armées étrangères, il l'était bien plus encore captif, accusé et jugé, devenant pour tous un objet d'intérêt et de pitié. La sagesse était ici dans les paroles de l'enfant; je parle ainsi de Camille. Le plus grand péril pour la France était de le réhabiliter par l'excès de l'infortune, de rendre à celui qui lui-même s'ôtait la couronne le sacre de la persécution. On le trouvait avili, dégradé par son mensonge ; il fallait le laisser tel. Plutôt que de le punir, on devait l'abandonner comme incapable et simple d'esprit ; c'est ce que dit Danton aux Jacobins : « Le déclarer imbécile, au nom de l'humanité. »

Prudhomme (*Révolutions de Paris*) donne très bien l'attitude du peuple : « Tous les regards se portaient sur la salle de l'Assemblée. « Notre Roi « est là-dedans, disait-on ; Louis XVI peut aller « où il voudra. » Si le président de l'Assemblée eût mis aux voix dans la Grève, aux Tuileries, au palais d'Orléans, le gouvernement républicain, la France ne serait plus une monarchie. »

« Le nom de la République, écrit madame Roland dans une lettre du 22 juin, l'indignation contre Louis XVI, la haine des rois, s'exhalent ici de partout. »

Des témoins aussi passionnés peuvent paraître suspects. Mais je trouve à peu près les mêmes choses dans la bouche d'un étranger, d'un froid observateur, peu favorable à la France, peu à la Révolution ; je parle du genevois Dumont, pensionné de l'Angleterre : « Ce peuple sembla inspiré d'une sagesse supérieure. « Voilà notre grand embarras « parti, » disait-il gaiement. Et encore : « Si le Roi « nous a quittés, la nation reste ; il peut y avoir une « nation sans roi, mais non un roi sans nation. »

Ce qui est fort significatif, c'est que trois maisons du chapitre de Notre-Dame, vendues le 21 juin, furent portées à un prix très élevé, et gagnèrent environ un tiers au delà de l'estimation.

Voilà pour Paris. Quelle fut l'impression des départements ? On le verra tout à l'heure, quand nous raconterons le retour de Varennes. Il suffit de dire ici que, dans l'Est et le Nord, en se rapprochant des frontières, dans ces pays où Louis XVI eût amené l'ennemi, l'indignation fut généralement plus violente qu'à Paris même. La moisson était sur pied ; et le paysan, furieux du danger qu'elle avait couru. Dans le Midi, plusieurs villes, Bordeaux en tête, montrèrent un élan admirable. Quatre mille dames de Bordeaux, toutes mères, jurèrent de mourir avec leurs époux, pour la nation et la Loi. La Gironde écrivit : « Nous sommes quatre-vingt mille, tout prêts à marcher. » Dans l'Ouest, les villes, peu assurées des campagnes, eurent de grandes alarmes. On supposa que le Roi n'avait pas fait une telle démarche sans avoir laissé derrière lui des embûches inconnues. Dumouriez, qui alors commandait à Nantes, décrit l'émotion de cette ville à la grande nouvelle, qu'on reçut de nuit. Il y avait quatre à cinq mille personnes en chemise sur la place, qui avaient l'air consterné. « La nation n'en reste pas moins, » dit-il, et il écrivit à la nation qu'il marchait à son secours. Les Nantais se rassurèrent si bien, que la nouvelle contraire, celle du retour de Louis XVI, produisit plutôt sur eux une sensation fâcheuse.

En rapprochant tous ces détails, nous n'hésitons pas à dire, contre l'opinion commune, que si, le 21 juin, l'Assemblée, saisissant le moment de l'indignation générale, eût proclamé la déchéance du Roi, eût avoué et franchement nommé le gouvernement qui, de fait, existait déjà, le gouvernement républicain, Paris aurait applaudi ; et Paris eût été suivi sans difficulté de tout l'Est et tout le Nord, des villes du Midi, de l'Ouest, et là même obéi des campagnes. La résistance n'était pas prête encore ; il fallut un an ou deux, toutes les intrigues des prêtres, le long martyre de Louis XVI surtout, pour décider l'éruption de la Vendée.

Telle était l'opinion d'un homme passionné, il est vrai, mais doué de hautes lumières pour éclairer sa passion, d'un très ferme jugement et d'une grande liberté d'esprit. Condorcet disait que ce moment était précisément celui où la République était possible et pouvait se faire à meilleur marché : « Le Roi, en ce moment-ci, ne tient plus à rien ; n'attendons pas qu'on lui ait rendu assez de puissance pour que sa chute exige un effort ; cet effort sera terrible si la République se fait par révolution, par soulèvement du peuple ; si elle se fait à présent avec une Assemblée toute puissante, le passage ne sera pas difficile. » *(Condorcet, dans Ét. Dumont, p. 125.)*

L'objection principale, celle qu'on faisait et qu'on fait toujours, c'était : « Il n'est pas encore temps, nous ne sommes pas mûrs encore, *nos mœurs ne sont pas républicaines...* » Vérité trop vraie : il est clair qu'il doit toujours en être ainsi en sortant de la monarchie. La monarchie n'a garde de former à la République : ses lois, ses institutions, n'ont pas apparemment le but de préparer beaucoup les mœurs au gouvernement contraire ; d'où il suit qu'il serait toujours trop tôt pour essayer la République ; on resterait embarrassé à jamais dans ce cercle vicieux : « La législation et l'éducation républicaines peuvent seules former les hommes à la République, mais la République elle-même est préalablement nécessaire pour vouloir et décréter ces lois et cette éducation. » — Pour qu'un peuple sorte de ce cercle, il faut que, par un acte vigoureux de sa volonté, par une énergique transformation de sa moralité politique, il se fasse vraiment digne d'être enfin majeur, digne de sortir d'enfance, de prendre la robe virile, et que, pour ne pas retomber, pour rester à la hauteur de ce moment héroïque, il se donne les lois et l'éducation qui peuvent seules le perpétuer.

Autre objection : « En supposant que la République fût déjà possible, était-elle juste à cette époque ? n'eût-elle pas été imposée par une minorité à la majorité royaliste, imposée par force et contre le Droit ? La nation était-elle généralement républicaine? » — Si l'on exige que la nation eût l'idée et la volonté nette et précise de la République, non, elle ne l'avait pas. L'idée, la volonté nationale, à ce moment, dans l'indignation qu'inspira la désertion du Roi, fut, pour parler avec précision, *antiroyaliste* ; elle fut *républicaine*, en prenant la République comme simple négation de la monarchie. La minorité éclairée, en profitant de ce moment, en fondant par les institutions une République positive, eût confirmé la masse dans la tendance antiroyaliste qui se déclarait alors ; elle n'eût point opprimé la masse, elle lui eût traduit sa propre pensée, formulé ses instincts obscurs, eût rendu fixe et permanent le sentiment si juste qu'elle avait à ce moment de la fin de la royauté.

Les politiques attendirent, hésitèrent ; et le moment fut manqué. Un sentiment non moins naturel reprit force au retour du Roi, la pitié pour son malheur. On ne pouvait le refaire comme roi ; on le restaura comme homme, dans l'intérêt, la sympathie, en le ramenant captif, humilié, infortuné. Tel fut l'entraînement des âmes généreuses et tendres ; elles ne virent plus, à travers les larmes, le Roi double et faux ; elles virent un homme résigné, et elles s'en firent un saint : la réalité s'obscurcit pour elles derrière la douloureuse légende qu'elles trouvaient dans leur cœur navré. Qui eut tort? La France innocente, et non plus le Roi coupable.

Oh! qui eût suivi la courageuse inspiration qui dicta *La France libre* à Camille Desmoulins, en 1789, aurait sauvé la France!... Dans cet immortel petit livre, rayonnant de jeunesse et d'espoir, avec tout le soleil du 14 Juillet, la prêtrise et la royauté ne sont plus traitées comme choses vivantes, mais pour ce qu'elles sont, deux néants, deux ombres (et qui s'amuserait alors à frapper dessus?...), deux ombres qui vont se cacher, qui s'enfoncent au couchant. Et à l'horizon se lève la réalité de la République, en qui sont désormais la vie, la substance.

On avait le bonheur de voir le Roi partir; mais ce n'était pas assez : il fallait lui donner des chevaux, pour aller plus vite, et lui donner encore, de peur qu'il ne revînt les chercher, tout ce qu'il avait de courtisans et de prêtres, leur ouvrir les portes bien grandes.

A sa place, allaient entrer dans Paris les vrais rois de la République, les rois de la pensée, ceux par qui la France avait conquis l'Europe; je parle de Voltaire, de Rousseau. Voltaire, parti de son tombeau, était en marche vers Paris, où il entra en triomphe le 11 juillet. Que l'entrée eût été plus belle, si l'on n'eût eu la maladresse d'y ramener le fatal automate de l'ancien régime, le Roi des prêtres et des dévots!

Il faut pourtant raconter par quelles pitoyables machines la vieille idole fut relevée de terre. Routine, habitude, faiblesse, facile entraînement de cœur ; par-dessus, l'intrigue, qui l'exploite et qui s'en moque, voilà le fond de l'histoire.

Les intrigants de nuances diverses qui travaillaient pour la Cour sous le masque constitutionnel se trouvaient désappointés : elle les avait joués eux-mêmes. Il s'agissait maintenant pour eux de savoir avec quel parti de l'Assemblée le Roi, devenu libre, voudrait bien négocier. Un de ces personnages équivoques, Dandré, député de Provence, sorte de Figaro politique, qui (selon Weber) recevait trois mille francs par mois pour jouer les deux partis, sut des premiers l'évasion et alla chez La Fayette. Il était près de sept heures, et l'on devait croire que les fugitifs avaient gagné beaucoup de terrain. La Fayette dormait du sommeil du juste, de ce profond sommeil historique qu'on lui a tant reproché pour le 6 Octobre. « Bah ! dit-il, c'est impossible ! » En effet, il avait laissé son aide de camp, Gouvion, la veille, à minuit, dormant le dos appuyé à la porte de la Reine.

La Fayette avait reçu beaucoup d'avertissements ; mais ce qui le rassurait, ainsi que Bailly, ainsi que Montmorin, et Brissac, commandant du château et ami personnel du Roi, c'était la confiance qu'ils avaient tous dans la sensibilité de Louis XVI. Ils juraient sur leur tête que le Roi ne partirait pas, se figurant en effet qu'il ne voudrait pas les mettre en danger.

Les premières personnes que La Fayette, descendant précipitamment, trouve dans la rue, c'est Bailly et Beauharnais : celui-ci était président de l'Assemblée ; Bailly, le nez, le visage longs et jaunes, plus encore qu'à l'ordinaire. Personne ne devait en effet s'accuser plus que Bailly. Il avait livré à la Reine ces dénonciations écrites dont on a parlé, de sorte que, sachant précisément les avis qu'on avait contre elle, elle chercha, et trouva une issue moins surveillée. Bailly, fils du garde des tableaux du Roi, protégé par lui, héréditairement attaché à la Maison royale, se montra meilleur domestique que magistrat et citoyen, se fiant de tout à la Reine, croyant la lier d'honneur et de sensibilité, s'imaginant qu'elle hésiterait à perdre par sa fuite le faible et dévoué serviteur qui lui immolait son devoir.

Bailly pouvait se croire perdu si le Roi n'était rejoint : « Quel malheur, dit-il, qu'à cette heure l'Assemblée ne soit pas réunie encore ! » Le président appuya. Tous deux montrèrent à La Fayette le Roi ralliant les émigrés, amenant les Autrichiens, la guerre civile, la guerre étrangère : « Eh bien, dit La Fayette, pensez-vous que le salut public exige le retour du Roi ? — Oui. — J'en prends la responsabilité. » Il écrivit un billet portant « que les ennemis de la patrie *ayant enlevé le Roi*, il était ordonné aux Gardes nationaux de les arrêter. »

La Fayette n'eût guère pu refuser, sans confirmer l'opinion, générale au premier moment, qu'il était de connivence, qu'il avait favorisé l'évasion. Il crut, au reste, qu'à cette heure le Roi ne pouvait être rejoint. Son aide de camp, Romeuf, qui sans doute avait sa pensée, partit, mais d'abord courut sur une route tout autre que celle du Roi ; il fut rejoint, remis dans le chemin par l'autre envoyé, Baillon, qui le força d'accélérer sa route vers Varennes. Il n'avait nulle volonté d'arriver, et comptait bien courir en vain ; c'est ce qu'il dit lui-même à MM. de Choiseul et de Damas.

Le mot d'*enlèvement*, écrit d'abord dans cet ordre de La Fayette, fut avidement saisi par les Barnave et les Lameth, par les constitutionnels en général, pour innocenter le Roi et sauver la royauté. Ils se précipitèrent, tête baissée, par cette porte qu'on leur ouvrait. Ce mot fut employé par Regnault de Saint-Jean-d'Angely, qui fit décréter par l'Assemblée qu'on poursuivrait ceux qui *enlevaient* le Roi. On adopta le mot, qui semblait tout un système, et l'on adopta l'auteur ; je parle de La Fayette. Il venait s'excuser à l'Assemblée ; Barnave et Lameth s'empressèrent d'aller au-devant et de le justifier ; bien plus, ils réclamèrent pour lui, accusé et suspect, la plus haute confiance, le firent charger d'exécuter les mesures qui seraient ordonnées. Ils s'emparèrent ainsi de lui, l'entraînèrent, le lièrent. Ce fut alors, comme toujours, l'invariable destinée de cet excellent républicain d'être mystifié par les royalistes.

Les constitutionnels, entrant dans ce travail impossible de refaire la royauté, allaient se trouver justement en contradiction avec eux-mêmes. Il n'y avait pas trois mois que dans une discussion mémorable, soutenue par Thouret avec un caractère de force et de grandeur qui n'appartient qu'à la raison, l'Assemblée avait décidé que la royauté était une fonction publique, qu'elle avait des obligations, et qu'une sanction pénale devait consacrer ces obligations. Thouret, suivant inexorablement la droite ligne logique, en avait fini avec les *rois-dieux*, les *rois-messies*, comme il dit lui-même. La ténébreuse doctrine de l'incarnation royale, prolongée au delà de toute probabilité, par delà les temps barbares, en plein âge de lumière, avait péri ce jour-là (28 mars 1791).

L'Assemblée avait décrété : « Si le Roi sort du royaume, il sera censé avoir abdiqué la royauté. » Elle voulait maintenant éluder son propre décret. Les meneurs, qui s'étaient récemment rapprochés de la Cour, ne pouvaient, quoique abandonnés par elle, se décider à changer leurs plans, à briser leurs espérances. Déjà consultés par la Reine, et sans doute mortifiés de voir qu'elle s'était jouée d'eux, ils pensaient qu'après tout, s'ils ramenaient, sauvaient l'infidèle, elle serait trop heureuse de se remettre à discrétion, n'ayant plus nul autre espoir. D'autre part, les Thouret, les Chapelier, les pères de la Constitution, pleins d'inquiétudes paternelles et d'amour-propre d'auteur, craignaient tout mouvement violent qui aurait troublé la santé d'un enfant si délicat ; il leur fallait, à tout prix, le retour, le rétablissement du Roi, pour soigner paisiblement, éduquer, mener à bien cette chère Constitution.

La bonne attitude du peuple facilitait singulièrement la tâche de l'Assemblée. On aurait pu s'attendre à de grands désordres. La Reine avait déployé, pour tromper l'opinion, un luxe de duplicité qui devait ajouter beaucoup à l'irritation. Elle avait dit qu'elle voulait fournir de ses écuries les quatre chevaux blancs pour la pompe de Voltaire. Elle avait fait avertir qu'elle serait, avec le Roi, à la procession de la Fête-Dieu. L'avant-veille, on avait fait voir dans Paris le Dauphin allant à Saint-Cloud ; et la veille même, au soir, la Reine, allant le promener au parc de Monceaux, avait suivi les boulevards, gracieuse, parée de roses, le bel enfant sur ses genoux ; elle souriait à la foule, et jouissait en esprit de son départ tout préparé.

Le peuple, quelque irrité qu'il fût, se montra plus dédaigneux que violent. Tout le désordre se borna à casser les bustes du Roi ; puis une promenade de curiosité inoffensive, que les femmes firent aux Tuileries, sans bruit ni dégât. Elles ôtèrent le portrait du Roi de la place d'honneur, et le suspendirent à la porte. Elles visitèrent le cabinet du Dauphin, et le respectèrent ; beaucoup moins celui de la Reine : une femme y vendit des cerises. Elles regardèrent fort ses livres, supposant que c'étaient tous livres de libertinage. Une fille qu'on coiffait d'un bonnet de Marie-Antoinette le jeta bien loin, disant qu'il la salirait, qu'elle était honnête fille.

Cependant l'Assemblée mandait les ministres, s'emparait du sceau, changeait le serment, ordonnait la levée de trois cent mille Gardes nationaux, payés quinze sols par jour. Ces mesures furent interrompues par la lecture d'une pièce étrange, qu'on apporta. C'était une *protestation* du Roi, annulant tout ce qu'il avait fait et sanctionné depuis deux ans, dénonçant l'Assemblée, la nation. Il certifiait ainsi que, pendant tout ce temps, il avait été le plus faux des hommes; moins encore pour avoir signé, que pour avoir si souvent approuvé, loué de vive voix, souvent sans nécessité, ce qu'il désavouait aujourd'hui. Tout cela, dans une forme aussi triste que le fond, lourde, plate et sotte, mêlant aux choses les plus graves des choses ou basses ou futiles. Il s'appesantissait sur sa pauvreté (avec une liste civile de vingt-cinq millions), sur le séjour des Tuileries, « où, loin de trouver les commodités auxquelles il était accoutumé, il n'a pas même rencontré les agréments que se procurent les personnes aisées. » Pour comble, il parlait et reparlait de sa femme, avec la fâcherie d'un mari trompé, qui proteste qu'il est content, et n'en veut qu'aux mauvais plaisants. Ceci à l'adresse des émigrés et des princes, bien plus que de l'Assemblée. La Reine, en partant, se faisait donner contre eux, contre les conseils dont ils allaient assiéger le Roi, une sorte de certificat : son mari la proclamait une *épouse fidèle, qui venait de mettre le comble à sa bonne conduite.* Il se disait indigné de ce qu'en Octobre on avait parlé *de la mettre au couvent,* etc. L'étrange pièce avait été, la veille, communiquée au capital ennemi de la Reine, à Monsieur, pour qu'il corrigeât, approuvât, et se mît ainsi hors d'état de pouvoir attaquer plus tard.

Le ton général de cet acte était accusateur, menaçant pour l'Assemblée. Les royalistes ne cachaient pas leur joie. Un de leurs journaux, ce jour même du 21 juin, avait osé imprimer : « Tous ceux qui pourront être compris dans l'amnistie du prince de Condé pourront se faire enregistrer dans notre bureau d'ici au mois d'août. Nous aurons 1,500 registres, pour la commodité du public ; nous n'en excepterons que cent cinquante individus. »

Beaucoup de gens supposaient, d'après cet excès d'audace, qu'apparemment les royalistes avaient dans Paris, ou bien près, des forces considérables. Les imaginations voyageaient rapidement sur ce texte ; aucune n'allait plus vite, en telles occasions, que celle de Robespierre. La séance ayant été suspendue de trois heures et demie jusqu'à cinq, il passa ce temps chez Pétion, qui demeurait tout près, au faubourg Saint-Honoré, et là, déchargea son âme, exprima librement tout son rêve de Terreur. L'Assemblée était complice de la Cour, complice de La Fayette ; ils allaient faire une Saint-Barthélemy des patriotes, des meilleurs citoyens, de ceux qu'on craignait le plus. Pour lui, il sentait bien qu'il était perdu, qu'il ne vivrait pas vingt-quatre heures...

Le croyait-il? Pas tout à fait. La chose était trop peu vraisemblable. Ce moment de la Révolution n'était nullement sanguinaire ; La Fayette ne l'était pas, ni les hommes influents d'alors. L'eussent-ils été, il était facile, dans l'état de désorganisation où était la Police, de se cacher dans Paris. Robespierre avait peur sans doute, mais il exagérait sa peur. Pétion l'écoutait assez froidement. Les deux hommes différaient trop pour agir beaucoup l'un sur l'autre. Robespierre, nerveux, sec et pâle, et plus pâle encore ce jour-là. Pétion, grand, gros, rose et blond, phlegmatique et apathique. Il interprétait les choses d'une façon toute contraire, selon son tempérament : « L'événement est plutôt heureux, disait-il ; maintenant on connaît le Roi. » Le journaliste Brissot, qui était venu chercher des nouvelles, parla aussi dans ce sens : « Soyez sûr, dit-il avec son air imaginatif et crédule, que La Fayette aura favorisé l'évasion du Roi pour nous donner la République. Je vais, outre *Le Patriote*, écrire dans un nouveau journal, *Le Républicain*. » Robespierre, se rongeant les ongles, demandait, en tâchant de rire : « Qu'est-ce que la République ? »

La République elle-même, en réponse à cette question, on eût pu le croire ainsi, entra dans la chambre. Je parle de madame Roland, qui survint en ce moment avec son mari. Elle entra, jeune, vive et forte, illuminant la petite chambre de sérénité et d'espoir. Elle paraissait avoir trente ans, et elle en avait trente-six. Sous ses beaux et abondants cheveux bruns, un teint virginal de fille, d'une transparence singulière, où courait, à la moindre émotion, un sang riche et pur. De beaux yeux parlants, le nez un peu gros du bout et peu distingué. La bouche assez grande, fraîche, jeune, aimable, sérieuse pourtant dans le sourire même, raisonneuse, éloquente, même avant d'avoir parlé.

Les Roland venaient du pont Neuf et purent dire à leurs amis l'affiche des Cordeliers. L'initiative hardie que ceux-ci prenaient rendit cœur à Robespierre. Les voyant planter si loin en avant le drapeau de la Révolution, il pensa que les Jacobins suivraient, dans la voie qui leur était propre, la défiance et l'accusation. Déjà, à l'Assemblée, dans la séance du matin, il avait jeté un mot dans ce sens.

Il ne dit rien du tout dans la séance du soir, attendit, et observa. Entre neuf et dix heures, il vit que Barnave et les Lameth, déjà sûrs de La Fayette, qu'ils avaient en quelque sorte surpris le matin, entraînaient de plus Sieyès et l'ancien Club de 89. Tous ensemble, une grande masse, deux cents députés environ, ils se mettaient en mouvement; tous, en corps d'armée, ils allaient se rendre aux Jacobins, où depuis longtemps on ne les voyait plus guère; ils allaient les étonner de cette image inattendue d'union et de concorde, et sans doute, d'un premier élan, enlever la société. Il n'y avait pas un moment à perdre, Robespierre court aux Jacobins.

Si son discours fut celui que lui prête son ami Camille[*], c'était une vaste dénonciation de tous et de toutes les choses, assez adroitement tissue de faits, d'hypothèses : il accusait non seulement le Roi et le ministère, et Bailly, et La Fayette, non seulement les Comités, mais l'Assemblée tout entière. Cette accusation, à ce point générale et indistincte, ce sombre poëme, éclos d'une imagination effrayée, semblait bien difficile à accepter sans réserve. Robespierre entra alors dans un sujet tout personnel, son propre péril, fut ému et éloquent; il s'attendrit sur lui-même; l'émotion gagna l'auditoire. Alors, pour enfoncer le coup, il ajouta cette parole : « Qu'au reste, il était prêt à tout ; que si, dans les commencements, n'ayant encore pour témoins que Dieu et sa conscience, il avait fait d'avance le sacrifice de sa vie, aujourd'hui qu'il avait sa récompense dans le cœur de ses concitoyens, la mort ne serait pour lui qu'un bienfait. »

A ce trait touchant, une voix s'élève, un jeune homme crie en sanglotant : « Nous mourrons tous avec toi!... » Cette sensibilité naïve eut plus d'effet que le discours ; ce fut une explosion de cris, de pleurs, de serments : les uns, debout, s'engagèrent à défendre Robespierre ; les autres tirèrent l'épée, se jetèrent à genoux, et jurèrent qu'ils soutiendraient la devise de la société : *Vivre libre ou mourir*. Madame Roland, qui était présente, dit que la scène fut vraiment surprenante et pathétique.

Le jeune homme était le camarade, l'ami d'enfance de Robespierre, Desmoulins, le mobile artiste, qui, deux heures auparavant, dans un moment de confiance, serrait la main de La Fayette.

Avec tout cela, on perdait de vue le point précis de la situation, et l'ennemi allait arriver. Le discours trop général de Robespierre, l'explosion de vague sensibilité qui avait suivi, n'avançaient pas assez les choses. Danton s'en aperçut à temps : il ramena à la question, il la limita ; il sentit que, pour agir, il ne fallait frapper qu'un coup, et frapper sur La Fayette*.

Chose bizarre à dire, mais vraie, le danger était La Fayette. Il était dangereux, comme mannequin de dictature républicaine, propre à faire toujours avorter la République ; — dangereux, comme dupe, toujours prête, des royalistes, éternellement prédestinée à être trompée par eux ; — dupe de sa générosité, il y avait à parier que, le

Roi venant de le mettre en danger de mort, La Fayette serait royaliste. Le parti Lameth et Barnave, en attendant qu'il pût reprendre le Roi, avait besoin d'un entre-roi, ferme contre l'émeute et faible contre la Cour. La Fayette était le seul dangereux, parce qu'il était le seul honnête, si visiblement honnête, qu'à ce moment même, où tout semblait l'accuser, il était populaire encore.

Donc, Danton devait l'attaquer.

Il n'y avait qu'une difficulté, c'est que, de toute cette assemblée, peut-être Danton était le seul qui dût craindre de l'attaquer.

La Fayette connaissait Danton; il savait que, trop docile aux exemples du maître, aux leçons de Mirabeau, il était en rapport avec la Cour. Il n'avait pas vendu sa parole, qui évidemment ne cessa jamais d'être libre; mais ce qui est plus vraisemblable, c'est qu'il s'était engagé, comme *bravo* de l'émeute, pour une protection personnelle contre les tentatives d'assassinat, une protection analogue à celle des brigands d'Italie. Qu'avait-il reçu? on l'ignore; la seule chose qui semble établie (sur un témoignage croyable, quoique celui d'un ennemi), c'est qu'il venait de vendre sa charge d'avocat au Conseil, et qu'il avait reçu du ministère bien plus qu'elle ne valait. Ce secret était entre Danton, Montmorin et La Fayette; celui-ci avait sur lui cette prise; il pouvait l'arrêter court entre deux périodes, lui lancer ce trait mortel.

Ce danger n'arrêta pas Danton; il vit du premier coup d'œil que La Fayette n'oserait; que, ne pouvant blesser Danton sans blesser aussi le ministre Montmorin, il ne dirait rien du tout.

« Monsieur le président, crie-t-il, les traîtres vont arriver. Qu'on dresse deux échafauds; je demande à monter sur l'un, s'ils n'ont mérité de monter sur l'autre! »

Et à ce moment, ils entrent. La masse était imposante. En tête, Alexandre de Lameth donnant le bras à La Fayette, signe parlant de la réconciliation. Toute la gauche de l'Assemblée marchant sous un même drapeau. Puis l'homme de 89, homme déjà antique, le père et le prophète, tout au moins le parrain, de la Révolution, Sieyès, l'air abstrait, plein de pensées, et à côté, pour contraste, l'avocat des avocats, Barnave, le nez au vent. Puis, les grands hommes d'affaires de l'Assemblée, ses rédacteurs habituels, ses organes presque officiels, Chapelier et autres, tout le Comité de Constitution.

En face de ces grandes forces, Danton prit tout d'abord une surprenante offensive. Il accusa La Fayette d'avoir attenté à sa moralité politique: essayé de le corrompre? non précisément, mais de l'amortir, d'attiédir son patriotisme, de le gagner aux deux Chambres, « au système du prêtre Sieyès. » Puis, il lui demanda brusquement pourquoi, dans un même jour, ayant arrêté à Vincennes les hommes du faubourg Saint-

Antoine, il avait relâché aux Tuileries les *chevaliers du poignard ?...* Pourquoi (cette accusation n'était pas la moins dangereuse), la nuit même de l'évasion du roi, on avait confié la garde des Tuileries à une compagnie soigneusement épurée par La Fayette ?

« Que venez-vous chercher ici ? pourquoi vous réfugier dans cette salle que vos journalistes appellent un antre d'assassins ? Et quel moment prenez-vous pour vous réconcilier ? Celui où le peuple est en droit de vous demander votre vie. Êtes-vous traître ? êtes-vous stupide ? Dans les deux cas, vous ne pouvez plus commander. Vous aviez répondu sur votre tête que le Roi ne partirait pas : venez-vous payer votre dette ?... »

Répondre, contester, récriminer, c'eût été chauffer l'incendie. Pour y jeter de l'eau froide, Lameth fit une pastorale sur les douceurs de l'union fraternelle. La Fayette développa, sans dire un mot de la question, son radotage habituel : « Qu'il avait le premier dit : Une nation devient libre, dès lors qu'elle veut être libre, etc., etc. » Sieyès, Barnave, reprirent la thèse de la concorde ; ils en firent une Adresse que Barnave rédigea. Seulement, pour contenter la fraction avancée des Jacobins, on y mit ce mot, plus accusateur que celui d'*enlèvement :* « Le Roi, *égaré,* s'est éloigné... » La société fut satisfaite, car, vers les minuit, les députés sortant, Lameth et La Fayette en tête, tous les Jacobins, tous les auditeurs et spectateurs, deux ou trois mille personnes peut-être, se mirent à leur faire cortège, et cela sans exception ; ceux qui tout à l'heure avaient juré de défendre Robespierre n'en suivirent pas moins La Fayette. Toute la rue Saint-Honoré se mit aux fenêtres, et vit avec grande joie passer aux lumières cette pompeuse comédie d'harmonie et de concorde *.

Le fameux mot *enlèvement*, absent de l'Adresse des Jacobins, reparaît le lendemain dans celle de l'Assemblée. Le Roi avait beau dire, dans la *protestation*, qu'il fuyait ; l'Assemblée, dans son Adresse, lui soutenait qu'il avait été *enlevé*.

Elle prenait l'engagement de *venger* la Loi (promesse légère, simple phrase éloignée de sa pensée). Elle s'excusait d'avoir parfois gouverné, administré : « C'est que le Roi ni les ministres *n'avaient pas alors la confiance de la nation.* » Le Roi l'avait-il regagnée, en allant chercher l'étranger ? La confiance, perdue à ce point, se recouvre-t-elle ?... Ainsi l'Adresse flottait, elle disait trop ici, et là trop peu. Elle faisait déjà sentir ce que pouvait être le système faux et boiteux dans lequel on s'engageait, la transaction incertaine d'une Assemblée impopulaire et d'une royauté captive, méprisée, à jamais suspecte, lequel traité, déchiré un jour par la franchise du peuple, brisé d'un accès de colère, risquait de fonder l'anarchie **.

Le 22, vers neuf heures du soir, un grand

bruit se fait autour de l'Assemblée; puis, une voix, un coup de tonnerre : « Il est arrêté ! » Peu s'en réjouirent. Tels qui applaudirent le plus, pour se conformer aux sentiments des tribunes, n'en sentaient pas moins les embarras immenses que cet événement préparait.

Le lendemain 23, l'inquiétude de l'Assemblée, le désir général parmi ses membres de sauver la royauté, se formula dans un décret voté sur la *proposition* de Thouret : « L'Assemblée déclare traîtres *ceux qui ont conseillé, aidé ou exécuté* l'enlèvement du Roi, ordonne d'arrêter ceux qui porteraient atteinte au *respect dû à la dignité royale.* » La royauté, la personne royale, se trouvait être ainsi innocentée, garantie.

Robespierre dit que la seconde partie du décret était inutile, et la première incomplète; qu'on n'y parlait *que des conseillers;* que le devoir des représentants les obligerait d'agiter *une question plus importante.* Un frémissement de l'Assemblée l'avertit qu'il en disait trop.

Un grand mouvement du peuple, décisif contre la royauté, était fort probable. Le 23 juin, de bonne heure, le faubourg Saint-Antoine s'agitait et s'ébranlait. Les constitutionnels trouvèrent moyen d'exploiter le mouvement au profit de la royauté. La Fayette, avec son état-major, prit la tête de l'immense colonne, qu'il suivit docilement, de la Bastille à la place Vendôme, aux Feuillants, à l'Assemblée. La tête, comme nous l'avons vu parfois, dans nos dernières émeutes, dit précisément le contraire de ce que le corps pensait *. Tous venaient *contre le Roi*, et les chefs dirent à l'Assemblée que ce peuple venait jurer obéissance à la Constitution, ce qui au fond comprenait l'*obéissance au Roi*, partie de la Constitution. Toute l'après-midi, toute la soirée, pendant plusieurs heures, cette grande foule armée défilait dans la salle, bienveillante généralement, mais d'une familiarité rude ; il y eut même des mots menaçants pour les mauvais députés.

Le 25, Thouret proposa, l'Assemblée vota : « Qu'à l'arrivée du Roi, il lui serait donné une Garde provisoire qui *veillât à sa sûreté*, et *répondît de sa personne*... Ceux qui ont accompagné le Roi seront interrogés ; le Roi et la Reine, *entendus dans leurs déclarations*... Le ministre de la Justice continue d'apposer le sceau aux décrets, *sans qu'il soit besoin de la sanction royale.* »

Malouet : « Alors le gouvernement est changé ! le Roi, prisonnier !... » Rœderer, croyant adoucir : « Ceci n'attaque pas l'inviolabilité ; il est seulement question de tenir le Roi en état d'*arrestation provisoire.* » Thouret, contre Rœderer : « Non, non, ce n'est pas cela. » — Et Alexandre de Lameth : « *C'est pour la sûreté du Roi*, autant que pour la sûreté nationale. »

Dandré, saisissant cette occasion d'engager et compromettre décidément l'Assemblée, se mit à parler pour elle, et fit, en son lieu, une haute profession de royalisme, déclarant que la monarchie était la meilleure forme de gouvernement. Toute l'Assemblée applaudit, mais les tribunes se turent. Ce silence devint fort sombre, et gagna toute la salle, lorsque la députation de l'Hérault, lisant une Adresse tout empreinte de la violence du Midi, prononça ces paroles : « Le monde attend un grand acte de Justice. »

Presque immédiatement (il était environ sept heures et demie du soir), une grande agitation se manifeste ; le bruit se répand que le Roi traverse les Tuileries... puis, que les trois courriers qui sont sur la voiture du Roi sont entre les mains du peuple, en danger de mort... Vingt membres vont au secours. Bientôt entrent dans la salle Barnave, Pétion et Latour-Maubourg, que l'Assemblée avait chargés de diriger et de protéger le retour du Roi. Ils viennent lui rendre compte.

CHAPITRE II

LE ROI ET LA REINE RAMENÉS DE VARENNES

(22-25 JUIN 1791)

Unanimité de la population contre le Roi. — Châlons seul le reçoit bien, 22 juin. — Les commissaires envoyés par l'Assemblée, 23 juin. — La Reine et Barnave. — Halte de Dormans. — La famille royale à Meaux, au palais de Bossuet, 24 juin. — Pétion veut sauver les trois Gardes du corps. — Entrée dans Paris, 25 juin. — Arrivée aux Tuileries. — Sentiments divers du peuple.

LE Roi et la Reine avaient réussi à se persuader longtemps que la Révolution était toute concentrée dans l'agitation de Paris, qu'elle était une chose tout artificielle, une conspiration isolée des orléanistes ou des Jacobins. Le voyage de Varennes put leur faire voir le contraire ; et le retour, encore plus.

En vain la Reine essayait de s'abuser elle-même, de rejeter le mauvais succès de l'entreprise sur des causes inconnues. « Il a fallu, disait-elle, un concours extraordinaire de circonstances, un miracle. » Le vrai miracle fut l'unanimité de la nation. Unie dans un même élan de justice et d'indignation, la France sauva la France.

Rappelons les circonstances du voyage. Cette unanimité éclate partout. Partout la force militaire est neutralisée par le peuple. Près de Châlons déjà, Choiseul ne peut soutenir le regard de cette foule pénétrante qui le surveille et le devine; malgré les bois, malgré la nuit, l'œil du peuple le suit, le voit; partout, de village en village, il entend sonner le tocsin. L'officier de Sainte-Menehould, celui de Clermont, sont annulés, paralysés par cette inquiète surveillance. Celui de Varennes s'enfuit, et le jeune Bouillé, menacé, ne peut commander à cette place. Bouillé lui-même ne peut venir au-devant, n'étant sûr ni de ses troupes, ni des garnisons voisines, voyant la campagne en armes. Un fait plus grave encore peut-être, et que nous avions omis, c'est que partout, dans leurs logements, les soldats s'apercevaient que leurs hôtes, pendant leur sommeil, leur enlevaient les cartouches; les soldats du Roi dormaient, le peuple ne dormait pas.

Cette unanimité terrible parut bien plus au retour. De Varennes jusqu'à Paris, dans une route de cinquante lieues, route infiniment lente, qui dura quatre jours entiers, le Roi, dans sa voiture, se vit constamment entouré d'une masse compacte de peuple ; la lourde berline nageait dans une épaisse mer d'hommes, et fendait à peine les flots. C'était comme une inondation de toutes les campagnes voisines, qui tour à tour, sur la route, lançaient des vagues vivantes à cette malheureuse voiture, vagues furieuses, aboyantes, qui semblaient près d'abîmer tout, et pourtant se brisaient là. Ces hommes s'armaient jusqu'aux dents de tout ce qu'ils avaient d'armes, arrivaient chargés de fusils, de sabres et de piques, de fourches et de faulx : ils partaient de loin pour tuer ; de près, ils injuriaient, ils soulageaient leur colère, criaient aux lâches et aux traîtres, suivaient quelque temps, retournaient. D'autres venaient, et toujours d'autres, infatigablement, et ceux-ci non moins ardents, entiers de force et de fureur. Ils criaient, séchaient leurs gosiers, buvaient pour crier encore. Une âpre chaleur de juin exaltait les têtes, le soleil brûlait d'aplomb, poudroyait sur la blanche route, la soulevait en nuages, à travers des forêts de baïonnettes et d'épis.

Maigres épis, pauvre moisson de Champagne pouilleuse ; la vue même de cette moisson si péniblement amenée à bien ne contribuait pas peu à augmenter la fureur des paysans : c'était justement ce moment que le Roi avait choisi pour aller chercher l'ennemi, amener sur nos champs les hussards et les pandours, la cavalerie voleuse, mangeuse, outrageuse, gâcher la vie de la France aux pieds des chevaux, assurer la famine pour l'année et l'année prochaine...

Ce fut là le vrai procès de Louis XVI, plus qu'au 21 Janvier. Il entendit, quatre jours de suite, de la bouche de tout le peuple, son accusation, sa condamnation. Le sentiment filial de ce peuple, si cruellement trompé, s'était tourné en fureur, et la fureur, exhalée en cris, s'exprimait aussi en reproches d'une accablante vérité, en mots terribles qui tombaient sur la coupable voiture, comme d'impitoyables traits de la Justice elle-même.

Près de Sainte-Menehould, les cris redoublèrent encore. Le Roi et la Reine, alarmés, déclarèrent qu'ils s'arrêteraient, qu'ils n'iraient pas plus loin. Un envoyé du Conseil municipal de Paris essayait de les rassurer. Ils lui firent promettre, jurer sur sa tête, qu'il ne leur arriverait rien à eux ni aux leurs, ni en route, ni à Paris, et que, pour plus de sûreté, il ne les quitterait pas*.

Personne n'en pouvait répondre. La vie de la famille royale semblait tenir à un fil. Parmi tant d'hommes furieux (beaucoup, de plus, étaient ivres), il était fort à craindre que, de rage aveugle ou d'ivresse, il ne partît au hasard des coups de fusil. Mais la rage se tournait surtout contre ceux qu'on supposait avoir emmené le Roi. MM. de Choiseul et de Damas auraient péri certainement si l'aide de camp de La Fayette ne se fût fait arrêter avec eux. Les trois Gardes du corps qui revenaient sur le siège de la voiture semblaient morts d'avance; plusieurs fois les baïonnettes touchèrent leur poitrine; personne pourtant ne tira sur eux. Il y avait même, au milieu des insultes, un reste d'égards pour le Roi, de la pitié du moins pour son incapacité, pour sa faiblesse connue. Les enfants aussi, qu'on voyait à la portière, désarmaient la foule, étonnaient les plus furieux. Ils arrivaient, ce semble, tout prêts à frapper; mais ils n'avaient pas songé aux enfants. Le doux visage de Madame Élisabeth lui conservait, à vingt-cinq ans, un charme singulier d'enfance, une quiétude de sainte, étrange dans cette situation. Et la petite princesse, quoiqu'elle eût à quatorze ans quelque chose du port altier de sa mère, tenait d'elle aussi l'éblouissant éclat de la beauté rousse et blonde. Cette foule, c'étaient des hommes (il y avait peu de femmes); or il n'y avait pas d'homme, fût-il ivre, fût-il furieux, qui ne se sentît le cœur faible, dès qu'il se trouvait en présence de la jeune fleur.

Les plus furieux, on peut le dire, furent ceux qui partaient du plus loin, ceux qui n'arrivèrent pas à temps, et ne virent point cette famille. Deux faits ici qui ne sont imprimés nulle part, et qui font connaître assez la violente émotion de la France dès qu'elle se sut trahie :

Clouet, des Ardennes, l'un des fondateurs de l'École polytechnique, âpre stoïcien, mais sauvage, et qui n'eut jamais d'autre amour que celui de la patrie, partit sur-le-champ de Mézières, avec son fusil ; il vint à marches forcées, à pied (il n'allait pas autrement), et fit soixante lieues en trois jours, dans l'espoir de tuer le Roi. A Paris, il changea d'idée.

Un autre, jeune menuisier au fond de la Bourgogne (qui plus tard, fixé à Paris, est devenu le père de deux savants distingués), quitta également son pays pour assister au jugement et à la punition du traître. Accueilli en route chez un maître menuisier, son hôte lui fit comprendre qu'il arriverait trop tard, qu'il ferait mieux de rester, de fraterniser avec lui, et, pour cimenter la fraternité, il lui fit épouser sa fille.

Un seul homme fut tué dans le retour de Varennes, un chevalier de Saint-Louis, qui, monté comme un saint Georges, vint hardiment caracoler à la portière, au milieu des gens à pied, et démentir par ses hommages la condamnation du Roi par le peuple. Il fallut que l'aide de camp le priât de s'éloigner ; il était trop tard ; il essaya de se tirer de la foule, en ralentissant le pas ; puis, se voyant serré de près, il piqua des deux et se jeta dans les terres. On tira, il répondit ; quarante coups de fusil, tirés à la fois, l'abattirent ; il disparut un moment dans un groupe, où on lui coupa la tête. Cette tête sanglante fut inhumainement apportée jusqu'à la portière ; on obtint à grand'peine de ces sauvages qu'ils tinssent éloigné des yeux de la famille royale cet objet d'horreur.

A Châlons, la scène change. Cette vieille ville, sans commerce, était peuplée de gentilshommes, de rentiers, de bourgeois royalistes. Étrangers aux idées du temps, ignorants de la situation, ces hommes de l'ancien régime virent avec un attendrissement extraordinaire leur pauvre Roi traîné ainsi ; les voilà tous qui demandent à *être présentés ;* les dames et demoiselles viennent offrir aux princesses des fleurs mouillées de leurs larmes. Un somptueux couvert est préparé ; la famille royale soupe en public, on circule autour des tables. Est-ce Châlons, ou Versailles? Le Roi ne le sait plus bien. La Garde nationale arrive : « Ne craignez rien, Sire, nous vous défendrons. » Quelques-uns allaient jusqu'à dire qu'ils mèneraient le Roi jusqu'à Montmédy.

Le Roi soupe, couche de bonne heure, va à la messe. Mais déjà tout est changé. Les ouvriers de Reims sont arrivés, toute la Champagne arrive ; une armée avant le jour se trouve remplir Châlons ; tout cela, animé de la marche ; ils veulent voir sur-le-champ le Roi, sur-le-champ partir. Paris ! Paris ! c'est le cri universel ; les croisées sont couchées en joue. Le Roi paraît au balcon avec sa famille, digne et calme : « Puisqu'on m'y force, dit-il, je m'en vais partir. »

Entre Épernay et Dormans, trois envoyés de l'Assemblée arrêtent le cortège ; ils viennent assurer, diriger le retour du Roi. Tous trois, choisis dans la gauche. Le *monarchien* Malouet eût été l'intermédiaire naturel, le négociateur avec un roi libre ; pour garder un roi prisonnier, la gauche avait envoyé trois hommes qui exprimaient ses trois nuances, Barnave, Latour-Maubourg et Pétion.

La Reine les reçut fort mal ; outre leur mission, qui les rendait peu agréables, elle avait d'autres motifs, et très différents, de les voir de mauvais œil. Latour-Maubourg, homme de Cour et jadis favorisé, néanmoins ami personnel du gardien du Roi, représentant de La Fayette en cette circonstance, était spécialement haï ; il ne supporta pas l'œil de la Reine, monta dans une autre voiture où étaient les femmes, laissa à ses collègues le triste et périlleux honneur de monter dans le carrosse du Roi. Pétion naturellement était odieux ; on croyait voir en lui le Jacobin des Jacobins, la Révolution. Barnave, c'était bien pis ; en lui, l'on voyait l'odieuse trinité (Duport, Barnave et Lameth) d'intrigants, d'ingrats, de gens, en outre, envers qui l'on avait un tort récent, que l'on avait fait semblant de consulter et de croire, qu'on avait amusés, trompés ; et maintenant la fatalité voulait qu'on tombât dans leurs mains.

Pétion choqua d'abord infiniment, en déclarant que, représentant de l'Assemblée, il lui fallait siéger au fond. Cela obligea Madame Élisabeth de passer sur le devant de la voiture ; Barnave s'y assit près d'elle, en face de la Reine.

Barnave, âgé de vingt-huit ans, avait la figure fort jeune, de beaux yeux bleus, la bouche grande, le nez retroussé, la voix aigre. Sa personne était élégante. Il avait l'air audacieux d'un avocat duelliste, tout prêt aux deux sortes d'escrime. Il semblait froid, sec et méchant, et ne l'était point au fond. Sa physionomie n'exprimait en réalité que sa vie de luttes, de dispute, l'irritation habituelle de la vanité.

Il annonça tout d'abord l'intention royaliste du parti qui l'envoyait. Quand il eut lu tout haut le décret de l'Assemblée, le Roi dit : « Qu'il n'avait jamais eu l'intention de sortir de France. » Alors Barnave, saisissant vivement cette parole : « Voilà, dit-il à Mathieu Dumas, lieutenant de La Fayette, voilà un mot qui sauvera le royaume. »

La Reine remarquait cependant que le jeune député se retournait fréquemment pour voir les Gardes du corps sur le siège de la voiture ; puis, il reportait ses regards vers elle avec une expression dure, où l'on eût pu distinguer quelque chose d'équivoque et d'ironique[*]. La Reine était une femme, elle sentit sur-le-champ ce qu'aucun homme n'eût compris : d'un coup d'œil hardi et fin, elle mesura d'abord l'immense parti qu'elle pouvait tirer de cette disposition, malveillante en apparence.

Elle comprit sans difficulté que Barnave croyait voir parmi les Gardes du corps l'homme dévoué à qui la Reine avait accordé la faveur de diriger l'enlèvement, la faveur de mourir pour elle, l'heureux comte de Fersen. Disons net : elle distingua que Barnave était jaloux.

Pour ne point trouver ceci absurde, il faut savoir que Barnave, dans sa vanité, voulait être absolument le successeur de Mirabeau ; il croyait à la tribune avoir sa succession, mais il la voulait complète : la Reine en était, selon lui. La confiance de la Reine lui semblait, dans cet héritage, le plus beau diamant du défunt. Il avait cru un moment atteindre cette haute fortune, lorsque la Cour fit semblant de demander les conseils des trois amis. Deux des trois, Lameth et Duport, étant notoirement désagréables, le confident nécessaire était Barnave ; du moins, il l'avait cru ainsi. Donc, il était singulièrement mortifié, comme homme politique et comme homme, de cet enlèvement de Varennes ; il lui semblait qu'on lui volât ce que, dans son excessive présomption, il croyait déjà à lui.

La Reine était trop altière pour se dire nettement tout cela, comme je vous le dis ici ; mais elle n'en vit pas moins tout ce qu'il fallait en voir. Elle saisit, sans affectation, la première occasion naturelle pour nommer les trois Gardes du corps. Barnave vit qu'il s'était trompé, que Fersen n'était pas là. Voilà un homme tout changé ; la tête baisse, le ton devient doux, respectueux : il se sent coupable, il n'est plus occupé que d'expier, à force d'égards, son impertinence. Cela semblait difficile, la Reine ne daignant lui adresser la parole.

Barnave ne pouvait agir que fort indirectement. Placé en face de la Reine, il était en face aussi de la très froide figure de son collègue Pétion, qui, à la vérité, connaissait trop peu le monde et les passions pour rien voir de tout ceci. Pétion, essentiellement lourd et gauche *, avait adressé je ne sais quel mot peu convenable à Madame Élisabeth, qui, toute simple qu'elle paraissait, l'avait fort bien relevé. Puis, pour raccommoder la chose, il avait justement touché le point où la jeune princesse était le plus vulnérable, la foi, la religion, répétant contre le Christianisme je ne sais quelle banalité philosophique. Émue, la pauvre princesse, contre son habitude, se mit à parler de suite, pour défendre son trésor; elle devint presque éloquente.

Barnave écoutait, et ne disait mot. Le Roi, avec sa bonhomie ordinaire, s'avisa, sans à-propos, de lui adresser la parole; il lui parla de l'Assemblée, sujet agréable au jeune orateur; c'était le replacer sur le champ de ses triomphes. La politique générale vint ensuite, et Barnave défendit ses opinions avec infiniment de ménagement et de respect.

Pétion faisait un contraste de familiarité cynique, qui profitait fort à Barnave. Le Roi ayant eu occasion de dire qu'il n'avait agi que pour le bien, « puisque, après tout, la France ne pouvait être en république. » — « Pas encore, il est vrai, dit sèchement Pétion, les Français ne sont pas encore tout à fait assez mûrs... » Il se fit un grand silence.

Ce n'est pas tout. Le Dauphin, qui allait et venait, s'était d'abord arrangé entre les jambes de Pétion. Celui-ci, paternellement, lui caressait ses boucles blondes, et parfois, si la discussion s'animait, les tirait un peu. La Reine fut très blessée ; elle reprit vivement l'enfant, qui, suivant son instinct d'enfant, alla juste où il devait être le mieux reçu, sur les genoux de Barnave. Là, commodément assis, il épela à loisir les lettres que portait chaque bouton de l'habit du député, et réussit à lire la belle devise : « Vivre libre, ou mourir. »

Ce petit tableau d'intérieur, qui l'eût cru ? roulait, paisible, à travers une foule irritée, parmi les cris, les menaces. A force de les entendre, on ne les entendait plus. Le péril était le même, et l'on y songeait à peine. L'étourdissement était venu, et l'insensibilité au mouvant tableau du dehors, incessamment renouvelé. Chose étrange, et qui montre les ressources éternellement vitales de la Nature, ce petit monde fragile de gens qui, ensemble, s'en allaient tous à la mort, s'arrangeait, chemin faisant, pour vivre encore dans la tempête.

Mais, tout à coup, voici un choc... Un flot nouveau de furieux veut tuer les Gardes du corps.

Barnave passa la tête à la portière, et les regarda ; ce fut comme si l'Assemblée nationale eût été là : ils reculèrent tous.

Un peu plus loin, autre incident, et plus grave, qui faillit être fatal. Un pauvre prêtre, le cœur navré du sort du Roi, approche, les yeux pleins de larmes, et lève les mains au ciel... La foule furieuse le saisit, on l'entraîne, il va périr... Barnave se précipite, moitié corps, hors de la voiture : « Tigres, vous n'êtes donc pas Français !... La France, le peuple des braves, est-il celui des assassins? » Le prêtre fut sauvé par ce mot. Mais Barnave serait tombé, si Madame Élisabeth, toute dominée qu'elle était toujours par l'étiquette et la réserve, n'eût tout oublié en ce moment, et ne l'eût tenu par la basque... La Reine en fut toute surprise, autant qu'émue et reconnaissante pour le noble jeune homme. Dès lors, elle lui parla.

Le soir du troisième jour*, la famille royale descend à Meaux, au palais épiscopal, palais de Bossuet. Digne maison d'abriter une telle infortune, digne par sa mélancolie. Ni Versailles, ni Trianon, ne sont aussi noblement tristes, ne rendent plus présente la grandeur des temps écoulés. Et, ce qui touche encore plus, c'est que la grandeur y est simple. Un large et sombre escalier de briques, escalier sans marches, dirigé en pente douce, conduit aux appartements. Le monotone jardin, que domine la tour de l'église, est borné par les vieux remparts de la ville, aujourd'hui tout enveloppés de lierre ; sur cette terrasse, une allée de houx mène au cabinet du grand homme, sinistre, funèbre allée, où l'on croirait volontiers qu'il put avoir les pressentiments de la fin de ce monde monarchique dont il était la grande voix.

Et c'est elle qui venait, cette monarchie expirée, demander au toit de Bossuet l'abri d'une seule nuit.

La Reine trouva ce lieu tellement selon son cœur, que, sans tenir compte de la situation, sans se soucier de savoir si elle vivrait le lendemain, elle prit le bras de Barnave et se fit montrer le palais. Il est tout plein de souvenirs ; plusieurs portraits sont précieux. Elle dut voir, dans la chambre même où le grand homme couchait, le portrait d'une princesse, l'image, si je ne me trompe, de celle qui, mourante, légua à Bossuet son anneau.

Barnave, dans ce lieu si grave, profitant de la situation, de l'émotion de la Reine, lui donna, du fond du cœur, des conseils pour la sauver. Il lui fit toucher au doigt les fautes du parti royaliste : « Ah ! Madame, comme votre cause a été mal défendue ! quelle ignorance de l'esprit du temps et du génie de la France !... Bien des fois, j'ai été au moment d'aller m'offrir, de me dévouer à vous !... — Mais enfin, Monsieur, quels sont donc les moyens que vous auriez conseillés ? — Un seul, Madame : vous faire aimer du peuple. — Hélas ! comment l'aurais-je acquis, cet amour ?

tout travaillait à me l'ôter. — Eh! Madame, si, moi, inconnu, sorti de mon obscurité, j'ai obtenu la popularité, combien vous était-il aisé, si vous faisiez le moindre effort, de la garder, de la reconquérir*... » Le souper interrompit.

Après le souper, Pétion fit une chose très courageuse, très humaine, qui démentit singulièrement la froideur qu'il affectait : il prit le Roi à part, et lui offrit de faire évader les trois Gardes du corps, en les déguisant en Gardes nationaux. L'offre était aussi d'un bon citoyen, d'un excellent patriote; c'était, certes, aimer le peuple que de lui épargner un crime, c'était sauver l'honneur de la France. La Reine n'accepta pas cette offre, soit qu'elle ne voulût rien devoir à Pétion, soit qu'elle eût l'idée insensée (Valory n'hésite pas à le dire) que Pétion ne voulait les éloigner que pour les faire assassiner plus sûrement, loin de la présence du Roi, qui les protégeait!

Le lendemain, 25 juin, c'était le dernier jour, le jour terrible où il fallait affronter Paris. Barnave se plaça au fond, entre le Roi et la Reine, pour la rassurer sans doute, et aussi pour mieux justifier le péril; si un furieux eût tiré, ç'aurait été là. Des précautions étaient prises, il est vrai, autant que la situation le permettait. Un militaire distingué, M. Mathieu Dumas, chargé par La Fayette de protéger le retour, avait entouré la voiture d'une forte troupe de grenadiers, dont les grands bonnets à poil couvraient presque les portières : des grenadiers furent assis sur une sorte de siège intérieur établi sous le siège de la voiture où étaient les Gardes du corps ; ils se chargèrent de les protéger, et y réussirent ; d'autres grenadiers, enfin, furent placés sur les chevaux.

La chaleur était excessive, la voiture se traînait dans un nuage de poussière ; on ne pouvait respirer ; il semblait que l'air manquât en approchant de Paris ; la Reine plusieurs fois cria qu'elle étouffait. Le Roi, au Bourget, demanda et but du vin pour se remettre le cœur. L'entrée était effrayante de cris et de hurlements ; la foule couvrait tout jusqu'aux toits. On jugea avec raison qu'il y aurait le plus grand danger à s'engager dans le faubourg et la rue Saint-Martin, célèbres depuis l'horrible histoire de Berthier. On tourna Paris par le dehors, on traversa les Champs-Élysées, la place Louis XV, et l'on entra aux Tuileries par le Pont Tournant. Tout le monde avait le chapeau sur la tête ; pas un mot, dans toute cette foule ; ce vaste silence, sur cette mer de peuple, était une chose terrible.

Le peuple de Paris, ingénieux dans sa vengeance, ne fit qu'une insulte au Roi, un signe, un reproche muet. A la place Louis XV, on avait bandé les yeux à la statue, pour que l'humiliant symbole représentât à Louis XVI l'aveuglement de la royauté.

La lourde berline allemande roulait lente et funèbre, les stores à demi baissés ; on croyait voir le convoi de la monarchie. Quand les troupes et la Garde nationale se rencontrèrent aux Tuileries, elles agitèrent les armes et fraternisèrent entre elles et avec le peuple. Union générale de la France, et une seule famille exclue !

Seule allait la triste voiture, sous l'excommunication du silence. On aurait pu la croire vide, si un enfant n'eût été à la portière, demandant grâce au peuple pour ses parents infortunés.

On épargna à la famille royale l'horreur et le danger de traverser cette foule hostile dans la longueur des Tuileries.

On fit aller la voiture jusqu'aux marches de la large terrasse qui s'étend devant le palais. Là, il fallait bien descendre ; là, des hommes furieux, des tigres, attendaient, espéraient une proie : ils supposaient que, le Roi une fois descendu, les trois courriers seraient sans défense.

Le Roi resta dans la voiture. On avertit l'Assemblée, qui envoya vingt députés ; mais ce secours eût été inutile si les Gardes nationaux, se réunissant en cercle, n'eussent croisé les baïonnettes sur la tête des trois malheureux ; encore, par-dessus, reçurent-ils de légères blessures. Le Roi alors et la Reine descendirent. Deux députés, qu'elle regardait comme ses ennemis personnels, Aiguillon et Noailles, étaient là pour la recevoir et veiller à sa sûreté ; ils lui offrirent la main, et, sans lui dire un mot, la menèrent rapidement au palais, parmi les malédictions. Elle se croyait perdue dans leurs mains, pensant qu'ils voulaient la livrer au peuple, ou l'enfermer seule dans quelque prison.

Elle eut ensuite une autre angoisse : elle ne vit plus son fils... Avait-il été étouffé? ou voulait-on le séparer d'elle?... Elle le retrouva enfin heureusement; on l'avait enlevé, porté dans les bras, jusqu'à son appartement.

Sauf ces groupes de furieux qui voulaient tuer les Gardes du corps, l'impression générale de la foule, tout indignée qu'elle parût, était au fond très mêlée. Il était peu d'hommes qui, devant une telle chute, une telle humiliation, n'éprouvassent quelque émotion, malgré eux, ne se sentissent profondément avertis des terribles jeux du sort. Deux faits prouveront assez ce mélange si naturel de sentiments contraires. Un royaliste, un député, M. de Guilhermy, indigné de voir qu'on obligeait tout le monde de garder son chapeau sur la tête, au passage du Roi, jeta le sien bien loin dans la foule, en criant : « Qu'on ose me le rapporter! » On respecta ou son courage, ou sa fidélité; personne ne murmura. Même scène aux portes du palais. Cinq ou six femmes de la Reine voulaient entrer aux Tuileries pour la recevoir; les sentinelles les arrêtaient, des poissardes les injuriaient, en criant : « Esclaves de l'Autrichienne! — Écoutez, dit l'une des femmes, sœur de madame Campan, je suis attachée à la Reine depuis l'âge de quinze ans; elle m'a dotée et mariée; je l'ai servie puissante et heureuse. Elle est infortunée en ce moment, dois-je l'abandonner!... — Elle a raison, s'écrièrent les poissardes, elle ne doit pas abandonner sa maîtresse; faisons-les entrer. » Elles entourèrent la sentinelle, forcèrent le passage, et introduisirent les femmes.

Tel était le peuple, partagé entre deux sentiments contraires : l'humanité, d'une part; de l'autre, l'indignation, la défiance (trop fondée, on le verra tout à l'heure). La scène véritablement lugubre du retour du Roi avait impressionné vivement les esprits. Le soir même, dans les familles, les femmes avaient le cœur bien gros, et beaucoup ne soupèrent pas. Le lendemain, on promena le Dauphin sur la terrasse de l'eau; un Garde national le prenait dans ses bras pour qu'on le vît mieux du quai, et il envoyait, ce pauvre enfant, des baisers au peuple. Personne ne vit cela impunément, ni sans se troubler. La violence, vraie ou simulée, des journaux ne suffisait pas à combattre la sensibilité publique.

Les Révolutions de Paris remarquaient en vain que ce monstre de Roi avait si peu de cœur, était si peu sensible à sa situation, que, dès le lendemain de son retour, il s'était mis le soir, comme à l'ordinaire, à jouer avec son enfant. Beaucoup d'ardents patriotes s'indignaient contre eux-mêmes, en lisant, de se sentir des larmes dans les yeux.

CHAPITRE III

INDÉCISION, VARIATIONS
DES PRINCIPAUX ACTEURS POLITIQUES
(JUIN 1791)

Indécision générale. — Fluctuation de la Reine et des royalistes, des Jacobins, de Camille Desmoulins. — Attitude expectante de Danton, de Robespierre, de Pétion, de Brissot. — Influences diverses qui se disputent La Fayette. — Discussion chez La Rochefoucauld. — Opinion de Sieyès. — Madame de La Fayette. — Exaltation des dames royalistes.

Voilà le Roi aux Tuileries. L'embarras commence. La plupart croyaient savoir ce qu'il y avait à faire. Et pas un ne le sait plus.

Il semble qu'avec des passions si violemment animées, chacun doit connaître son but, ce qu'il veut et où il tend. La fluctuation est extrême. La vivacité des paroles couvre une grande indécision d'esprit. De là, des démarches flottantes, peu conséquentes. Il ne faut pas se hâter d'accuser les acteurs de duplicité, si leurs mouvements sont discordants, s'ils chancellent, penchent à droite, à gauche ; le vaisseau est en pleine mer, c'est le roulis de la tempête.

Cette fluctuation dans les actes et les paroles est si générale, que tout à l'heure celles même de la Reine semblent un moment révolutionnaires. Dès qu'elle revoit madame Campan aux Tuileries, elle lui parle avec chaleur, avec émotion, de Barnave ; elle le loue, le justifie devant sa femme de chambre ! Elle adopte, à l'étourdie, dans son épanchement indiscret, le principe de la Révolution : « Un sentiment d'orgueil, dit-elle, *que je ne saurais blâmer*, lui a fait applaudir à tout ce qui aplanissait la route des honneurs et de la gloire pour la classe dans laquelle il est né. Point de pardon pour les nobles qui (après avoir obtenu toutes les faveurs, souvent au détriment des non-nobles du plus grand mérite) se sont jetés dans la Révolution... Mais si jamais la puissance nous revient, le pardon de Barnave est d'avance écrit dans nos cœurs. » — L'ancien régime est bien malade, lorsque la Reine, suivant à l'aveugle une affection particulière, se fait, sans s'en apercevoir, l'apologiste de l'Égalité.

La Reine est-elle donc convertie ?. Nullement. Elle suit la passion en ce moment, et dans un autre elle suit une passion contraire. — Nous la voyons, en un mois, changer trois fois de pensées, selon la peur, le dépit, l'espoir. Dans le voyage, elle a peur, elle se serre contre Barnave, elle l'écoute, elle le croit. Aux Tuileries, elle est prisonnière, elle s'irrite, elle appelle l'étranger (7 juillet). Puis, vient une lueur d'espoir, elle se remet à Barnave, aux constitutionnels, prie Léopold de ne point agir (30 juillet). Nous reviendrons sur tout ceci.

Cette variation étrange n'est pas particulière à la Reine. Je la retrouve, alors, dans tous les personnages historiques qu'il m'est donné d'observer. Pour en commencer légitimement l'histoire, il faudrait remonter au héros commun, au modèle de la plupart des meneurs révolutionnaires, à Mirabeau; c'est le maître en variations. Toutes lui étaient naturelles, en lui tous les principes contraires s'étaient donné rendez-vous; la Nature avait fait un monstre sublime, immoral à regarder. Gentilhomme, aristocrate jusqu'au ridicule, M. le comte n'en avait pas moins par moment je ne sais quels réveils républicains des Riquetti de Marseille et de Florence. Sa furieuse *Histoire de la Royauté*, écrite au donjon, est déjà implicitement l'apologie de la République. Royaliste du moment qu'il a brisé la royauté, il fait des discours pour la Reine, ce qui ne l'empêche pas de traduire, pour la Le Jay, sa maîtresse et son libraire, le livre de Milton, violemment républicain; ses amis l'obligèrent de brûler l'édition.

Faible pour ses amis, ses maîtresses et ses vices, faible encore par l'opinion qu'il avait des vices et de la faiblesse de la France, il regardait la République, non comme l'âge naturel de majorité où *tout peuple adulte arrive, mais comme une crise extrême, une ressource désespérée* : « S'ils ne sont pas raisonnables, dit-il, je les f... en République. »

On ferait un livre des variations de son disciple fidèle, du pauvre Camille. Nous le voyons, presque en même temps, pour et contre Mirabeau, pour et contre les Lameth ; naguère, à deux heures de distance, il serrait la main de La Fayette, et pleurait pour Robespierre. Ce n'était pas la hardiesse d'esprit, ni l'initiative, qui lui manquait. Il en prit une grande et belle en 89, celle de l'appel aux armes, celle de la République. Il trouvait du premier coup, l'admirable enfant, le mot même de la vérité. Puis le cœur venait, faible, mobile, les influences d'amis ; il s'en allait consulter ceux qu'il aimait ou admirait, et n'en rapportait que doute.

Il ne quitte son premier maître que pour en chercher un autre. Toujours il lui faut un oracle, quelqu'un qui lui parle d'en haut, qui prenne sur lui autorité. Ces oracles, cependant, ces grands tacticiens politiques, malgré leurs formes altières et tranchantes, ne le laissent pas moins suspendu entre le *oui* et le *non*. Ils consultent moins le Droit, moins la situation générale, que leur moment personnel, regardant s'il est bien temps d'avancer ou de reculer, attendant, louvoyant, épiant les courants de l'opinion, pour se faire porter par eux, en paraissant les conduire.

L'habileté que montrèrent Danton et Robespierre à parler toujours sans se déclarer pour ou contre la République est fort remarquable. La voix tonnante de l'un, le dogmatisme de l'autre, semblaient devoir les compromettre. Nullement. Tous deux regardent attentivement les Jacobins, n'avancent que pas à pas. Il fallait voir ce que ferait cette puissante société, attendre ce que penseraient les sociétés affiliées des provinces ; en se déclarant précipitamment, on pouvait se mettre en contradiction avec elles et se trouver seul.

Les Adresses de ces sociétés devaient influer puissamment sur la société de Paris ; elles devaient fortifier ou l'une ou l'autre fraction de celle-ci, la royaliste constitutionnelle, composée surtout de députés de l'Assemblée actuelle, ou la fraction indépendante, composée, on pouvait le croire, des membres de la future Assemblée.

La première fraction régnait jusque-là. Le 22 juin, le cordelier Robert, racontant naïvement aux Jacobins « qu'il a porté une Adresse pour la destruction de la monarchie !... » Indignation, imprécations : « Nous sommes les Amis de la Constitution... C'est une scélératesse, » etc., etc.

Le 8 juillet, comme on verra, la société semble changée : la fraction indépendante a gagné l'avantage ; elle fait accueillir la *proposition* de destituer le Roi. Qui a pu, en si peu de temps, faire ce changement singulier? Les Adresses surtout des sociétés de provinces, presque toutes contraires à la monarchie.

Et que firent dans l'intervalle Danton, Robespierre? Ils se ménagèrent. Le plus curieux, c'est Danton, parlant toujours haut et ferme, mais prudent dans l'audace même. Sa voix terrible faisait une étrange illusion, il semblait toujours affirmer. A peine hasarda-t-il un mot pour le cordelier Robert. Dans son avis sur le Roi, il employait, pour le sauver, un moyen qui lui réussit plus tard pour sauver Garat et autres : c'était de l'injurier, de le rabaisser, de le déclarer au-dessous de la Justice : « Ce serait un spectacle horrible à présenter à l'univers, si, ayant la faculté de trouver un roi criminel ou imbécile, nous ne choisissions ce dernier parti. » Et il proposait, non pas un régent, mais *un Conseil d'interdiction*. Qui eût présidé ce Conseil, sinon le duc d'Orléans? Cet avis, ouvert à grand bruit, d'une voix foudroyante et terrible, n'en était pas moins admirable pour ménager tout; il sauvait personnellement Louis XVI, réservait le Dauphin, préparait le duc d'Orléans, ne décourageait nullement la République.

Robespierre ne se décida pas davantage. Tout en faisant entendre qu'il ne suffisait pas de poursuivre des complices, qu'il fallait trouver *un coupable*, autrement dit, qu'il y avait lieu de faire le procès au Roi, il ne s'expliquait nullement sur le gouvernement qu'il fallait constituer. Le mot vague de *République* n'avait rien qui l'attirât ; il craignait sans doute une république des Comités de l'Assemblée, une présidence de La Fayette, etc., etc. Aussi ne s'avançait-il pas ; une position toute négative était pour lui un lieu sûr où il attendait. Le 13 juillet encore, lorsque beaucoup d'écrivains, de journalistes, s'étaient prononcés nettement, Robespierre disait aux Jacobins : « On m'a accusé d'être républicain, on m'a fait trop d'honneur, je ne le suis pas. Si l'on m'eût accusé d'être monarchiste, on m'eût déshonoré, je ne le suis pas non plus. » Puis, jouant sur le mot république (comme *chose publique*), il fait semblant de croire que république ne signifie aucune forme de gouvernement.

Pétion, très positivement républicain, et qui avait professé la République dans la voiture même de Louis XVI, croyait pourtant que le moment n'était pas venu de se prononcer. Un jour que plusieurs personnes étaient réunies chez lui pour savoir ce qu'on proposerait relativement au Roi, Pétion, pour se dispenser de parler, jouait de son violon.

Brissot, qui était présent, se fâcha, lui fit honte de cette indifférence apparente. Mais lui-même, il ne s'avançait pas précipitamment. Le 23 juin, il se contente encore de copier, dans son *Patriote*, les articles des autres journaux ; il promet de donner son avis plus tard. La 26 même, il se fâche, s'emporte contre Lameth, qui l'accuse de propager la République, d'avoir envoyé des courriers pour solliciter des Adresses républicaines. Il agit déjà, sans doute, mais ne veut paraître agir. Le 27, son jeune ami, Girey-Dupré, livré entièrement à lui, mais plein d'audace et d'élan, demande expressément aux Jacobins : « Qu'on fasse le procès au Roi. » Le 1ᵉʳ juillet seulement, Brissot demande dans son journal la destitution de Louis XVI.

Brissot attendait La Fayette, il le croyait républicain. Il avait reçu de lui la promesse d'aider pécuniairement et répandre son journal. Il excusait la réunion momentanée de La Fayette aux Lameth par le danger de la crise, la nécessité de concentrer toutes les forces au profit de l'ordre. Peut-être, en effet, La Fayette n'était-il pas encore irrévocablement décidé. Ce fut très probablement pour le fixer au royalisme, que son intime ami, le duc de La Rochefoucauld, convoqua une réunion de députés chez lui, et fit débattre la question de la République. Ce grand seigneur avait été, avant la Révolution, l'ami, le père des philosophes, le centre et l'appui de toutes les sociétés philanthropiques. Il avait poussé vivement aux idées de 89 ; en 91, il s'effrayait, il eût bien voulu reculer. Il fit discuter solennellement chez lui la thèse de la République devant ceux qui flottaient encore, voulant finir par un débat contradictoire le débat intérieur qui agitait leurs esprits. Le royaliste Dupont de Nemours se fit (comme on fait dans les controverses théologiques) l'*avocat du diable*, je veux dire de la République. Le *diable*, c'est ce qui lui arrive toujours en pareil cas, fut tué sans difficulté, et la République jugée impossible, la France déclarée royaliste.

La Rochefoucauld, dans cette discussion, assurait avoir une préférence naturelle pour la République; c'était lui qui, le premier, avait autrefois fait traduire les Constitutions des États-Unis. Mais enfin il était battu, la France était royaliste, elle l'avait dit elle-même dans les Cahiers de 89. C'était aussi l'opinion de la grande autorité du temps, l'oracle de Sieyès, que l'on ne manquait pas de consulter dans toute occasion solennelle, et qui, dans celle-ci, dit et imprima que le gouvernement monarchique était celui qui laissait le plus de liberté à l'individu. La liberté de Sieyès, celle qu'il voulait pour lui, pour les autres, c'était cette liberté passive, inerte, égoïste, qui laisse l'homme à son épicurisme solitaire, la liberté de jouir seul, la liberté de ne rien faire, de rêver ou de dormir, comme un moine dans sa cellule, ou comme un chat sur un coussin. Pour cette liberté-là il fallait une monarchie. Force étrange de l'égoïsme! le mathématicien politique, qui ne parlait que de calculer toute l'action sociale, se remettait, faute de cœur, au gouvernement monarchique, c'est-à-dire au hasard de l'individualité et de la Nature, que personne ne peut calculer. Cette monarchie, il est vrai, était une certaine monarchie, un mystère qu'on ne s'expliquait pas. Sieyès s'entendait tout seul; son monarque était une espèce de dieu d'Épicure, qui n'avait nulle action, mais seulement un pouvoir d'élire. Dès cette époque, il avait en pensée le système singulier qu'il proposa à Bonaparte, et dont celui-ci se moqua.

La Fayette, outre Sieyès, outre La Rochefoucauld et tous les amis qu'il avait encore dans sa caste, La Fayette avait près de lui un autre avocat, bien puissant, de la royauté. Il s'agit de madame de La Fayette, épouse accomplie, vertueuse, aimante, mais dangereuse à son mari par sa véhémence dans la dévotion et le royalisme. Née Noailles, elle ne partageait nullement l'élan révolutionnaire de quelques-uns de ses parents. Elle était étroitement unie aux dames de Noailles et d'Ayen, d'une piété ardente, comme il parut à leur mort, en 1794. Ces dames fréquentaient beaucoup le couvent des Miramiones, l'un des principaux foyers du fanatisme d'alors. Femmes aimables, passionnées, puissantes par leurs vertus, elles enveloppaient La Fayette, lui faisaient une sorte de douce guerre, qui n'en était que plus terrible. Madame de La Fayette, surtout, ne lui pardonnait pas de se constituer le geôlier du Roi. Sa résignation pieuse ne put triompher de ce sentiment; elle partit de Paris, en mai 91, brusquement, s'enfuit en Auvergne*. Ce départ subit amusa les Parisiens; on le rapprochait de celui de la duchesse d'Orléans, qui, justement à la même époque, fuyait également son mari.

Une autre cause aussi l'éloignait sans doute. Elle devait être fatiguée de l'enthousiasme romanesque dont les dames obsédaient le héros des deux mondes. Beaucoup déclaraient nettement qu'elles en étaient amoureuses, qu'elles ne pouvaient vivre sans son portrait. C'était un dieu, un sauveur. Et c'était à ce titre qu'elles le priaient et suppliaient de sauver la royauté : « Ah ! monsieur de La Fayette, sauvez-nous le pauvre Roi. » Tout raisonnable, tout flegmatique, froidement américain que parût le blond général, il était excessivement embarrassant et difficile, au plus sage même des hommes, de voir tant de belles dames pleurer en vain à ses genoux.

Les femmes, il faut le dire, se montraient dans tout ceci bien plus décidées que les hommes. Eux, ils flottaient dans les idées; elles, elles suivaient le sentiment, et ne flottaient point. Pour elles, les partis, c'étaient des religions, où elles mettaient leur cœur. Les dames royalistes aimaient avant Varennes; après, elles adoraient : cette grande faute et ce grand malheur n'étaient pour elles qu'une raison d'aimer davantage. La Reine était devenue pour elles un objet d'idolâtrie. Elles pleuraient sous ses fenêtres; elles auraient voulu être enfermées avec elle, comme madame de Lamballe, à qui la Reine, au retour, donna un anneau de ses cheveux, avec cette devise : Blanchis par le malheur. La pauvre petite femme, jadis mariée sans mariage, délaissée de son mari, plus tard délaissée de la Reine pour la belle Polignac, restait liée à son danger, instrument docile des intrigues politiques, victime désignée de la haine populaire.

Mais le danger aussi était ce qui tentait les femmes. On en vit la preuve au premier jour que la Reine put aller au théâtre, jour de lutte entre les loges royalistes et le parterre jacobin. La charmante Dugazon, dans cette arène des partis, humble servante du public et si exposée, osa pourtant profiter d'un mot de son rôle pour épancher son cœur : elle s'avança sur la scène vers la loge royale, frémissante d'amour et d'audace, et lança ce mot, qui pouvait lui coûter la vie : « Ah ! combien j'aime ma maîtresse ! »

CHAPITRE IV

LA SOCIÉTÉ EN 1791
LE SALON DE CONDORCET

Deux religions se posent en face : l'idole et l'idée. — Règne du sentiment des femmes. — L'amour du réel et de l'idéal confondu. — Tendances élevées des femmes. — Elles se mêlent à la vie politique. — Genlis, Staël, Kéralio, de Gouges, etc. — Le salon de madame de Condorcet. — Caractère de Condorcet; noble influence de sa femme sur lui. — Son républicanisme, juillet 91. — Sa situation double et contradictoire.

Presque en face des Tuileries, sur l'autre rive, en vue du pavillon de Flore et du salon royaliste de madame de Lamballe, est le palais de la Monnaie. Là fut un autre salon, celui de M. de Condorcet, qu'un contemporain appelle le foyer de la République.

Ce salon européen de l'illustre secrétaire de l'Académie des sciences, du dernier des philosophes, vit en effet se concentrer, de tous les points du monde, la pensée républicaine du temps. Elle y fermenta, y prit corps et figure, y trouva ses formules. Pour l'initiative et l'idée première, elle appartenait, nous l'avons vu, dès 89, à Camille Desmoulins. En juin 91, Bonneville et les Cordeliers ont poussé le premier cri. Tout à l'heure nous allons voir madame Roland donner à l'idée républicaine la force morale de son âme stoïque, et son charme passionné.

Nous ne sommes pas de ceux qui s'exagèrent l'influence individuelle. Pour nous, le fond essentiel de l'Histoire est dans la pensée populaire. La République, sans nul doute, flottait dans cette pensée. Presque tout le monde en France l'avait, à l'état négatif, sous cette forme : *Le Roi est désormais impossible.* Beaucoup d'hommes l'avaient déjà sous la forme positive : *La France désormais doit se gouverner elle-même.* Néanmoins, pour que cette idée, générale encore, arrivât à sa formule spéciale et applicable, il fallait qu'elle fermentât dans un foyer circonscrit, qu'elle y prît chaleur et lumière, que, du choc des discussions, partît l'étincelle.

Ici, il faut que je m'arrête, et que j'envisage sérieusement la société du temps. Je laisserais cette Histoire profondément obscure, si j'en donnais les actes extérieurs sans en dévoiler les mobiles. A juger seulement ces actes, à voir l'indécision des meneurs politiques, telle qu'on l'a pu voir tout à l'heure, qui soupçonnerait un monde si ardent, si passionné?

Qu'on me reproche, si l'on veut, ce qu'on appellera une digression, et ce qui est, en effet, le cœur du sujet et le fond du fond. La première condition de l'Histoire, c'est la vérité. Je ne sais trop d'ailleurs si la construction sévèrement géométrique où se plaisent nos modernes est toujours conciliable avec les profondes exigences de la Nature vivante. Ils vont par lignes droites et par angles droits; la Nature procède par courbes, en toute chose organique. Je vois aussi que mes maîtres, les fils aînés de la Nature, les grands historiens de l'antiquité, au lieu de suivre servilement la droite voie géométrique du voyageur insouciant qui n'a pour but que d'arriver, au lieu de courir la surface aride, s'arrêtent par moments, au besoin même, se détournent, pour faire de puissantes et fécondes percées au fond de la terre.

Moi aussi, j'y pénétrerai, j'y chercherai les eaux vives qui, remontant tout à l'heure, vont animer cette Histoire*.

Le caractère de 91, c'est que les partis y deviennent des religions. Deux religions se posent en face, l'idolâtrie dévote et royaliste, l'idéalité républicaine. Dans l'une, l'âme, irritée par le sentiment de la pitié même, rejetée violemment vers le passé qu'on lui dispute, s'acharne aux idoles de chair, aux dieux matériels qu'elle avait presque oubliés. Dans l'autre, l'âme se dresse et s'exalte au culte de l'idée pure ; plus d'idoles, nul autre objet de religion que l'idéal, la patrie, la Liberté.

Les femmes, moins gâtées que nous par les habitudes sophistiques et scolastiques, marchent bien loin devant les hommes, dans ces deux religions. C'est une chose noble et touchante de voir parmi elles, non seulement les pures, les irréprochables, mais les moins dignes même, suivre un noble élan vers le beau désintéressé, prendre la patrie pour amie de cœur, pour amant le Droit éternel.

Les mœurs changent-elles alors ? Non ; mais l'amour a pris son vol vers les plus hautes pensées. La patrie, la Liberté, le bonheur du genre humain, ont envahi les cœurs des femmes. La vertu des temps romains, si elle n'est dans les mœurs, est dans l'imagination, dans l'âme, dans les nobles désirs. Elles regardent autour d'elles où sont les héros de Plutarque ; elles les veulent, elles les feront. Il ne suffit pas, pour leur plaire, de parler Rousseau et Mably. Vives et sincères, prenant les idées au sérieux, elles veulent que les paroles deviennent des actes. Toujours elles ont aimé la force. Elles comparent l'homme moderne à l'idéal de force antique qu'elles ont devant l'esprit. Rien peut-être n'a plus contribué que cette comparaison, cette exigence des femmes, à précipiter les hommes, à hâter le cours rapide de notre Révolution.

Cette société était ardente! Il nous semble, en y entrant, sentir une brûlante haleine.

Nous avons vu, de nos jours, des actes extraordinaires, d'admirables sacrifices, des foules d'hommes qui donnaient leurs vies ; et pourtant, toutes les fois que je me retire du présent, que je retourne au passé, à l'Histoire de la Révolution, j'y trouve bien plus de chaleur; la température est tout autre. Quoi! le globe aurait-il donc refroidi depuis ce temps!

Des hommes de ce temps-là m'avaient dit la différence, et je n'avais pas compris. A la longue, à mesure que j'entrais dans le détail, n'étudiant pas seulement la mécanique législative, mais le mouvement des partis, non seulement les partis, mais les hommes, les personnes, les biographies individuelles, j'ai bien senti alors la parole des vieillards.

La différence des deux temps se résume d'un mot: *On aimait*. L'intérêt, l'ambition, les passions éternelles de l'homme étaient en jeu, comme aujourd'hui; mais la part la plus forte encore était celle de l'amour. Prenez ce mot dans tous les sens, l'amour de l'idée, l'amour de la femme, l'amour de la patrie et du genre humain. Ils aimèrent et le beau qui passe, et le beau qui ne passe point: deux sentiments mêlés alors, comme l'or et le bronze fondus dans l'airain de Corinthe *.

Les femmes règnent, en 91, par le sentiment, par la passion, par la supériorité aussi, il faut le dire, de leur initiative. Jamais, ni avant, ni après, elles n'eurent tant d'influence. Au dix-huitième siècle, sous les encyclopédistes, l'esprit a dominé dans la société; plus tard, ce sera l'action, l'action meurtrière et terrible. En 91, le sentiment domine, et, par conséquent, la femme.

Le cœur de la France bat fort, à cette époque... L'émotion, depuis Rousseau, a été croissant. Sentimentale d'abord, rêveuse, époque d'attente inquiète, comme une heure avant l'orage, comme dans un jeune cœur l'amour vague, avant l'amant. Souffle immense, en 89, et tout cœur palpite... Puis 90, la Fédération, la Fraternité, les larmes... En 91, la crise, le débat, la discussion passionnée. — Mais, partout les femmes, partout la passion individuelle dans la passion publique; le drame privé, le drame social, vont se mêlant, s'enchevêtrant; les deux fils se tissent ensemble; hélas! bien souvent, tout à l'heure, ensemble ils seront tranchés!

Le commencement fut beau. Les femmes, on l'a trop oublié, entrèrent dans les pensées de la Liberté, sous l'influence de l'*Émile*, c'est-à-dire par l'éducation, par les espérances, les vœux de la maternité, par toutes les questions que l'enfant soulève dès sa naissance en un cœur de femme, que dis-je, dans un cœur de fille, bien longtemps avant l'enfant : « Ah! qu'il soit heureux, cet

enfant! qu'il soit bon et grand! qu'il soit libre!...
Sainte Liberté antique, qui fis les héros, mon
fils vivra-t-il dans ton ombre?... » Voilà les
pensées des femmes, et voilà pourquoi dans ces
places, dans ces jardins, où l'enfant joue sous les
yeux de sa mère ou de sa sœur, vous les
voyez rêver et lire... Quel est ce livre que la
jeune fille, à votre approche, a si vite caché
dans son sein ? Quelque roman ? l'*Héloïse ?*
Non ; plutôt les *Vies* de Plutarque, ou *Le Contrat
social.*

Une légende anglaise circulait, qui avait donné
à nos Françaises une grande émulation politique.
Mistress Macaulay, l'éminent historien des Stuarts,
avait inspiré au vieux ministre Williams tant
d'admiration pour son génie et sa vertu, que,
dans une église même, il avait consacré sa statue
de marbre comme déesse de la Liberté.

Peu de femmes de lettres alors qui ne rêvent
d'être la Macaulay de la France. La déesse inspiratrice se retrouve dans chaque salon. Elles dictent, corrigent, refont les discours qui, le lendemain, seront prononcés aux Clubs, à l'Assemblée
nationale. Elles les suivent, ces discours, vont les
entendre aux tribunes; elles siègent, juges passionnés, elles soutiennent de leur présence l'orateur faible ou timide. Qu'il se relève et regarde...
N'est-ce pas là le fin sourire de madame de
Genlis, entre ses séduisantes filles, la princesse
et Paméla ? Et cet œil noir, ardent de vie, n'est-ce

pas madame de Staël? Comment faiblirait l'éloquence?... Et le courage manquera-t-il, devant madame Roland?

Parmi les femmes de lettres, nulle peut-être ne s'avança d'une ardeur plus impatiente qu'une petite dame bretonne, vive, spirituelle, ambitieuse, mademoiselle Kéralio. Elle avait été longtemps retenue dans une vie de labeur. Formée par un père homme de lettres et professeur à l'École-Militaire, elle avait beaucoup traduit, compilé, écrit même une grande *histoire*, celle de l'époque antérieure aux Stuarts de mistress Macaulay, l'*Histoire du règne d'Élisabeth*. Elle épousa un patriote plus ardent que distingué, le cordelier Robert, et elle lui fit écrire, dès janvier 91 : *Le Républicanisme adapté à la France*. Elle figurait en première ligne sur l'autel de la patrie, dans la terrible scène du Champ-de-Mars que nous devons raconter.

Une autre femme de lettres, la brillante improvisatrice, Olympe de Gouges, qui, comme Lope de Véga, dictait une tragédie par jour, sans savoir, dit-elle, ni lire ni écrire, se déclara républicaine, sous l'impression de Varennes et de la trahison du Roi. Avant, elle était royaliste, et elle le redevint plus tard dans le péril de Louis XVI; elle s'offrit à le défendre. Elle savait, en faisant cette offre, où cela devait la conduire. Elle-même avait dit cette belle parole, en réclamant les droits des femmes : « Elles ont bien le droit de monter à la tribune, puisqu'elles ont le droit de monter à l'échafaud *. »

Cette ardente Languedocienne avait organisé plusieurs sociétés de femmes. Ces sociétés devenaient nombreuses. Au Cercle social, vaste réunion mêlée de femmes et d'hommes, une Hollandaise distinguée, madame Palm-Aelder, demanda solennellement pour son sexe l'égalité politique. Elle fut soutenue, appuyée dans cette thèse par l'homme certainement le plus grave de l'époque, qui lui-même plus que personne trouvait dans la femme les inspirations de la Liberté. Parlons-en avec détail.

Le dernier des philosophes du grand dix-huitième siècle, celui qui survivait à tous pour voir leurs théories lancées dans le champ des réalités, était M. de Condorcet, secrétaire de l'Académie des sciences, le successeur de d'Alembert, le dernier correspondant de Voltaire, l'ami de Turgot. Son salon était le centre naturel de l'Europe pensante. Toute nation, comme toute science, avait là sa place. Tous les étrangers distingués, après avoir reçu les théories de la France, venaient là en chercher, en discuter l'application. C'étaient l'américain Thomas Payne, l'anglais Williams, l'écossais Mackintosh, le genevois Dumont, l'allemand Anacharsis Clootz; ce dernier, nullement en rapport avec un tel salon, mais en 91 tous y venaient, tous y étaient confondus. Dans un coin immuablement était l'ami assidu, le médecin

Cabanis, maladif et mélancolique, qui avait transporté à cette maison le tendre, le profond attachement qu'il avait eu pour Mirabeau.

Parmi ces illustres penseurs planait la noble et virginale figure de madame de Condorcet, que Raphaël aurait prise pour type de la métaphysique. Elle était toute lumière; tout semblait s'éclairer, s'épurer sous son regard. Elle avait été chanoinesse, et paraissait moins encore une dame qu'une noble demoiselle. Elle avait alors vingt-sept ans (vingt-deux de moins que son mari). Elle venait d'écrire ses *Lettres sur la sympathie*, livre d'analyse fine et délicate, où, sous le voile d'une extrême réserve, on sent néanmoins souvent la mélancolie d'un jeune cœur auquel quelque chose a manqué[*]. On a supposé vainement qu'elle eût ambitionné les honneurs, la faveur de la Cour, et que son dépit la jeta dans la Révolution. Rien de plus loin d'un tel caractère.

Ce qui est moins invraisemblable, c'est ce qu'on a dit aussi : qu'avant d'épouser Condorcet, elle lui aurait déclaré qu'elle n'avait point le cœur libre; elle aimait, et sans espoir. Le sage accueillit cet aveu avec une bonté paternelle; il le respecta. Deux ans entiers, suivant la même tradition, ils vécurent comme deux esprits. Ce ne fut qu'en 89, au beau moment de Juillet, que madame de Condorcet vit tout ce qu'il y avait de passion dans cet homme froid en apparence; elle commença d'aimer le grand citoyen, l'âme tendre et profonde qui couvait, comme son propre bonheur, l'espoir du bonheur de l'espèce humaine. Elle le trouva jeune, de l'éternelle jeunesse de cette grande idée, de ce beau désir.

L'unique enfant qu'ils aient eu naquit neuf mois après la prise de la Bastille, en avril 90.

Condorcet, alors âgé de quarante-neuf ans, se retrouvait jeune, en effet, de ces grands événements; il commençait une vie nouvelle, la troisième. Il avait eu celle du mathématicien avec d'Alembert, la vie critique avec Voltaire. Et maintenant, il s'embarquait sur l'océan de la vie politique. Il avait rêvé le progrès; aujourd'hui, il allait le faire, ou du moins s'y dévouer. Toute sa vie avait offert une remarquable alliance entre deux facultés rarement unies, la ferme raison et la foi infinie à l'avenir. Ferme contre Voltaire même, quand il le trouva injuste*, ami des économistes, sans aveuglement pour eux, il se maintint de même indépendant à l'égard de la Gironde. On lit encore avec admiration son plaidoyer pour Paris contre le préjugé des provinces, qui fut celui des Girondins.

Ce grand esprit était toujours présent, éveillé, maître de lui-même. Sa porte était toujours ouverte, quelque travail abstrait qu'il fît. Dans un salon, dans une foule, il pensait toujours; il n'avait nulle distraction. Il parlait peu, entendait tout, profitait de tout; jamais il n'a rien oublié. Toute personne spéciale, qui l'interrogeait, le trouvait plus spécial encore dans la chose qui l'occupait. Les femmes étaient étonnées, effrayées de voir qu'il savait jusqu'à l'histoire de leurs modes*, et très haut en remontant, et dans le plus grand détail. Il paraissait très froid, ne s'épanchait jamais**. Ses amis ne savaient son amitié que par l'extrême ardeur qu'il mettait secrètement à leur rendre des services. « C'est un volcan sous la neige, » disait d'Alembert. Jeune, dit-on, il avait aimé, et, n'espérant rien, il fut un moment tout près du suicide. Agé alors et bien mûr, mais au fond non moins ardent, il avait pour sa Sophie un amour contenu, immense, de ces passions profondes d'autant plus qu'elles sont tardives, plus profondes que la vie même, et qu'on ne peut pas sonder.

Sophie en était très digne. Sans parler de l'admiration universelle des hommes du temps, je dirai un fait, mais grand, mais sacré. Quand l'infortuné Condorcet, traqué comme une bête fauve, enfermé dans un asile peu sûr, se dévorait lui-même le cœur des pensées du présent, écrivait son apologie, son testament politique, sa femme lui donna le sublime conseil de laisser là ces vaines luttes, de remettre avec confiance sa mémoire à la postérité, et paisiblement d'écrire l'*Esquisse d'un tableau des progrès de l'esprit humain*. Il l'écouta, il écrivit ce noble livre de science infinie, d'amour sans bornes pour les hommes, d'espoir exalté, se consolant de sa mort prochaine par le plus touchant des rêves : Que, dans le progrès des sciences, on pourra supprimer la mort !

Noble époque ! et qu'elles furent dignes d'être aimées, ces femmes, dignes d'être confondues par l'homme avec l'idéal même, la patrie et la vertu !... Qui ne se rappelle encore ce déjeuner funèbre où, pour la dernière fois, les amis de Camille Desmoulins le prièrent d'arrêter son *Vieux Cordelier*, d'ajourner sa demande du *Comité de la Clémence ?* Sa Lucile, s'oubliant comme épouse et comme mère, lui jette les bras au col : « Laissez-le, dit-elle, laissez ! qu'il suive sa destinée ! »

Ainsi, elles ont glorieusement consacré le mariage, et l'amour, soulevant le front fatigué de l'homme en présence de la mort, lui versant la vie encore, l'introduisant dans l'immortalité...

Elles aussi, elles y seront toujours. Toujours les hommes qui viendront regretteront de ne point les avoir vues, ces femmes héroïques et charmantes. Elles restent associées, en nous, aux plus nobles rêves du cœur, types et regret d'amour éternel !

Il y avait comme une ombre de cette tragique destinée dans les traits et l'expression de Condorcet. Avec une contenance timide (comme celle du savant toujours solitaire au milieu des hommes), il avait quelque chose de triste, de patient, de résigné.

Le haut du visage était beau. Les yeux, nobles et doux, pleins d'une idéalité sérieuse, semblaient regarder au fond de l'avenir. Et cependant son front, vaste à contenir toute science, semblait un magasin immense, un trésor complet du passé.

L'homme était, il faut le dire, plus vaste que fort. On le pressentait à sa bouche un peu molle et faible, un peu retombante. L'universalité, qui disperse l'esprit sur tout objet, est une cause d'énervation. Ajoutez qu'il avait passé sa vie dans le dix-huitième siècle, et qu'il en portait le poids. Il en avait traversé toutes les disputes, les grandeurs et les petitesses. Il en avait fatalement les contradictions. Neveu d'un évêque tout jésuite, élevé en partie par ses soins, il devait beaucoup aussi au patronage des La Rochefoucauld. Quoique pauvre, il était noble, titré, marquis de Condorcet. Naissance, position, relations, beaucoup de choses le rattachaient à l'ancien régime. Sa maison, son salon, sa femme, présentaient le même contraste.

Madame de Condorcet, née Grouchy, d'abord chanoinesse, élève enthousiaste de Rousseau et de la Révolution, sortie de sa position demi-ecclésiastique pour présider un salon qui était le centre des libres-penseurs, semblait une noble religieuse de la philosophie.

La crise de juin 91 devait décider Condorcet; elle l'appelait à se prononcer. Il lui fallait choisir entre ses relations, ses précédents, d'une part; et, de l'autre, ses idées. Quant aux intérêts, ils étaient nuls avec un tel homme. Le seul peut-être auquel il eût été sensible, c'est que, la République abaissant toute grandeur de convention et rehaussant d'autant les supériorités naturelles, sa Sophie se fût trouvée reine.

M. de La Rochefoucauld, son intime ami, ne désespérait pas de neutraliser son républicanisme, comme celui de La Fayette. Il croyait avoir bon marché du savant modeste, de l'homme doux et timide, que sa famille, d'ailleurs, avait autrefois protégé. On allait jusqu'à affirmer, répandre dans le public, que Condorcet partageait les idées royalistes de Sieyès. On le compromettait ainsi, et en même temps on lui offrait, comme tentation, la perspective d'être nommé gouverneur du Dauphin.

Ces bruits le décidèrent probablement à se déclarer plus tôt qu'il n'aurait fait peut-être. Le 1ᵉʳ juillet, il fit annoncer par *La Bouche de Fer* qu'il parlerait au Cercle social sur la République. Il attendit jusqu'au 12, et ne le fit qu'avec certaine réserve. Dans un discours ingénieux, il réfutait plusieurs des objections banales qu'on fait à la République, ajoutant toutefois ces paroles, qui étonnèrent fort : « Si pourtant le peuple se réserve d'appeler une Convention pour prononcer si l'on conserve le trône, si l'hérédité continue pour un petit nombre d'années entre deux Conventions, *la royauté, en ce cas, n'est pas essentiel-*

lement contraire aux droits des citoyens... » Il faisait allusion au bruit qui courait, qu'on devait le nommer gouverneur du Dauphin, et disait qu'en ce cas il lui apprendrait surtout à savoir se passer du trône.

Cette apparence d'indécision ne plut pas beaucoup aux républicains, et choqua les royalistes. Ceux-ci furent bien plus blessés encore, quand on répandit dans Paris un pamphlet spirituel, moqueur, écrit d'une main si grave. Condorcet y fut probablement l'écho et le secrétaire de la jeune société qui fréquentait son salon.

Le pamphlet était une *Lettre d'un jeune mécanicien*, qui, pour une somme modique, s'engageait à faire un excellent roi constitutionnel. « Ce roi, disait-il, s'acquitterait à merveille des fonctions de la royauté, marcherait aux cérémonies, siégerait convenablement, irait à la messe, et même, au moyen de certain ressort, prendrait des mains du président de l'Assemblée la liste des ministres que désignerait la majorité... Mon roi ne serait pas dangereux pour la Liberté; et cependant, en le réparant avec soin, il serait éternel, ce qui est encore plus beau que d'être héréditaire. On pourrait même le déclarer inviolable, sans injustice; et le dire infaillible, sans absurdité. »

Chose remarquable. Cet homme mûr et grave, qui s'embarquait par une plaisanterie sur l'océan de la Révolution, ne se dissimulait nullement les chances qu'il allait courir. Plein de foi dans l'avenir lointain de l'espèce humaine, il en avait moins pour le présent, ne se faisait nulle illusion sur la situation, en voyait très bien les dangers. Il les craignait, non pour lui-même (il donnait volontiers sa vie), mais pour cette femme adorée, pour ce jeune enfant, né à peine du moment sacré de Juillet. Depuis plusieurs mois, il s'était secrètement informé du port par lequel il pourrait, au besoin, faire échapper sa famille, et il s'était arrêté à celui de Saint-Valery.

CHAPITRE V

MADAME ROLAND

Voyage des Roland à Paris. — Mérite de Roland. — Sa femme travaille pour lui. — Beauté et vertu de madame Roland. — Son émotion au spectacle de la Fédération, en juillet 90. — Sa passion, sa sagesse, octobre 90. — Sa passion se transforme. — Elle arrive à Paris, février 91. — Puissance de son impulsion. — Elle trouve la plupart des meneurs politiques déjà fatigués. — Sa fraîcheur d'esprit, sa force et sa foi, juin-juillet 91.

Pour vouloir la République, l'inspirer, la faire, ce n'était pas assez d'un noble cœur et d'un grand esprit. Il fallait encore une chose... Et quelle? Être jeune, avoir cette jeunesse d'âme, cette chaleur de sang, cet aveuglement fécond, qui voit déjà dans le monde ce qui n'est encore qu'en l'âme, et qui, le voyant, le crée... Il fallait avoir la foi.

Il fallait une certaine harmonie, non seulement

de volonté et d'idées, mais d'habitudes et de mœurs républicaines ; avoir en soi la République intérieure, la République morale, la seule qui légitime et fonde la République politique ; je veux dire posséder le gouvernement de soi-même, sa propre démocratie, trouver sa liberté dans l'obéissance au devoir... Et il fallait encore, chose qui semble contradictoire, qu'une telle âme, vertueuse et forte, eût un moment passionné qui la fît sortir d'elle-même, la lançât dans l'action.

Dans les mauvais jours d'affaissement, de fatigue, quand la foi révolutionnaire défaillait en eux, plusieurs des députés et journalistes principaux de l'époque allaient prendre force et courage dans une maison où ces choses ne manquaient jamais ; maison modeste, le petit Hôtel Britannique de la rue Guénégaud, près le pont Neuf. Cette rue, assez sombre, qui mène à la rue Mazarine, plus sombre encore, n'a, comme on sait, d'autre vue que les longues murailles de la Monnaie. Ils montaient au troisième étage, et là, invariablement, trouvaient deux personnes travaillant ensemble, monsieur et madame Roland, venus récemment de Lyon. Le petit salon n'offrait qu'une table où les deux époux écrivaient ; la chambre à coucher, entr'ouverte, laissait voir deux lits. Roland avait près de soixante ans ; elle, trente-six, et paraissait beaucoup moins ; il semblait le père de sa femme. C'était un homme assez grand et maigre, l'air austère et passionné. Cet homme, qu'on a trop sacrifié à la gloire de sa femme*, était un ardent citoyen qui avait la France dans le cœur, un de ces vieux Français de la race des Vauban et des Boisguillebert, qui, sous la royauté, n'en poursuivaient pas moins, dans les seules voies ouvertes alors, la sainte idée du bien public. Inspecteur des manufactures, il avait passé toute sa vie dans les travaux, les voyages, à rechercher les améliorations dont notre industrie était susceptible. Il avait publié plusieurs de ces voyages et divers traités ou mémoires, relatifs à certains métiers. Sa belle et courageuse femme, sans se rebuter de l'aridité des sujets, copiait, traduisait, compilait pour lui. L'*Art du tourbier*, l'*Art du fabricant de laine rase et sèche*, le *Dictionnaire des manufactures*, avaient occupé la belle main de madame Roland, absorbé ses meilleures années, sans autre distraction que la naissance et l'allaitement du seul enfant qu'elle ait eu. Étroitement associée aux travaux, aux idées de son mari, elle avait pour lui une sorte de culte filial, jusqu'à lui préparer souvent ses aliments elle-même; une préparation toute spéciale était nécessaire, l'estomac du vieillard était délicat, fatigué par le travail.

Roland rédigeait lui-même et n'employait nullement la plume de sa femme, à cette époque; ce fut plus tard, devenu ministre, au milieu d'embarras, de soins infinis, qu'il y eut recours. Elle n'avait aucune impatience d'écrire, et si la

Révolution ne fût venue la tirer de sa retraite, elle eût enterré ces dons inutiles, le talent, l'éloquence, aussi bien que la beauté.

Quand ces politiques venaient, madame Roland ne se mêlait pas d'elle-même aux discussions, elle continuait son ouvrage ou écrivait des lettres ; mais si, comme il arrivait, on en appelait à elle, elle parlait alors avec une vivacité, une propriété d'expressions, une forme gracieuse et pénétrante, dont on était tout saisi. « L'amour-propre aurait bien voulu trouver de l'apprêt dans ce qu'elle disait ; mais il n'y avait pas moyen ; c'était tout simplement une nature trop parfaite. »

Au premier coup d'œil, on était tenté de croire qu'on voyait la Julie de Rousseau* ; à tort, ce n'était ni la Julie, ni la Sophie, c'était madame Roland, une fille de Rousseau, certainement, plus légitime encore, peut-être, que celles qui sortirent immédiatement de sa plume. Celle-ci n'était pas, comme les deux autres, une noble demoiselle. Manon Phlipon, c'était son nom de fille (j'en suis fâché pour ceux qui n'aiment pas les noms plébéiens), eut un graveur pour père, et elle gravait elle-même dans la maison paternelle. Elle procédait du peuple ; on le voyait aisément à un certain éclat de sang et de carnation qu'on a beaucoup moins dans les classes élevées ; elle avait la main belle, mais non pas petite, la bouche un peu grande, le menton assez retroussé, la taille élégante, d'une cambrure marquée fortement, une richesse de hanches et de sein que les dames ont rarement.

Elle différait encore en un point des héroïnes de Rousseau, c'est qu'elle n'eut pas leurs faiblesses. Madame Roland fut vertueuse, nullement amollie par l'inaction, la rêverie, où languissent les femmes; elle fut au plus haut degré laborieuse, active; le travail fut pour elle le gardien de la vertu. Une idée sacrée, *le devoir*, plane sur cette belle vie, de la naissance à la mort; elle se rend ce témoignage au dernier moment, à l'heure où on ne ment plus : « Personne, dit-elle, moins que moi n'a connu la volupté. » — Et ailleurs : « J'ai commandé à mes sens. »

Pure dans la maison paternelle, au quai de l'Horloge, comme le bleu profond du ciel, qu'elle regardait, dit-elle, de là jusqu'aux Champs-Élysées; pure à la table de son sérieux époux, travaillant infatigablement pour lui; pure au berceau de son enfant, qu'elle s'obstine à allaiter, malgré de vives douleurs; — elle ne l'est pas moins dans les lettres qu'elle écrit à ses amis, aux jeunes hommes qui l'entouraient d'une amitié passionnée [*]; elle les calme et les console, les élève au-dessus de leur faiblesse. Ils lui restèrent fidèles jusqu'à la mort, comme à la vertu elle-même.

L'un d'eux, sans songer au péril, allait en pleine Terreur recevoir d'elle, à sa prison, les feuilles immortelles où elle a raconté sa vie. Proscrit lui-même et poursuivi, fuyant sur la neige, sans abri que l'arbre chargé de givre, il sauvait ces feuilles sacrées; elles le sauvèrent peut-être, lui gardant sur la poitrine la chaleur et la force du grand cœur qui les écrivit *.

Les hommes qui souffrent à voir une vertu trop parfaite ont cherché inquiètement s'ils ne trouveraient pas quelque faiblesse en la vie de cette femme; et sans preuve, sans le moindre indice **, ils ont imaginé qu'au fort du drame où elle devenait acteur, à son moment le plus viril, parmi les dangers, les horreurs (après Septembre, apparemment? ou la veille du naufrage qui emporta la Gironde?), madame Roland avait le temps, le cœur, d'écouter les galanteries et de faire l'amour... — La seule chose qui les embarrasse, c'est de trouver le nom de l'amant favorisé.

Encore une fois, il n'y a nul fait qui motive ces suppositions. Madame Roland, tout l'annonce, fut toujours reine d'elle-même, maîtresse absolue de ses volontés, de ses actes ***. N'eut-elle aucune émotion, cette âme forte, mais passionnée? n'eut-elle pas son orage ?... Cette question est tout autre; et, sans hésiter, je répondrai : Oui.

Qu'on me permette d'insister. — Ce fait, peu remarqué encore, n'est point un détail indifférent, purement anecdotique de la vie privée. Il eut sur madame Roland une grave influence en 91, et la puissante action qu'elle exerça dès cette époque serait beaucoup moins explicable, si l'on ne voyait à nu les causes particulières qui passionnaient alors cette âme, jusque-là calme et forte, mais d'une force tout assise en soi et sans action au dehors.

Madame Roland menait sa vie obscure, laborieuse, en 89, au triste clos de La Platière, près de Villefranche, et non loin de Lyon. Elle entend, avec toute la France, le canon de la Bastille ; son sein s'émeut et se gonfle ; le prodigieux événement semble réaliser tous ses rêves, tout ce qu'elle a lu des anciens, imaginé, espéré ; voilà qu'elle a une patrie. La Révolution s'épand sur la France ; Lyon s'éveille, et Villefranche, la campagne, tous les villages. Le Fédération de 90 appelle à Lyon une moitié du royaume, toutes les députations de la Garde nationale, de la Corse à la Lorraine. Dès le matin, madame Roland était en extase sur l'admirable quai du Rhône, et s'enivrait de tout ce peuple, de cette Fraternité nouvelle, de cette splendide aurore. Elle en écrivit le soir la relation pour son ami Champagneux, jeune homme de Lyon, qui, sans profit et par pur patriotisme, faisait un journal. Le numéro, non signé, fut vendu à soixante mille. Tous ces Gardes nationaux, retournant chez eux, emportèrent, sans le savoir, l'âme de madame Roland.

Elle aussi, elle retourna, elle revint pensive dans son désert au clos de La Platière, qui lui parut, plus qu'à l'ordinaire encore, stérile et aride. Peu propre alors aux travaux techniques dont l'occupait son mari, elle lisait le *Procès-verbal* si intéressant *des électeurs de* 89, la révolution du 14 Juillet, la prise de la Bastille. Le hasard voulut justement qu'un de ces électeurs, M. Bancal des Issarts, fût adressé aux Roland par leurs amis de Lyon, et passât quelques jours chez eux. M. Bancal, d'une famille de fabricants de Montpellier, mais transplantée à Clermont, y avait été notaire; il venait de quitter cette position lucrative pour se livrer tout entier aux études de son choix, aux recherches politiques et philanthropiques, aux devoirs du citoyen. Il avait environ quarante ans, rien de brillant, mais beaucoup de douceur et de sensibilité, un cœur bon et charitable. Il avait eu une éducation fort religieuse, et, après avoir traversé une période philosophique et politique, la Convention, une longue captivité en Autriche, il est mort dans de grands sentiments de piété, dans la lecture de la Bible, qu'il s'essayait à lire en hébreu.

Il fut amené à La Platière par un jeune médecin, Lanthenas, ami des Roland, qui vivait beaucoup chez eux, y passant des semaines, des mois, travaillant avec eux, pour eux, faisant leurs commissions. La douceur de Lanthenas, la sensibilité de Bancal des Issarts, la bonté austère mais chaleureuse de Roland, leur amour commun du beau et du bon, leur attachement à cette femme parfaite qui leur en présentait l'image, cela formait tout naturellement un groupe, une harmonie complète. Ils se convinrent si bien, qu'ils se demandèrent s'ils ne pourraient continuer de vivre ensemble. Auquel des trois vint cette idée, on ne le sait ; mais elle fut saisie par Roland avec vivacité, soutenue avec chaleur. Les Roland, en réunissant tout ce qu'ils avaient, pouvaient apporter à l'association soixante mille livres; Lanthenas en avait vingt ou un peu plus, à quoi Bancal en aurait joint une centaine de mille. Cela faisait une somme assez ronde, qui leur permettait d'acheter des biens nationaux, alors à vil prix.

Rien de plus touchant, de plus digne, de plus honnête, que les lettres où Roland parle de ce projet à Bancal. Cette noble confiance, cette foi à l'amitié, à la vertu, donne et de Roland, et d'eux tous, la plus haute idée : « Venez, mon ami, lui dit-il. Eh! que tardez-vous?... Vous avez vu notre manière franche et ronde; ce n'est pas à mon âge qu'on change, quand on n'a jamais varié... Nous prêchons le patriotisme, nous élevons l'âme; le docteur fait son métier; ma femme est l'apothicaire des malades du canton. Vous et moi, nous ferons les affaires, » etc.

La grande affaire de Roland, c'était de catéchiser les paysans de la contrée, de leur prêcher le nouvel Évangile. Marcheur admirable malgré son âge, parfois, le bâton à la main, il s'en allait jusqu'à Lyon avec son ami Lanthenas, jetant la bonne semence de la Liberté sur tout le chemin. Le digne homme croyait trouver dans Bancal un auxiliaire utile, un nouveau missionnaire, dont la parole douce et onctueuse ferait des miracles. Habitué à voir l'assiduité désintéressée du jeune Lanthenas près de madame Roland, il ne lui venait pas même à l'esprit que Bancal, plus âgé, plus sérieux, pût apporter dans sa maison autre chose que la paix. Sa femme, qu'il aimait pourtant si profondément, il avait un peu oublié qu'elle fût une femme, n'y voyant que l'immuable compagnon de ses travaux. Laborieuse, sobre, fraîche et pure, le teint transparent, l'œil ferme et limpide, madame Roland était la plus rassurante image de la force et de la vertu. Sa grâce était bien d'une femme, mais son mâle esprit, son cœur stoïque, étaient d'un homme. On dirait plutôt à regarder ses amis, que, près d'elle, ce sont eux qui sont femmes : Bancal, Lanthenas, Champagneux, ont tous des traits assez doux. Et le plus femme de tous par le cœur peut-être, le plus faible, c'est celui qu'on croit le plus ferme, c'est l'austère Roland, faible d'une profonde passion de vieillard, suspendu à la vie de l'autre ; il n'y paraîtra que trop à la mort.

La situation eût été, sinon périlleuse, du moins pleine de combats, d'orages. C'était Volmar appelant Saint-Preux auprès de Julie ; c'était la barque en péril aux rochers de Meillerie. Il n'y eût pas eu naufrage, croyons-le, mais il valait mieux ne pas s'embarquer.

C'est ce que madame Roland écrit à Bancal, dans une lettre vertueuse, mais en même temps trop naïve et trop émue. Cette lettre, adorablement imprudente, est restée par cela même un monument inappréciable de la pureté de madame Roland, de son inexpérience, de la virginité de cœur qu'elle conserva toujours... On ne peut lire qu'à genoux.

Rien ne m'a jamais plus surpris, touché... Quoi! ce héros fut donc vraiment une femme? Voilà donc un moment (l'unique) où ce grand courage a fléchi. La cuirasse du guerrier s'entr'ouvre, et c'est une femme qu'on voit, le sein blessé de Clorinde.

Bancal avait écrit aux Roland une lettre affectueuse, tendre, où il disait de cette union projetée : « Elle fera le charme de notre vie, et nous ne serons pas inutiles à nos semblables. » Roland, alors à Lyon, envoya la lettre à sa femme. Elle était seule à la campagne ; l'été avait été très sec, la chaleur était forte, quoiqu'on fût déjà en octobre. Le tonnerre grondait, et pendant plusieurs jours il ne cessa point. Orage au ciel et sur la terre, orage de la passion, orage de la Révolution... De grands troubles, sans doute, allaient arriver, un flot inconnu d'événements qui devaient bientôt bouleverser les cœurs et les destinées; dans ces grands moments d'attente, l'homme croit volontiers que c'est pour lui que Dieu tonne.

Madame Roland lut à peine, et elle fut inondée de larmes. Elle se mit à sa table sans savoir ce qu'elle écrivait; elle écrivit son trouble même, ne cacha point qu'elle pleurait. C'était bien plus qu'un aveu tendre. Mais, en même temps, cette excellente et courageuse femme, brisant son espoir, se faisait l'effort d'écrire : « Non, je ne suis point assurée de votre bonheur, je ne me pardonnerais point de l'avoir troublé. Je crois vous voir l'attacher à des moyens que je crois faux, à une espérance que je dois interdire. » Tout le reste est un mélange bien touchant de vertu, de passion, d'inconséquence; de temps à autre, un accent mélancolique, et je ne sais quelle sombre prévision du destin : « Quand est-ce que nous vous reverrons? Question que je me fais souvent, et que je n'ose résoudre... Mais pourquoi chercher à pénétrer l'avenir que la Nature a voulu nous cacher? Laissons-le donc sous le voile imposant dont elle le couvre, puisqu'il ne nous est pas donné de le pénétrer; nous n'avons sur lui qu'une sorte d'influence, elle est grande sans doute : c'est de préparer son bonheur par le sage emploi du présent... » — Et plus loin : « Il ne s'est point écoulé vingt-quatre heures dans la semaine que le tonnerre ne se soit fait entendre. Il vient encore de gronder. J'aime assez la teinte qu'il prête à nos campagnes, elle est auguste et sombre, mais elle serait terrible qu'elle ne m'inspirerait pas plus d'effroi... »

Bancal était sage et honnête. Bien triste, malgré l'hiver, il passa en Angleterre, et il y resta longtemps. Oserai-je le dire? plus longtemps peut-être que madame Roland ne l'eût voulu elle-même. Telle est l'inconséquence du cœur, même le plus vertueux. Ses lettres, lues attentivement, offrent une fluctuation étrange : elle s'éloigne, elle se rapproche; par moments, elle se défie d'elle-même, et par moments se rassure.

Qui dira qu'en février, partant pour Paris où les affaires de la Ville de Lyon amenaient Roland, elle n'ait pas quelque joie secrète de se retrouver au grand centre où Bancal va nécessairement revenir? Mais, c'est justement Paris qui bientôt donne à ses idées un tout autre cours. La passion se transforme, elle se tourne entièrement du côté des affaires publiques. Chose bien intéressante et touchante à observer. Après la grande émotion de la fédération lyonnaise, ce spectacle attendrissant de l'union de tout un peuple, elle s'était trouvée faible et tendre au sentiment individuel. Et maintenant ce sentiment, au spectacle de Paris, redevient tout général, civique et patriotique; madame Roland se retrouve elle-même, et n'aime plus que la France.

S'il s'agissait d'une autre femme, je dirais qu'elle fut sauvée d'elle-même par la Révolution, par la République, par le combat et la mort. Son austère union avec Roland fut confirmée par leur participation commune aux événements de l'époque. Ce mariage de travail devint un mariage de luttes communes, de sacrifices, d'efforts héroïques. Préservée ainsi, elle arriva, pure et victorieuse, à l'échafaud, à la gloire.

Elle vint à Paris en février 91, à la veille du moment si grave où devait s'agiter la question de la République ; elle y apportait deux forces, la vertu à la fois et la passion. Réservée jusque-là dans son désert pour les grands événements, elle arrivait avec une jeunesse d'esprit, une fraîcheur d'idées, de sentiments, d'impressions, à rajeunir les politiques les plus fatigués. Eux, ils étaient déjà las ; elle, elle naissait de ce jour.

Autre force mystérieuse. Cette personne très pure, admirablement gardée par le sort, arrivait pourtant le jour où la femme est bien redoutable, le jour où le devoir ne suffira plus, le jour où le cœur, longtemps contenu, s'épandra. Elle arrivait invincible, avec une force d'impulsion inconnue. Nul scrupule ne la retardait ; le bonheur voulait que, le sentiment personnel s'étant vaincu ou éludé, l'âme se tournait tout entière vers un noble but, grand, vertueux, glorieux, et, n'y sentant que l'honneur, se lançait à pleines voiles sur ce nouvel océan de la Révolution et de la patrie.

Voilà pourquoi, en ce moment, elle était irrésistible. Tel fut à peu près Rousseau, lorsque, après sa passion malheureuse pour madame d'Houdetot, retombé sur lui-même et rentré en lui, il y retrouva un foyer immense, cette inextinguible flamme où s'embrasa tout le siècle ; le nôtre, à cent ans de distance, en sent' encore la chaleur.

Rien de plus sévère que le premier coup d'œil de madame Roland sur Paris. L'Assemblée lui fait horreur, ses amis lui font pitié. Assise dans les tribunes de l'Assemblée ou des Jacobins, elle perce d'un œil pénétrant tous les caractères; elle voit à nu les faussetés, les lâchetés, les bassesses, la comédie des constitutionnels, les tergiversations, l'indécision des amis de la liberté. Elle ne ménage nullement ni Brissot, qu'elle aime, mais *qu'elle trouve timide et léger*, ni Condorcet, qu'elle croit double, ni Fauchet, dans lequel « elle voit bien qu'il y a un prêtre. » A peine fait-elle grâce à Pétion et Robespierre; encore on voit bien que leurs lenteurs, leurs ménagements, vont peu à son impatience. Jeune, ardente, forte, sévère, elle leur demande compte à tous, ne veut pas entendre parler de délais, d'obstacles; elle les somme d'être hommes et d'agir.

Au triste spectacle de la Liberté entrevue, espérée, déjà perdue, selon elle, elle voudrait retourner à Lyon, « elle verse des larmes de sang... Il nous faudra, dit-elle (le 5 mai), une nouvelle insurrection, ou nous sommes perdus pour le bonheur et la Liberté; mais je doute qu'il y ait assez de vigueur dans le peuple... La guerre civile même, tout horrible qu'elle soit, avancerait la régénération de notre caractère et de nos mœurs... — Il faut être prêt à tout, même à mourir sans regret. »

La génération dont madame Roland désespère

si aisément avait des dons admirables, la foi au progrès, le désir sincère du bonheur des hommes, l'amour ardent du bien public; elle a étonné le monde par la grandeur des sacrifices.

Cependant, il faut le dire, à cette époque, où la situation ne commandait pas encore avec une force impérieuse, ces caractères, formés sous l'ancien régime, ne s'annonçaient pas sous un aspect mâle et sévère.

Le courage d'esprit manquait.

L'initiative du génie ne fut alors chez personne; je n'excepte pas Mirabeau, malgré son gigantesque talent.

Les hommes d'alors, il faut le dire aussi, avaient déjà immensément écrit, parlé, combattu. Que de travaux, de discussions, d'événements entassés! que de réformes rapides! quel renouvellement du monde!... La vie des hommes importants de l'Assemblée, de la Presse, avait été si laborieuse, qu'elle nous semble un problème; deux séances de l'Assemblée, sans repos que les séances des Jacobins et autres Clubs, jusqu'à onze heures ou minuit; puis les discours à préparer pour le lendemain, les articles, les affaires et les intrigues, les séances des Comités, les conciliabules politiques... L'élan immense du premier moment, l'espoir infini, les avaient d'abord mis à même de supporter tout cela. Mais enfin l'effort durait, le travail sans fin ni bornes; ils étaient un peu retombés. Cette génération n'était plus entière d'esprit ni de force; quelque sincères que fussent ses convictions, elle n'avait pas la jeunesse, la fraîcheur d'esprit, le premier élan de la foi.

Le 22 juin, au milieu de l'hésitation universelle des politiques, madame Roland n'hésita point. Elle écrivit, et fit écrire en province, pour qu'à l'encontre de la faible et pâle Adresse, les assemblées primaires demandassent une convocation générale : « Pour délibérer par *oui* et par *non* s'il convient de conserver au gouvernement la forme monarchique. » — Elle prouve très bien, le 24, « que toute régence est impossible, qu'il faut suspendre Louis XVI, » etc.

Tous, ou presque tous, reculaient, hésitaient, flottaient encore. Ils balançaient les considérations d'intérêts, d'opportunité, s'attendaient les uns les autres, se comptaient. « Nous n'étions pas douze républicains en 89, » dit Camille Desmoulins. Ils avaient bien multiplié en 91, grâce au voyage de Varennes; et le nombre était immense des républicains qui l'étaient sans le savoir; il fallait le leur apprendre à eux-mêmes. Ceux-là seuls calculaient bien l'affaire, qui ne voulaient pas calculer. En tête de cette avant-garde marchait madame Roland; elle jetait le glaive d'or dans la balance indécise, son courage et l'idée du Droit.

CHAPITRE VI

LE ROI INTERROGÉ
PREMIERS ACTES RÉPUBLICAINS

(26 JUIN — 14 JUILLET 1791)

Le Roi et la Reine entendus en leurs déclarations, 26-27 juin. — Défi de Bouillé, 29 juin. — Affiche républicaine de Payne et autres amis de Condorcet, 1er juillet. — Tentatives des orléanistes. — Mesures prises par l'Assemblée. — Les Jacobins. — Pétion contre le Roi, 8 juillet; Brissot contre le Roi, 13 juillet. — Les Comités de l'Assemblée pour le Roi, 13 juillet. — Mouvements des Cordeliers et sociétés fraternelles. — Ruses des meneurs de l'Assemblée, 14 Juillet. — Agitation croissante pendant la semaine, du 10 au 17. — Triomphe de Voltaire, fêtes, etc.

ous connaissons maintenant les acteurs, les influences privées et publiques; reprenons le cours des faits.

Il n'est pas difficile de suivre dans ces jours

d'orage les mouvements de l'opinion, les pulsations plus ou moins vives de l'esprit public, les battements de cœur de la France.

Au premier moment, 21 juin, on s'indigne, mais on respire : « Voilà le grand embarras parti ! »

Au second, le 25 au soir, il revient captif, humilié, tombé du trône, à l'état de sujet du dernier sujet. Grand silence, de colère et de reproche ; silence aussi de la pitié, qui prend les cœurs à leur insu.

Mais, contre la pitié même, au troisième moment, réagissent la défiance et la colère, quand les renards de l'Assemblée entreprennent d'escamoter et le crime et le coupable (en sorte qu'il ne resterait qu'un roi, tout blanc d'innocence), quand ils entreprennent d'effacer l'Histoire, de biffer Varennes, de faire, par une chicane impuissante, ce miracle impossible à Dieu, que ce qui est fait n'ait pas été fait.

Examinons-les à l'œuvre.

Le 26, les Comités de Constitution et de Législation criminelle proposent, par l'organe de Duport : « Que ceux qui accompagnaient le Roi soient *interrogés* par les juges naturels, mais que le Roi et la Reine soient *entendus en leurs déclarations* par trois commissaires de l'Assemblée nationale. »

Quelqu'un demandant que cette *instruction* fût renvoyée à la Cour suprême d'Orléans, Duport répondit que ce n'était qu'une *information* première.

« Si c'est une information, répondirent Robespierre, Bouchotte et Buzot, vous ne pouvez la scinder, elle est une, et ne peut se faire par des autorités diverses. Le Roi n'est qu'un citoyen, un fonctionnaire, comptable à ce titre, soumis à la Loi. »

A quoi Duport, reculant dans le vague des vieilles fictions, dit que le Roi n'était pas un citoyen, *mais un pouvoir de l'État*. Puis, maladroitement : « Ce n'est pas ici une procédure qui se fasse directement contre le Roi ; il est de notre prudence de ne pas pénétrer dans l'avenir... Il ne s'agit pas encore ici d'une action criminelle, mais d'une action politique de l'Assemblée contre le Roi... »

Malouet éclatait d'indignation, et gâtait encore plus les choses. Les légistes et gens d'affaires vinrent au secours, et, laissant là le système de Duport, trop difficile à défendre, ils sautèrent d'un pied sur l'autre. Chabroud, Dandré, dirent qu'il n'y avait rien de judiciaire, ni plainte, ni procédure ; qu'il s'agissait simplement de « prendre des *renseignements*. »

Sur ce terrain nouveau, Barère vint finement mettre une pierre pour les faire heurter : « Qu'il y ait ou qu'il n'y ait plainte, qu'importe ? c'est un enlèvement ; les juges ordinaires peuvent entendre la personne *victime de l'enlèvement*. »

Mais Tronchet vint par-dessus, et, de son autorité supérieure et respectée, ferma la discussion sur le mot *renseignements*. L'Assemblée décrète, et nomme commissaires : Tronchet d'abord, à une majorité énorme, pour avoir coupé le fil ; puis, Dandré, qui l'a dévidé ; Duport enfin, quoiqu'il ait montré moins de finesse et de ruse.

Les trois, vers sept heures du soir, allèrent jouer chez le Roi la comédie d'écouter, de recueillir gravement de sa bouche, la *déclaration* qu'ils avaient, sans doute avec Barnave et Lameth, minutée et calculée. — Très habile et très bien faite, elle avait un défaut grave : c'était d'être en contradiction trop évidente avec la *Protestation* que le Roi avait laissée en partant. Le soin de sa sûreté, le désir de mettre à l'abri sa famille, avaient décidé son départ ; il partait pour revenir ; il n'avait nulle intelligence avec les puissances étrangères, nulle avec les émigrés. S'il avait été près de la frontière, c'était afin d'être plus à portée de s'opposer aux invasions qu'aurait pu faire l'étranger. Son voyage l'avait singulièrement instruit, éclairé ; il voyait bien que l'opinion générale était pour la Constitution, et revenait converti...

Ce qui faisait peu d'honneur à l'adresse des rédacteurs, ce qui passait toute mesure, c'était de faire dire au Roi : « Que, voyant bien qu'on le croyait captif, et que cette opinion pouvait amener des troubles, il avait imaginé ce voyage comme un excellent moyen de détromper le public, de prouver sa liberté. »

Cela semblait dérisoire, et fut très mal pris. Ce qui ne le fut pas moins, c'est que la Reine, au lieu de répondre, fit dire aux commissaires de l'Assemblée nationale : « Qu'elle était au bain, » et qu'ils devaient repasser. Ainsi, elle se donnait une nuit de plus pour arranger sa *déclaration*. Arrivée depuis vingt-quatre heures, elle prenait, pour se mettre au bain, le moment où la nation, en ses délégués, venait attendre à sa porte ; elle lui faisait faire antichambre, constatant ainsi ce que le Roi avait dit lui-même : « Qu'il devait bien être entendu qu'il ne s'agissait pas d'interrogatoire. » C'était une libre conversation, une audience, que la Reine daignait accorder. « Le Roi désirant partir, rien ne m'aurait empêchée de le suivre. Et ce qui m'y décidait, c'était l'assurance positive qu'il ne voulait point quitter le royaume. » Les trois s'inclinèrent profondément, et s'en allèrent satisfaits.

Le public ne le fut pas. Il se sentit mortifié qu'on pût le croire dupe d'une comédie si grossière. Les royalistes ne furent pas moins irrités que les autres, de voir le Roi et la Reine dans les mains des constitutionnels. Tout en se lamentant sur la captivité du Roi, sur la désobéissance universelle, ils agirent eux-mêmes comme si le Roi n'eût point existé, sans s'informer de son avis, sans son autorisation. Les têtes chaudes du parti, d'Éprémesnil, un fol, Montlosier, jeune, ardent, aveugle dans sa loyauté, rédigèrent une violente *protestation* contre la suspension du Roi, une *déclaration* qu'ils ne prenaient plus part aux actes de l'Assemblée. Elle fut signée de deux cent quatre-vingt-dix députés. Malouet s'opposa en vain à cet acte insensé, qui annulait les royalistes dans l'Assemblée nationale, au moment où cette Assemblée travaillait à relever le Roi. La passion, l'étourderie, y eurent part, sans doute, mais vraisemblablement aussi la rage jalouse de voir le Roi se conduire par les avis de ceux qui avaient jusque-là combattu les royalistes.

Les royalistes allaient, tête baissée, dans l'abîme, emportant le Roi avec eux. Bouillé, par chevalerie, par dévouement, lui donne encore un coup terrible. Dans une lettre, prodigieusement insolente et ridicule, il déclare à l'Assemblée : « Que si l'on touche au Roi, à un cheveu de sa tête, lui, Bouillé, il amènera toutes les armées étrangères ; qu'il ne restera pas pierre sur pierre dans Paris. *(Rire inextinguible.)* Bouillé seul est responsable ; le Roi n'a rien fait que vouloir suspendre la juste vengeance des rois, se porter médiateur entre eux et son peuple. Alors eût été rétabli le règne de la raison *à la lueur du flambeau de la Liberté...* » Il finissait cette lettre folle, en disant aux députés : « Que leur châtiment servirait d'exemple, que d'abord il avait eu pitié d'eux, mais..., etc. »

Cette lettre était inappréciable pour les partisans de la République. Une insulte solennelle à la nation, le gant jeté à la France par les royalistes, c'est ce qu'ils pouvaient désirer. Sans perdre temps, le lendemain matin, 1ᵉʳ juillet, une affiche hardie, simple et forte, fut placardée à la porte même de l'Assemblée ; cette affiche annonçait la publication du journal *Le Républicain*, qu'une société de républicains allait publier. Cette pièce, courte, mais complète, disait toute la situation ; la voici, réduite à deux lignes : « Nous venons d'éprouver que l'absence d'un roi nous vaut mieux que sa présence. — Il a déserté, abdiqué. — La nation ne rendra jamais sa confiance au parjure, au fuyard. — Sa fuite est-elle son fait ou celui d'autrui, qu'importe? fourbe ou idiot, il est toujours indigne. — Nous sommes libres de lui, et il l'est de nous ; c'est un simple individu, M. Louis de Bourbon. Pour sa sûreté, elle est certaine, la France ne se déshonorera pas. — La royauté est finie. Qu'est-ce qu'un office abandonné au hasard de la naissance, qui peut être rempli par un idiot? N'est-ce pas un rien, un néant? »

Cette pièce sortait du Cercle de Condorcet, aussi bien que le pamphlet du *Jeune mécanicien* qui parut presque en même temps. L'un et l'autre exprimaient la pensée commune de cette société de théoriciens hardis. Condorcet, toutefois, n'avait tenu la plume que pour le pamphlet, moins compromettant ; mais l'affiche fut rédigée, en anglais d'abord, par un étranger, Thomas Payne, qui avait moins à craindre la responsabilité d'un acte si grave. Elle fut traduite par les soins d'un de nos jeunes officiers qui avait fait la guerre d'Amérique, qui afficha hardiment aux portes de l'Assemblée, et signa : Du Châtelet.

Payne avait en ce moment, à Paris, deux choses qui souvent vont ici d'ensemble, l'autorité et la vogue. Il trônait dans les salons. Les hommes les plus éminents, les plus jolies femmes, lui faisaient la cour, recueillaient ses paroles, s'efforçaient de les comprendre. C'était un homme de cinquante à soixante ans ; il avait fait tous les métiers, fabricant, maître d'école, douanier, matelot, journaliste. Il n'avait pas moins de trois patries, l'Angleterre, l'Amérique et la France ; il n'en eut qu'une, à vrai dire, le Droit, la Justice. Invariable citoyen du Droit, dès qu'il sentait l'injustice d'un côté de l'Océan, il passait de l'autre. La France gardera la mémoire de ce fils d'adoption. Il avait écrit pour l'Amérique son livre du *Sens commun*, le bréviaire des républicains ; et pour la France il écrivit *Les Droits de l'homme*, pour venger notre pays du livre de Burke. Brûlé à Londres en effigie, il fut nommé citoyen français par la Convention, il en devint membre. Payne semblait dur et fanatique. Ce fut un grand étonnement, au 21 Janvier, quand il fit déclarer à la Convention qu'il ne pouvait voter la mort. La sienne faillit en suivre. Jeté en prison, et pensant qu'il n'avait pas de temps à perdre, il se mit à écrire : *L'Age de raison*, un livre pour Dieu contre toutes les religions. Sauvé au 9 Thermidor, il resta encore en France, mais il ne put endurer la France de Bonaparte, et s'en alla mourir en Amérique.

Revenons à son affiche. Malouet, arrivant le matin, la voit, la lit, est hors de lui-même. Il entre effaré, demande qu'on arrête les auteurs. « Avant tout, lisons l'affiche, » dit froidement Pétion. Chabroud et Chapelier, craignant l'effet, et surtout que la lecture ne fût applaudie des tribunes, réclamèrent pour la liberté de la Presse, et dirent qu'on devait mépriser l'œuvre d'un insensé, et qu'il fallait passer à l'ordre du jour.

L'Assemblée passe, en effet, comme indifférente, et reprend tranquillement les travaux du Code pénal. Mais elle se tient pour avertie.

Le parti d'Orléans aussi comprit mieux, après la terrible affiche, qu'en présence du parti républicain, naissant, mais déjà si hardi, il fallait, si l'on pouvait, enlever la régence; que plus tard, elle serait de moins en moins acceptée. Le difficile était de lancer la chose; on jette d'abord un petit mot dans un journal secondaire. Là-dessus, étonnement, bien joué, du prince; il écrit, magnanimement refuse ce que personne ne lui offre. Et cependant, il se fait recevoir membre des Jacobins, se met en vue, et se pose. L'un d'eux, faisant feu avant l'ordre, demande si naturellement le prince ne doit pas *présider le Conseil* de régence. Le 1ᵉʳ juillet, Laclos va plus loin, il veut un *régent*, il établit la déchéance. Le 3, Réal prouve que le duc est légalement *gardien* du Dauphin. Le 4, Laclos voudrait qu'on réimprimât, qu'on distribuât le décret sur la régence. La masse des Jacobins, non orléaniste, écarte la *proposition*. Il ne se décourage pas ; dans son journal, il prouve, longuement et lourdement, qu'il faut créer un pouvoir nouveau, un *protecteur?* non, le mot a été gâté par Cromwell, mais bien un *modérateur*.

Une grande polémique s'engage à ce sujet dans la Presse, deux duels philosophiques, sur la thèse de la royauté, entre Laclos et Brissot, entre Sieyès et Thomas Payne. Celui-ci défie Sieyès à toutes les armes possibles, lui donnant tout avantage, ne demandant que cinquante pages, et lui permettant un volume, se faisant fort d'établir que la monarchie n'est rien « qu'une absence de système. » Sieyès déclina le combat, avec un mépris peu caché. Il croyait n'en avoir pas besoin.

L'Assemblée nationale voyait venir la lutte et s'y préparait. Déterminée à relever la royauté, elle prend trois sortes de mesures.

Elle affecte d'abord une attitude révolutionnaire ; elle fait des règlements pour favoriser la division et subdivision des *biens nationaux*. Elle menace les émigrés : s'ils ne rentrent dans un mois, malheur à eux !... Seulement, la pénalité est minime et ridicule : leurs biens sont imposés au triple.

L'Assemblée est prise aussi d'un accès inattendu de bonne volonté pour le pauvre : elle fait des petits assignats *pour faciliter le payement des ouvriers.* Elle vote plusieurs millions pour les hôpitaux ; elle fait venir la municipalité de Paris, lui ordonne de distribuer des secours, de commencer des travaux, d'aider les ouvriers étrangers à sortir de la ville.

En même temps, au pas de course, on lit, on vote des lois de police, qui, sous ce simple titre : Police municipale, tranchent les plus grandes questions ; un article, par exemple, défend aux Clubs de s'assembler, à moins d'avertir d'avance du jour de réunion. Les habitants de chaque maison sont tenus de donner leur nom, âge, profession, etc. Des pénalités graves sont prononcées contre les voies de fait, les simples paroles ; la calomnie peut être punie de deux années de prison.

Tout cela se votait fort vite, à peu près sans discussion. Les séances publiques, si longues jadis, étaient devenues très courtes ; vers trois ou quatre heures, tout était fini ; et encore, pour remplir ces courtes séances, on suppléait par des affaires étrangères à la grande question, guerre, administration, finances. Les tribunes, ardentes, inquiètes, remplies d'une foule avide, ne voyaient, n'apprenaient rien ; la foule retournait affamée. Tout le fort de la besogne politique se brassait souterrainement dans les Comités. Barnave avoue dans ses Mémoires qu'il y vivait entièrement. Les Comités de Législation, de Constitution, des Recherches, de Diplomatie, etc., allaient dans un même sens ; ils constituaient la véritable Assemblée. Là s'élaboraient les éléments de la grande et terrible discussion de l'inviolabilité royale, qu'on ne pouvait cependant étrangler à huis clos, qu'il fallait bien tout à l'heure soutenir en pleine lumière ; aussi la préparait-on avec d'autant plus de soin, on arrêtait d'avance les points convenus, on distribuait les rôles.

Ce qui faisait tort à ce bel accord, c'est que Pétion était membre du Comité de Législation. Il porta, le 8, aux Jacobins, cette question délicate et sacro-sainte, la mania familièrement, avec une simplicité rude, distinguant l'inviolabilité politique dont le Roi jouit dans les actes dont les ministres répondent, et l'inviolabilité que l'on voudrait étendre à ses actes personnels. Quant aux dangers de destituer le Roi, et d'avoir les rois à combattre : « S'ils en ont envie, dit-il, ils y seront mieux disposés si le Roi est rétabli, s'ils voient replacer dans la main de leur ami les forces de la France qui les auraient combattus. »

Certes, cela était clair. Cette franchise rendit force à la minorité des Jacobins qui était contre le Roi. La Presse fut enhardie. Brissot, jusque-là très prudent, et dont les lenteurs suspectes étaient déjà accusées de Camille Desmoulins, de madame Roland, de bien d'autres, Brissot éclata, brûla ses vaisseaux, vint aux Jacobins, traita la même question, mais dans une étendue, une lumière, un éclat extraordinaire ; il enleva un moment cette société, généralement contraire à son opinion, et qui, de plus, l'aimait peu lui-même.

Il déclara d'abord qu'il se tenait dans le cercle tracé par Pétion, qu'il examinerait seulement : *Si le Roi devait, pouvait être jugé*, ajournant la question de savoir, en cas de destitution, quel gouvernement suppléerait.

S'accommodant habilement aux scrupules des Jacobins, au nom même de leur société (Amis de la Constitution) : « Nous sommes tous d'accord, dit Brissot ; nous voulons la Constitution. Le mot vague de *républicains* ne fait rien ici. Ceux qui sont contraires à ce mot, que craignent-ils ? l'anarchie ; ceux qu'on appelle républicains ne la redoutent pas moins ; les uns et les autres craignent et la turbulence des démocraties de l'antiquité, et la division de la France en républiques fédérées ; ils veulent également l'unité de la patrie. »

Après ces paroles rassurantes, et sans s'expliquer autrement sur le sens du mot *République*, il arrive à la question : « Le Roi doit-il être jugé ? » Son argumentation, identique à celle de Pétion, à celle des orateurs qui parlèrent plus tard, Robespierre, Grégoire et autres, serait forte, s'ils déclaraient franchement qu'ils rejettent la royauté comme une institution barbare, une absurde religion; elle est faible, parce qu'ils hésitent, reculent, ne vont point jusqu'au bout de leur principe, n'osent demander la conclusion qui est au fond de leur parole.

Dans la seconde partie, qui lui est propre, celle où il examine ce que pourrait faire l'Europe si le Roi était jugé, Brissot est tout autrement fort. Là, il nage en pleine révolution, avec une liberté, une aisance vraiment remarquable; il fait preuve de connaissances infiniment étendues, il est plein de faits, de choses; et tout cela, emporté dans un tourbillon rapide qui ressemble à l'éloquence. Il frappe, en passant, des portraits, vifs et satiriques, des puissances de l'Europe, des rois et des peuples, les montre tous faibles, un seul excepté : la France. La France n'a rien à craindre, et c'est aux autres à trembler. Ah! si les rois de l'Europe entendent bien leurs intérêts, qu'ils se gardent de nous attaquer; qu'ils s'éloignent plutôt, qu'ils s'isolent...; qu'ils tâchent, en allégeant le joug, de faire oublier à leurs peuples la Constitution française et de détourner leurs regards du spectacle de la Liberté !

Un souffle passa sur l'assemblée, le souffle ardent de la Gironde, ressenti pour la première fois. « Ce ne furent pas des applaudissements, dit madame Roland, qui était présente, ce furent des cris, des transports. Trois fois, l'assemblée entraînée s'est levée tout entière, les bras étendus, les chapeaux en l'air, dans un enthousiasme inexprimable. Périsse à jamais quiconque a ressenti ou partagé ces grands mouvements, et qui pourrait encore reprendre des fers ! »

Quelque légitime que pût être cet enthousiasme, le brillant discours de Brissot, comme celui de Pétion, comme tous ceux qu'on fit en ce sens, péchait en un point. Il supposait qu'on pouvait isoler deux questions inséparables, celle du procès du Roi, et celle du gouvernement qui pouvait le remplacer. Brissot affectait de croire ce qu'il était impossible qu'il crût en effet, à savoir, qu'on pouvait frapper le Roi sans frapper la royauté; que cette institution, jugée elle-même implicitement dans le jugement de l'homme, scrutée, mise à jour dans ses défauts intrinsèques, survivrait à cette épreuve. Il y avait là un défaut de franchise et d'audace, un reste d'hésitation qu'on retrouve dans les discours des principaux meneurs de l'opinion, dans celui que Condorcet fit au Cercle social, dans celui que Robespierre fit aux Jacobins.

Le 13 enfin, l'Assemblée aborde la formidable question; les tribunes soigneusement garnies de gens sûrs, entrés d'avance avec des billets spéciaux; les avenues, pleines de royalistes inquiets, de gentilshommes que la foule appelait les *cheva-*

liers du poignard. Sur la proposition d'un membre, on ferma les Tuileries.

Le *rapport* solennel qui allait décider de la monarchie, *rapport* fait au nom de cinq Comités, fut présenté par un M. Muguet, député inconnu, de la bande des Lameth. Rien d'habile ni de politique, une plaidoirie d'avocat, qui ne connaît rien hors des textes : 1° la fuite du Roi n'est pas un cas prévu dans la Constitution ; il n'y a rien d'écrit là-dessus ; 2° mais son inviolabilité est écrite, elle est dans la Constitution. Et alors, ayant trouvé moyen de lâcher le grand coupable, le *rapport* se dédommage en tombant sur les petits, sur les serviteurs qui ont obéi. Il faut un coupable principal, ce sera Bouillé ; les autres seront les complices, Fersen, madame de Tourzel, les courriers, les domestiques. Robespierre demanda en vain qu'on distribuât ce *rapport*, et qu'on ajournât la discussion. On refusa sèchement. Toute l'Assemblée était visiblement d'accord pour avancer, abréger ; les pieds lui brûlaient ; elle avait hâte de voter, et de voter pour le Roi.

Le soir, aux Jacobins, Robespierre, avec une notable prudence, établit qu'on aurait tort de l'accuser de républicanisme ; « que *république* et *monarchie*, au jugement de bien des gens, étaient des mots vides de sens... Qu'il n'était ni républicain, ni monarchiste... On peut être libre avec un monarque comme avec un sénat, » etc., etc.

Les cordeliers Danton, Legendre, venus ce soir

aux Jacobins, ne restèrent pas dans ce vague; ils touchèrent la question même. Danton demanda comment l'Assemblée pouvait prendre sur elle de prononcer, lorsque peut-être son jugement serait réformé par celui de la nation. Legendre fut violent contre le Roi, ne ménagea rien; il menaça les Comités : « S'ils voyaient la masse, dit-il, les Comités reviendraient à la raison; ils conviendraient que, si je parle, *c'est pour leur salut.* »

Voilà le premier mot de Terreur dans les Jacobins. Des constitutionnels sortent indignés. A leur place, entrent des députations populaires, la société *Fraternelle des Halles;* la société *Des Deux Sexes*, qui siégeait sous la salle des Jacobins : elles apportent des Adresses. Un jeune chirurgien, fort connu, aboyeur et charlatan, lit à la tribune une lettre qu'il vient d'écrire au Palais-Royal pour trois cents personnes. Un évêque député, électrisé par le jeune homme, jure à la tribune de combattre aussi l'avis des Comités. L'évêque et le chirurgien se jettent dans les bras l'un de l'autre...

Cependant, le même soir, à l'autre bout de Paris, au fond du Marais, aux Minimes, une société fraternelle d'hommes et de femmes, succursale des Cordeliers, rédigeait une autre Adresse, audacieuse, menaçante pour l'Assemblée, Adresse visiblement calquée sur l'opinion de Danton. Elle était signée : *Le Peuple.* Celui qui tenait la plume, Tallien, un tout jeune clerc, était un homme à Danton et sa mauvaise doublure. La parole furieuse de Tallien, sa fausse énergie, plaisaient fort aux hommes, et les femmes croyaient volontiers un orateur de vingt ans.

Le 14, à l'Assemblée, les discours remarquables furent ceux de Duport et de Robespierre. Duport, écouté même des tribunes, dans un silence sombre. Robespierre fut ingénieux et neuf, sur un sujet traité de tant de manières. Il dit, avec une aigre douceur, qu'il apportait les paroles de l'humanité, qu'il y aurait une lâche et cruelle injustice à ne frapper que les faibles, qu'il se ferait plutôt l'avocat de Bouillé et de Fersen. Tout cela, à l'adresse des tribunes et du dehors.

L'Assemblée endurait toute parole en ce sens, plus qu'elle ne l'écoutait. Les constitutionnels, qui la sentaient tout entière d'intelligence avec eux, attendaient l'occasion de la compromettre par quelque mesure qui d'avance engageât son jugement. Prieur de la Marne ayant cru les embarrasser en leur demandant ce qu'ils feraient, si, l'Assemblée mettant le Roi hors de cause, on venait demander qu'il fût rétabli dans tout son pouvoir... Desmeuniers saisit effrontément cette prise, pour engager l'Assemblée, au profit du Roi. Il fit du royalisme habile en langage jacobin, parla contre l'inviolabilité absolue du Roi, dit : Que certes le corps constituant avait eu bien le droit de suspendre le pouvoir royal, et que la suspension ne serait pas levée *jusqu'à ce que la Constitution fût terminée.* — Dandré, un autre tartufe, abonda en ce sens, fut dur pour la royauté, dur en paroles, pour mieux faire avaler la chose au public désorienté. — Alors, Desmeuniers, reprenant avec naturel : « Puisqu'on me demande *(personne n'avait demandé)* de rédiger mon explication en *projet* de décret, voici un *projet :* 1° la suspension durera *jusqu'à ce que* le Roi accepte la Constitution ; 2° s'il n'acceptait, l'Assemblée le déclarerait déchu. »

Mais Grégoire dit brutalement : « Soyez tranquilles, il acceptera, jurera tant que vous voudrez. » — Et Robespierre : « Un tel décret déciderait d'avance qu'il ne sera pas jugé... » — Les compères, surpris trop visiblement en flagrant délit, n'osèrent insister pour l'instant. L'Assemblée ne vota pas.

En revanche, elle refusait d'entendre la pétition signée : *Le Peuple.* Barnave insista bravement pour qu'elle fût lue le lendemain, ajoutant ces paroles menaçantes, qui disaient assez qu'on était en force : « Ne nous laissons pas influencer par une opinion factice... *La Loi n'a qu'à placer son signal,* on verra s'y rallier les bons citoyens. » Ce mot, pris alors au sens général, fut mieux entendu, lorsque au dimanche suivant l'autorité, pour signal, déploya le drapeau rouge.

L'agitation de Paris allait augmentant. Le hasard avait voulu que, du dimanche au dimanche, du 10 au 17, la population, pour des causes diverses, fût tenue toujours sur pied, toujours en émoi. Ceux qui ont l'expérience de cette ville savent bien qu'en pareil cas l'agitation prolongée va croissant, et qu'infailliblement elle tend à l'explosion. Le dimanche 10, la foule alla au-devant du convoi triomphal de Voltaire; mais le mauvais temps l'empêcha de traverser Paris ; il s'arrêta à la barrière Charenton. La fête n'eut lieu que le lundi, avec un concours incroyable de peuple. Au quai Voltaire, devant l'hôtel où mourut le grand homme, on fit halte; on chanta des chœurs à sa gloire; la famille des Calas, sa fille adoptive, madame de Villette, vinrent, les yeux mouillés de larmes, couronner le cercueil. Beaucoup, dans cette foule émue, reportaient les yeux en face, sur les Tuileries, sur le pavillon de Flore, morne, fermé et muet, hostile à la fête, et confondaient dans leur haine le fanatisme et la royauté. Et ce n'était pas sans cause. On apprenait, par un *rapport* lu à l'Assemblée, que les prêtres, dans plusieurs provinces, rassemblaient le peuple le soir, lui faisaient chanter le *Miserere* pour le Roi, poussaient à la guerre civile.

Voltaire monte à son Panthéon. Mais le lendemain 13, autre fête, la Révolution même jouée à Notre-Dame dans un drame sacré, la *Prise de la Bastille*, à grands chœurs, à grand orchestre. Le 14, sans respirer, le fameux anniversaire appelle la foule à la Bastille, d'où partent les corps constitués, pour aller, par les boulevards, au Champ-de-Mars; l'évêque de Paris y dit la messe sur l'autel de la patrie. Le temps était magnifique, la foule remplissait les rues. Paris était illuminé le soir; et les têtes, de plus en plus agitées.

CHAPITRE VII

L'ASSEMBLÉE INNOCENTE LE ROI

(15-16 JUILLET 1791)

Les constitutionnels obligés de garder, d'avilir le Roi, qu'ils veulent relever. — Leur double peur, Marat, etc. — La République moins difficile encore que la restauration de la royauté. — La royauté défendue à l'Assemblée par Salles et Barnave, 15 juillet 91. — L'Assemblée détourne du Roi les poursuites ; elle poursuit Bouillé, etc. — Protestation au Champ-de-Mars. — Manœuvre orléaniste, aux Jacobins, pour faire demander la déchéance. — Les Jacobins constitutionnels se retirent aux Feuillants, et préparent la répression, 16 juillet 91. — L'Assemblée réprimande la municipalité, trop modérée. — Petite Terreur constitutionnelle. — La pétition du Champ-de-Mars devient toute républicaine. — L'Assemblée s'engage pour le Roi.

Les constitutionnels ont déployé en quinze jours beaucoup d'adresse et de ruse pour sauver la royauté ; ils vont y mettre de plus une déplorable vigueur. Et avec cela, ils sont dupes. Les républicains ont marché plus droit; ils ont montré, dans leur ignorance, une sorte de seconde vue; ils eussent été aux Tuileries, dans le cabinet de la Reine, qu'ils n'eussent point agi autrement.

Le 6 juillet, la Reine a laissé le Roi donner des pouvoirs écrits à Monsieur. Déjà Fersen avait été le joindre, et les lui avait transmis verbalement.

La Reine haïssait Monsieur, l'homme qui avait le plus travaillé, le mieux réussi à la perdre de réputation; et pourtant elle fait ici cet effort de lui faire donner les pouvoirs du Roi. Qui donc a cette puissance de lui faire dominer sa haine? Une haine plus grande encore, et le désir de se venger.

A-t-elle trompé Barnave, quand elle semblait, à Meaux, l'écouter docilement? Non; elle était, je crois, sincère; elle lui reviendra tout à l'heure; ce qui n'empêche nullement que, dans l'intervalle, elle ne regarde ailleurs, vers l'émigration et vers l'étranger.

Elle souffrait infiniment de la surveillance vexatoire dont elle était alors l'objet. Les Gardes nationaux, qui avaient vu, le 21 juin, l'effrayante responsabilité qu'on prenait devant le peuple en se chargeant de garder la famille royale, fuyaient d'abord les Tuileries et refusaient absolument d'y reprendre ce dangereux poste; ils n'y avaient consenti qu'en obtenant la consigne de *garder à vue, de nuit et de jour*. De là, une foule de scènes risibles, si elles n'eussent été cruelles. Leur inquiétude était la Reine surtout ; ils avaient de ses ruses une idée terrible, ils n'étaient pas éloignés de croire que la fée (elle l'avait dit en riant avant Varennes) pourrait bien partir en ballon. Se souvenant que Gouvion, la nuit du 21 juin, gardait fort inutilement la porte de la chambre à coucher, ils exigèrent que cette porte fût toujours ouverte, de manière à voir la Reine à sa toilette et dans son lit. Il n'était pas jusqu'à sa garde-robe où les soldats citoyens ne prétendissent la conduire, baïonnette au bout du fusil ; on leur en fit honte. La Reine imagina de faire coucher devant son lit une de ses femmes, dont les rideaux la garantissent. Une nuit, elle voit le Garde national de service tourner cette barrière et venir à elle ; il n'était nullement hostile, au contraire, c'était un bon homme qui aimait la royauté, voulait la sauver, et croyait devoir profiter de la circonstance pour donner à la Reine de sages avis ; il s'assit, sans autre façon, près de son lit, pour prêcher plus à son aise.

Le Roi s'avisa un jour de fermer la porte de la chambre à coucher de la Reine. L'officier de garde l'ouvrit, lui dit que telle était sa consigne, que Sa Majesté prenait en la fermant une peine inutile, car il l'ouvrirait toujours.

La situation était vraiment cruelle et baroque. Ceux qui donnaient cette consigne humiliante, La Fayette et les constitutionnels, qui avilissaient le

Roi à ce point (que dis-je, le roi? l'époux), n'en voulaient pas moins qu'il fût roi, et travaillaient vigoureusement à cela, et se tenaient prêts à tirer l'épée, au besoin, pour le maintien de cette royauté qu'ils rendaient de plus en plus ridicule et impossible.

Ils croyaient que la France n'avait de salut que dans cette fiction royale, dans cette ombre, ce néant, ce vide. Ils partaient de l'idée très fausse que la royauté était effectivement revenue de Varennes; mais elle y était restée; ce qui en était revenu, c'était moins encore que la négation de la royauté, c'en était la parodie, la dérision barbare, la farce, qui était un supplice.

Que voulaient ces étonnants restaurateurs de la royauté? Deux choses contradictoires: qu'elle fût à la fois faible et forte, qu'elle fût et qu'elle ne fût pas. Ils sentaient bien que, captive, liée, garrottée ainsi, elle devait être dans un état permanent de conspiration; donc, il fallait d'autant plus serrer le lien. Mais, d'autre part, une autre peur les pressait de lâcher, d'armer cette royauté captive. Des voix souterraines grondaient, qui leur dérangeaient l'esprit. Le fantôme de l'anarchie leur apparaissait dans leurs rêves, et ils faisaient ce qu'il fallait pour lui donner corps. La voix caverneuse de Marat leur semblait celle du peuple, et c'étaient eux justement qui le popularisaient.

A cette époque, Marat extravague. N'ayant

rien compris à la situation, saisi nulle initiative, il prend sa revanche par la folie atroce de ses imaginations. Tout ce qu'il avait trouvé d'expédients à proposer, le 21 juin, c'était un tyran et un massacre, l'égorgement général de l'Assemblée et des autorités. Puis viennent d'aimables variantes dans les numéros suivants : Couper les mains, couper les pouces, tenir trois jours sur le pal, enterrer vivants, etc. *.

Les constitutionnels reculaient de hideur (pour parler comme Froissard) devant cette bête sauvage; mais en reculant, ils l'autorisaient. Il était trop facile à Marat, à Fréron, le faux Marat, de prédire les pas rétrogrades que faisaient les royalistes bâtards dans leur retraite inconséquente. Alors, on criait : « Miracle ! Marat l'avait dit ! vrai prophète ! » — Ainsi, le fou furieux semblait être le seul sage.

L'américain Morris prétend qu'à ce moment toute chose était impossible, et la royauté, et la régence, et la république. Non ; tout était difficile. La France avait été dans un moment au moins aussi difficile : dans l'hiver de 89 et 90 ; elle fut alors sans lois, ni anciennes, ni nouvelles ; elle vécut de son instinct. Il pouvait la sauver encore. Le Roi, ses frères et d'Orléans, se trouvant également perdus dans l'opinion, la régence n'étant possible que par un Conseil de députés, un Comité républicain, mieux valait une forme plus franche : point de régence, et la république.

Difficulté pour difficulté, la préférence devait être pour le gouvernement qui, après tout, est le seul qui soit naturel, le *gouvernement de soi par soi-même*, celui auquel l'homme arrive dès qu'il échappe à la fatalité, atteint sa libre nature. On sentira de plus en plus, à mesure qu'on avancera dans la longue vie du monde, dans l'expérience politique, qui commence à peine, que la monarchie n'a été qu'un gouvernement d'exception, un *provisoire de salut public*, approprié aux peuples enfants.

La Presse violente d'une part, les Marat et les Fréron, l'Assemblée de l'autre, les constitutionnels, parlaient également au nom du *salut public*, de l'intérêt public. Tous, partis d'une même philosophie qui fonde la morale sur l'*intérêt*, y appuyaient leur politique. C'est le *Droit* qu'il eût fallu prendre pour point de départ; lui seul aurait mis de la netteté dans cette situation obscure. Le salut public fut invoqué, et le sang coula; il fut invoqué pour la royauté, qui ne pouvait ni sauver les autres ni se sauver elle-même. Les moins sanguinaires, chose bizarre, furent justement ceux qui versèrent le sang les premiers, et qui, par cette première effusion, fournirent le prétexte et l'excuse au déluge de sang qui suivit.

Le 15, jour décisif, La Fayette crut prudent de mettre environ cinq mille hommes aux abords de l'Assemblée. Pour mieux contenir la foule, il avait eu soin de mêler à la Garde nationale des piques du faubourg Saint-Antoine. L'Assemblée, bien décidée à en finir ce jour-là au meilleur marché possible, eut soin d'abord de perdre une bonne partie de la séance à écouter un *rapport* sur les affaires militaires des départements. Elle prêta une attention médiocre aux bavardages du vieux Goupil contre Brissot et Condorcet, aux discours qui suivirent de Grégoire et de Buzot. Celui du dernier, fort court, n'en était pas moins remarquable : il donnait précisément des raisons qui, en 93, l'empêchèrent de juger le Roi à mort : « Il s'agit d'un crime contre la nation ; l'Assemblée, c'est la nation ; elle serait juge et partie : donc, elle ne peut juger, etc. »

La séance était arrangée d'avance pour deux discours. Les rôles avaient été partagés entre Salles et Barnave : l'un, homme de cœur et chaleureux, devait défendre Louis XVI, l'homme, l'humanité ; l'autre, le froid et noble parleur, Barnave, devait prendre la question au point de vue législatif et politique.

Salles, avec une insinuation douce et hardie, ne craignit pas de s'adresser aux secrets sentiments de l'Assemblée. Le Roi a protesté, il est vrai, il a dit que la Constitution « était inexécutable. » Mais nous l'avons souvent dit nous-mêmes, elle est difficile à exécuter, au moins dans les commencements. L'Assemblée a pu contribuer à l'erreur du Roi ; elle a été obligée, pour le bien de la chose, de sortir souvent de son rôle d'Assemblée, de juger, de gouverner, etc. — Ainsi, l'avocat était si sûr d'être écouté favorablement, qu'il cherchait une excuse au coupable dans les fautes même du juge, dans les reproches que l'Assemblée se faisait secrètement, dans le peu de foi qu'elle avait maintenant, blasée et finie, à son œuvre, à ses propres actes.

Barnave s'éleva très haut. Sa froideur ordinaire, froideur feinte, ce jour-là, et qui n'était que dans la forme, fit valoir encore le fond, intimement passionné, qui perçait partout, comme en Asie ces terres sèches et froides qui, par place, n'en sont pas moins crevées de sources de feu. On sentait bien qu'il jouait tout, que c'était un moment suprême, et pour lui, et pour l'Assemblée. Il la mettait en demeure *de choisir entre la monarchie et le gouvernement fédératif* (il affectait de ne comprendre nulle république que fédérative pour un grand État). « La monarchie étant seule possible, disait-il, il faut bien subir l'inviolabilité qui en est la base... Mais si le Roi fait des fautes?... Le danger pour la Liberté serait qu'il n'en fît aucune. Si vous suivez aujourd'hui le ressentiment personnel en violant la Constitution, prenez bien garde un jour de suivre l'enthousiasme. Craignez qu'un jour la même mobilité du peuple, l'enthousiasme d'un grand homme, la reconnaissance des grandes actions (car la nation française sait bien mieux aimer que haïr), ne renversent en un moment votre absurde République... Croyez-vous qu'un Conseil exécutif, faible par essence, résistât longtemps aux grands généraux ? etc., etc.

« Voilà pour la Constitution. Parlons dans la Révolution : après l'anéantissement de la royauté, savez-vous ce qui suivra? *L'attentat à la propriété...* Vous ne l'ignorez pas, la nuit du 4 Août a donné plus de bras à la Révolution que tous les décrets constitutionnels. Pour ceux qui voudraient aller plus loin, quelle nuit du 4 Août reste-t-il à faire?... »

Ces deux discours, habiles, hardis, auraient entraîné l'Assemblée, si elle en eût eu besoin. Mais elle était toute fixée d'avance sur ce qu'elle voulait. La Fayette demanda la clôture. L'Assemblée, d'après Salles et Barnave, d'après l'avis des Comités, adopta : 1° une mesure préventive : si un roi rétracte son serment, s'il attaque ou ne défend point son peuple, il abdique, devient simple citoyen et accusable *pour les délits postérieurs à son abdication ;* 2° une mesure répressive : la poursuite contre Bouillé, comme *coupable principal,* contre les serviteurs, officiers, courriers, etc., complices de l'enlèvement.

Pour voter paisiblement, l'Assemblée s'était entourée de troupes, les Tuileries étaient fermées, la police partout sur pied, l'autorité municipale toute prête, à la place Vendôme, pour faire les sommations. Tout indiquait qu'on voulait emporter l'affaire ce jour-là, et qu'au besoin l'on ne craindrait pas de livrer bataille. Les meneurs connus se le tinrent pour dit, et ne parurent pas. La foule ne s'en porta pas moins au Champ-de-Mars pour y dresser une dernière *protestation;* l'un des commissaires rédacteurs était un certain Virchaux, de Neuchâtel. On a vu, par l'affaire de Châteauvieux, que les hommes de la Suisse française, esclaves des Allemands, étaient souvent à l'avant-garde de notre Révolution ; ils y mettaient tout l'espoir de leur propre délivrance ; la Société helvétique des Suisses établis à Paris prenait une part active aux grands mouvements populaires.

Il était facile d'écrire, difficile de faire pénétrer la pétition dans l'Assemblée. La foule trouve Bailly à la place Vendôme. Le bonhomme, en grand costume, ceint de l'écharpe tricolore, était là comme un général au milieu des masses armées. C'était par lui que l'Assemblée, fort résolue dans ce jour, et présidée alors par un jeune colonel, Charles de Lameth, remuait la force militaire. Le savant, l'académicien, l'homme éminemment pacifique, se voyait, si tard dans la vie, poussé à être le héros involontaire de cette triste guerre entre citoyens qui menaçait d'éclater. Confiant, infiniment sensible à la popularité, faible du souvenir de 89 et voulant toujours être aimé, il n'était propre en aucun sens à devenir le chef de la résistance. On parlemente avec lui, on lui dit qu'on veut seulement parler à Pétion et

Robespierre. Il résiste un peu, mollit, permet enfin le passage pour six hommes seulement. Les deux députés avertis viennent au passage des Feuillants; mais, disent-ils, il est trop tard, le vote est porté.

La foule irritée reflue de l'Assemblée par tout Paris, ferme les théâtres en signe de deuil. L'Opéra seul résista, et joua sous la protection des baïonnettes. A un autre théâtre, ce fut le commissaire de police qui lui-même pria de fermer, craignant une collision. L'autorité était flottante, peu d'accord avec elle-même; La Fayette aurait agi, mais il ne pouvait le faire sans autorisation du pouvoir municipal, et Bailly ne voulait rien prendre sous sa responsabilité. On avait arrêté Virchaux, l'un des meneurs du Champ-de-Mars, à l'entrée de l'Assemblée; il se réclama de Bailly qui avait permis le passage, et qui le fit relâcher; il fut arrêté de nouveau dans la nuit.

Une porte restait ouverte aux républicains et orléanistes. L'Assemblée n'avait rien statué *sur Louis XVI;* elle avait voté des mesures préventives contre une désertion possible *du Roi.* La question personnelle restait tout entière. C'est ce qui fut, le soir, établi aux Jacobins par Laclos, Robespierre et autres. L'homme du duc d'Orléans, Laclos, qui présidait ce jour-là, demanda qu'on fît à Paris, et par toute la France, une pétition pour la déchéance. « Il y aura, dit-il, j'en réponds, dix millions de signatures; nous ferons signer les enfants même, les femmes... » Il savait bien qu'en général les femmes voulaient un roi, et qu'elles ne signeraient contre Louis XVI qu'au profit d'un nouveau roi.

Danton appuya, Robespierre aussi, mais sans faire signer les femmes. De plus, à cette grande pétition de tout le peuple, il préférait une Adresse exclusivement jacobine, envoyée aux sociétés affiliées... Cependant un grand bruit se fait, un grand flot de foule envahit la salle. Madame Roland, qui vit la scène d'une tribune, dit que c'étaient les aboyeurs ordinaires du Palais-Royal avec une bande de filles, probablement une machine montée par les orléanistes pour mieux appuyer Laclos. Cette foule se mit, sans façon, dans les rangs des Jacobins, pour délibérer avec eux. Laclos monte à la tribune : « Vous le voyez, dit-il, c'est le peuple, voilà le peuple; la pétition est nécessaire. » On arrêta que le lendemain, à onze heures, les Jacobins réunis entendraient lecture de la pétition, qu'elle serait portée au Champ-de-Mars; là, signée de tous, puis envoyée aux sociétés affiliées, qui signeraient à leur tour.

Il est minuit, on s'écoule dans la rue Saint-Honoré. Il ne reste que les commissaires chargés de la rédaction : Danton, Laclos et Brissot. Encore, Danton ne reste guère; restent face à face Laclos et Brissot, c'est-à-dire l'orléanisme et la république. Laclos, ayant, dit-il, mal à la tête, laisse la plume à Brissot, qui la prend sans hésiter.

Dans cette pièce, vive et forte, l'habile rédacteur met en saillie les deux points de la situation : 1° le timide silence de l'Assemblée, qui n'a osé statuer sur l'individu royal; 2° son abdication de fait (l'Assemblée en a jugé ainsi, puisqu'elle l'a suspendu et arrêté); enfin la nécessité *de pourvoir au remplacement*... — Arrivé là, Laclos, sortant de son demi-sommeil, arrête un moment la plume rapide : « La société des Amis de la Constitution signera-t-elle, si l'on ajoute un petit mot qui ne gâte rien à la chose : remplacement *par tous les moyens constitutionnels?* » — Ces moyens, qu'était-ce, sinon la régence, le Dauphin sous un régent? Les frères du Roi étant hors de France, le régent constitutionnel était le duc d'Orléans. Ainsi Laclos trouvait moyen d'introduire implicitement son maître dans la pétition.

Soit légèreté, soit faiblesse, Brissot écrivit ce que Laclos demandait. Peut-être le hardi rédacteur n'était pourtant pas fâché d'atténuer sa responsabilité par ce mot *constitutionnels*, qui rendait la chose légale et éloignait les poursuites.

Traversons maintenant la rue Saint-Honoré, et voyons comment, presque en face, les meneurs de l'Assemblée, les royalistes constitutionnels, réunis aux Feuillants dans les bureaux des Comités, voyons comme ils emploient leur nuit.

Ils arrêtent deux résolutions :

L'une, celle que Duport, les Lameth, avaient dès longtemps en pensée, de ne plus traverser la rue pour aller aux Jacobins, de rester aux Feuillants même, à l'ombre de l'Assemblée, de former, avec la masse des députés dont ils disposent, un nouveau Club des Amis de la Constitution, Club d'élite où l'on entrera par billets, où l'on ne recevra que les électeurs. Qui restera aux Jacobins? Cinq ou six députés peut-être, la tourbe des nouveaux membres, des intrus, une bande d'aboyeurs, au niveau de ceux qui ont envahi la salle hier soir.

Et l'autre résolution, c'est de tirer de leur torpeur les pouvoirs publics, de mettre le maire de Paris en demeure de montrer s'il est avec l'Assemblée ou avec la populace, de l'admonester vertement pour son hésitation, sa mollesse de la veille, de mander aussi les ministres, les accusateurs publics, de les rendre responsables. L'Assemblée avait déjà La Fayette, l'épée immobile, au fourreau ; par ce reproche et cet appel aux magistrats, au pouvoir municipal, elle allait tirer l'épée...

L'Assemblée était bien vieille, pour montrer cette verdeur; vieille d'années, d'événements, finie dans l'opinion. Composée bizarrement au caprice des institutions gothiques, issue en bonne partie de ce moyen âge qu'elle avait détruit, elle portait en elle une contradiction intrinsèque qui faisait toujours douter de la légalité de ses actes.

Adversaire du privilège, elle n'en était pas moins, pour la moitié de ses membres, la fille du privilège. Trois cents de ces privilégiés qui avaient protesté pour le Roi, en même temps que Bouillé, y siégeaient encore. Une Assemblée formée ainsi, et qui comptait dans son sein ces amis de l'ennemi, était-elle bien cette haute et pure image de la Loi, devant laquelle, sous peine de mort, le peuple dût s'incliner?

Il y avait audace, imprudence, mépris de l'opinion, à pousser ainsi des paroles aux actes. Des passions très violentes étaient au fond de tout ceci : l'ulcération des vanités pour Duport, Lameth, pour les constitutionnels; pour Barnave et autres que la Reine flattait de l'espoir de sa confiance, une ambition romanesque, quelques idées de jeunesse, que le plus froid, à vingt-huit ans, n'étouffe jamais. Ces hommes, si différents par les formes de ceux de la Convention, se payaient de la même idée qui tue les scrupules : « La nécessité, l'État, le salut public. » — Et cette autre idée, d'orgueil : « Le Droit est en nous. »

Au matin (le 16 juillet), Pétion et autres se rendant aux Jacobins pour lire la pétition, trouvent la salle à peu près vide; personne, à peine cinq ou six députés; tous sont restés aux Feuillants. Pétion y court, et « fait l'impossible, » il le dit ainsi lui-même, pour les ramener; il s'humilie même : « Quand la société aurait eu quelque tort, serait-ce le moment de la quitter? » Mais on ne daigne l'ouïr. Il voit, non sans inquiétude, qu'une Adresse est préparée pour annoncer par toute la France aux sociétés affiliées, que les Amis de la Constitution siègent maintenant aux Feuillants.

Pour terroriser Paris, il fallait d'abord que l'Assemblée fît peur à la municipalité. Des mots durs pouvaient seuls la réveiller de sa langueur de la veille. Dandré l'accusa aigrement d'avoir vu les Lois violées, et de l'avoir souffert. Il demanda et obtint qu'on mandât à la barre la municipalité, et les ministres, et les six accusateurs publics, qu'on les rendît responsables. Quelques membres, suivant la passion qui les entraînait, allaient détourner la colère de l'Assemblée contre Prieur ou Robespierre. Dandré, avec fermeté et présence d'esprit, ne leur permit pas d'user leur ardeur dans ces accusations individuelles. Il les ramena aux mesures générales, et les fit voter. Le président (c'était Charles de Lameth) adressa des paroles impérieuses et sévères à Bailly, aux municipaux. Le soir, même admonestation aux ministres, aux accusateurs publics. On recommanda spécialement de surveiller, au besoin, d'arrêter les étrangers.

Cependant des scènes violentes avaient lieu dans Paris. Au pont Neuf, des hommes ou Gardes soldés, rencontrant Fréron, faillirent l'assommer. Il en fut de même d'un personnage équivoque, un Anglais, maître d'italien, nommé Rotondo, meneur bien connu des émeutes, que l'on retrouvait partout. Il fut terrassé, battu, et, par-dessus, arrêté.

Cette petite Terreur se marqua dans l'Assemblée par un accident comique. Un député, Vadier (depuis trop connu), très âcre et très violent, avait fait, le 13, un discours contre l'inviolabilité royale. Le 16, il en fit un autre, pour déclarer qu'il détestait le système républicain. Il fut la risée de tous les partis.

On prit ce moment pour lire à l'Assemblée la pétition de je ne sais quelle ville de province, qui attribuait les troubles aux excitations de Robespierre, et n'était pas loin de demander son accusation.

Que faisait-on au Champ-de-Mars?

La pétition rédigée par Brissot et Laclos, lue aux Jacobins dans le désert, après qu'on eut attendu en vain si la société serait plus nombreuse, fut portée finalement à l'autel de la patrie. On avait placé à l'autel un tableau du triomphe de Voltaire; et sur le tableau, l'affiche des Cordeliers, le fameux serment de Brutus. Les Cordeliers eux-mêmes arrivent, émus et ardents. Puis un groupe peu nombreux, les envoyés des Jacobins; ils lurent leur pétition, avec la phrase orléaniste de Laclos : Remplacement *par les moyens constitutionnels*. La phrase passait d'abord. Bonneville, de *La Bouche de Fer*, arrêta la chose, et les Cordeliers aussi : « On trompe le peuple, dit Bonneville, avec ce mot *constitutionnels*; voilà une autre royauté, vous ne faites autre chose que remplacer un par un. » — « Prenez garde, disaient les Jacobins, le temps n'est pas mûr pour la République. » Ils eurent beau dire. On mit la chose aux voix, et le mot *constitutionnels* fut effacé. On ajouta qu'on ne reconnaîtrait plus « *ni Louis XVI, ni aucun autre roi.* » Il fut entendu que le lendemain, dimanche, la pétition ainsi amendée serait signée par le peuple à l'autel.

Quelques-uns, pensant bien que cette déclaration de guerre à la royauté ne passerait pas sans orage, avisèrent qu'il fallait s'assurer, à l'Hôtel de Ville, d'une autorisation pour la réunion du lendemain. Plusieurs, en effet, partirent, Bonneville en était, et (sur la route, ce semble) ils prirent avec eux Camille Desmoulins. Ils ne trouvèrent à la Ville que le premier syndic, qui n'osa pas refuser, donna de bonnes paroles, nul écrit ; ils se tinrent satisfaits, et se crurent autorisés.

La journée n'était pas finie. L'Assemblée tenait encore ; elle fut sans doute avertie, et de l'autorisation demandée à l'Hôtel de Ville, et de la pétition « *pour ne reconnaître Louis XVI, ni aucun roi.* » Le lendemain, c'était dimanche. Tout Paris, toute la banlieue, émus depuis l'autre dimanche par tant d'événements coup sur coup, allaient se rendre au Champ-de-Mars. Le peuple souverain allait se lever, comme disaient les journaux, apparaître dans sa force et sa majesté ; s'il signait, ce n'était plus une pétition, c'était un ordre qu'il donnait à ses mandataires. L'Assemblée aurait beau objecter que le peuple souverain de Paris n'était pourtant pas, après tout, le souverain de la France; elle n'en serait pas moins emportée dans l'irrésistible flot.

Elle était à temps pour arrêter tout, il était neuf heures du soir; elle pouvait écarter la distinction dans laquelle les Amis de la Constitution s'étaient retranchés : *L'Assemblée n'a pas parlé expressément de Louis XVI*. Desmeuniers reproduisit sa *proposition* du 14, qui, sous une forme rigoureuse, dure au Roi, le garantissait, en réalité, lui assurait l'avenir, le recouvrement de l'autorité royale. Il proposa, on vota : « Que la suspension du pouvoir exécutif durerait *jusqu'à ce que* l'acte constitutionnel fût présenté au Roi et accepté par lui. »

Ainsi, plus d'ambiguïté. La question est préjugée en faveur de Louis XVI; ce n'est pas d'un roi possible, c'est bien de lui, c'est du Roi qu'il s'agit. Ce décret ferme le cercle de la Loi, ne laisse aucune échappatoire. Tout ce qui sortira de ce cercle peut être légalement frappé.

Reste à régler l'exécution. A neuf heures et demie du soir, le maire et le Conseil municipal décident, à l'Hôtel de Ville, que le lendemain dimanche 17 juillet, à huit heures très précises, le décret de l'Assemblée, imprimé et affiché, sera, de plus, à tous les carrefours, proclamé à son de trompe par les notables, les huissiers de la

Ville, dûment escortés de troupes. Nul avertissement plus significatif et plus solennel. L'autorité parle au peuple de sa voix la plus distincte. Malheur à ceux qui s'obstineraient à fermer l'oreille !

CHAPITRE VIII

MASSACRE DU CHAMP-DE-MARS

(17 JUILLET 1791)

Les royalistes avaient besoin d'une émeute. — Fatale espièglerie au Champ-de-Mars. — Assassinat au Gros-Caillou. — Trois partis au Champ-de-Mars. — Pétition républicaine qui accuse l'Assemblée. — Le drapeau rouge est arboré. — Aspect pacifique du Champ-de-Mars. — La Garde soldée et les royalistes tirent sur le peuple. — La Garde nationale sauve les fuyards.

Tous les décrets de l'Assemblée n'auraient pas suffi à relever la royauté de terre; il fallait un coup de vigueur, qui lui rendît force en la faisant croire forte encore. Cela ne pouvait se faire sans une émeute, sans la victoire sur l'émeute. Les royalistes aux Tuileries, les constitutionnels à l'Assemblée, la désiraient certainement.

L'émeute n'avait qu'à paraître, elle était vaincue. Outre la Garde nationale, corps imposant de soixante mille hommes, organisé, habillé, La Fayette avait une arme infaillible, ce qu'on appelait la troupe du centre, Garde nationale soldée de plus de neuf mille hommes, la plupart anciens Gardes françaises, dont plusieurs sont devenus les officiers, les généraux de la République et de l'Empire.

Mais justement parce que l'émeute voyait en face des forces si redoutables, il y avait à parier qu'il n'y aurait pas d'émeute. Les dogues baissaient la tête. Le fameux brasseur Santerre, qui, par sa voix, sa taille, sa corpulence, avait si grande influence dans le faubourg Saint-Antoine, accepta aux Jacobins l'humble commission d'aller retirer la *pétition* du Champ-de-Mars. Les grands meneurs Cordeliers se montrèrent plus prudents encore. Ils sentirent la portée du dernier décret, virent parfaitement que le royalisme avait besoin d'une émeute; les coups donnés à Fréron, à Rotondo, indiquaient assez qu'on serait peu scrupuleux sur les moyens de la provoquer. Ils disparurent. On le leur a reproché. Je crois cependant que leur présence eût été plutôt un prétexte de dispute et de combat; on n'eût pas manqué de dire qu'ils avaient animé le peuple, et tout l'odieux de l'affaire, qui tomba sur les constitutionnels, eût été pour leur parti. Danton en jugea ainsi. Dès le samedi soir, il s'éclipsa de Paris, fila au bois de Vincennes, à Fontenay, où son beau-père, le limonadier, avait une petite maison. Le vaillant boucher Legendre, qui n'avait à la bouche que combat, sang et ruine, enleva lui-même Desmoulins et Fréron, qui perdaient le temps à rédiger une pétition nouvelle, les emmena à la campagne, où ils passèrent au frais cette chaude journée et dînèrent avec Danton.

Les royalistes étaient rieurs; au milieu de tous ces grands et tragiques événements, ils se croyaient toujours au temps de la Fronde, chansonnaient leurs ennemis. Jusqu'à la fin de l'Assemblée constituante, leur verve fut intarissable. Chaque jour, enfermés chez les restaurateurs des Tuileries, du Palais-Royal, ils écrivaient, parmi les bouteilles, leurs fameux *Actes des Apôtres*. L'affaire de Varennes, qui parmi ses côtés tristes en avait de fort ridicules, n'était pas propre à mettre les rieurs de leur côté. Ils furent trop heureux de l'éclipse des fameux meneurs populaires. La nuit même, on fit à Fontenay, à la grille de Danton, une sorte de charivari, accompagné de cris, de défis et de menaces.

Une plaisanterie fatale, et dont l'issue fut terrible, fut tentée au Champ-de-Mars. Quelque triste et honteux que soit le détail, il est trop essentiel à la peinture des mœurs de l'époque, pour que l'Histoire puisse s'en taire. La gravité n'est pas son premier devoir; c'est d'abord la vérité.

L'émigration, la ruine de beaucoup qui n'émigraient pas, avaient mis sur le pavé une masse de valetaille, de gens attachés aux nobles, aux riches, à différents titres, agents de mode, de luxe, d'amusement, de libertinage. La première corporation, en ce genre, celle des perruquiers, était comme anéantie. Elle avait fleuri plus d'un siècle, par la bizarrerie des modes. Mais le terrible mot de l'époque : « Revenez à la Nature, » avait tué ces artistes, coiffeurs et coiffeuses ; tout allait vers une simplicité effrayante. Le perruquier perdait à la fois son existence et son importance. Je dis importance, il en avait réellement beaucoup sous l'ancien régime. Le précieux privilège des plus longues audiences, l'avantage de tenir, une demi-heure, une heure, sous le fer, les belles dames de la Cour, de jaser, de dire tout ce qu'il voulait, c'était le droit du perruquier. Valet de chambre, perruquier ou perruquier-maître, il était admis le matin au plus intime intérieur, et témoin de bien des choses, confident sans qu'on songeât à se confier à lui. Le perruquier était comme un animal domestique, un meuble de dames ; il participait fort de la frivolité des femmes auxquelles il appartenait. Ce fut au sieur Léonard, bien dévoué, mais de peu de tête, que la Reine confia ses diamants et le soin d'aider Choiseul dans la fuite de Varennes ; et tout alla de travers. Il est inutile de dire que de telles gens regrettaient amèrement l'ancien régime. Les plus furieux royalistes n'étaient peut-être ni les nobles, ni les prêtres, mais les perruquiers.

Agents, *messagers de plaisirs, ils étaient aussi généralement libertins pour leur propre compte.* L'un d'eux, le samedi soir, la veille du 17 juillet, eut une idée qui ne pouvait guère tomber que dans la tête d'un libertin désœuvré : ce fut d'aller s'établir sous les planches de l'autel de la patrie, et de regarder sous les jupes des femmes. On ne portait plus de paniers alors, mais des jupes fort bouffantes par derrière. Les altières républicaines, tribuns en bonnet, orateurs des Clubs, les romaines, les dames de lettres, allaient monter là fièrement. Le perruquier trouvait bouffon de voir (ou d'imaginer), puis d'en faire des gorges chaudes. Fausse ou vraie, la chose, sans nul doute, eût été vivement saisie dans les salons royalistes ; le ton y était très libre, celui même des plus grandes dames. On voit avec étonnement, dans les Mémoires de Lauzun, ce qu'on osait dire en présence de la Reine. Les lectrices de *Faublas*, et d'autres livres bien pires, auraient sans nul doute reçu avidement ces descriptions effrontées.

Le perruquier, comme celui du *Lutrin*, pour s'enfermer dans ces ténèbres, voulut avoir un camarade, et choisit un brave, un vieux soldat invalide, non moins royaliste, non moins libertin. Ils prennent des vivres, un baril d'eau, vont la nuit au Champ-de-Mars, lèvent une planche et descendent, la remettent adroitement. Puis, au moyen d'une vrille, ils se mettent à percer des trous. Les nuits sont courtes en juillet, il faisait bien clair et ils travaillaient encore. L'attente du grand jour éveillait beaucoup de gens, la misère aussi, l'espoir de vendre quelque chose à la foule ; une marchande de gâteaux ou de limonade, prenant le devant sur les autres, rôdait déjà, en attendant, sur l'autel de la patrie. Elle sent la vrille sous le pied, elle a peur, elle s'écrie. Il y avait là un apprenti, qui était venu studieusement copier les inscriptions patriotiques. Il court appeler la Garde du Gros-Caillou, qui ne veut bouger ; il va, tout courant, à l'Hôtel de Ville, ramène des hommes, des outils, on ouvre les planches, on trouve les deux coupables, bien penauds, et qui font semblant de dormir. Leur affaire était mauvaise ; on ne plaisantait pas alors, sur l'autel de la patrie : un officier périt à Brest pour le crime de s'en être moqué. Ici, circonstance aggravante, ils avouent leur vilaine envie. La population du Gros-Caillou est toute de blanchisseuses, une rude population de femmes, armées de battoirs, qui ont eu parfois dans la Révolution leurs jours d'émeutes et de révoltes. Ces dames reçurent fort mal l'aveu d'un outrage aux femmes. D'autre part, parmi la foule, d'autres bruits couraient : ils avaient, disait-on, reçu, pour tenter un coup, promesse de rentes viagères ; le baril d'eau, en passant de bouche en bouche, devint un baril de poudre ; puis, la conséquence : « Ils voulaient faire sauter le peuple... » La Garde ne peut plus les défendre, on les arrache, on les égorge ; puis, pour terrifier les aristocrates, on coupe les deux têtes, on les porte dans Paris. A huit heures et demie ou neuf heures, elles étaient au Palais-Royal.

Précisément, à cette heure, les officiers municipaux et notables, avec huissiers et trompettes, proclamaient aux carrefours les décisions de l'Assemblée, le discours sévère du président et les mesures répressives.

Voilà donc, dès le matin, les deux choses en face, qui devaient servir également la cause des royalistes : la menace, le crime à punir ; le glaive levé déjà, et l'occasion de frapper.

L'Assemblée se réunissait ; la nouvelle tombe comme la foudre, arrangée, défigurée, comme on la voulait.

Un député effaré : « Deux bons citoyens ont péri... Ils recommandaient au peuple le respect des Lois. On les a pendus. » (Mouvement d'horreur.)

Regnault de Saint-Jean-d'Angely : « Je demande la loi martiale... Il faut que l'Assemblée déclare ceux qui, *par écrits* individuels ou *collectifs*, porteraient le peuple à résister, criminels de lèse-nation. » — Ainsi, le but était atteint, la pétition et l'assassinat étaient confondus ensemble, et tout rassemblement menacé comme réunion d'assassins.

Puis, l'Assemblée, avec une liberté d'esprit étrange dans la situation, s'occupa de tout autre chose. Tout le jour elle resta là, faisant semblant d'écouter des rapports sur les finances, la marine, les troubles suscités par les prêtres, etc. Cependant, elle agissait : son président, Charles de Lameth, avec la violence impatiente de son caractère, envoyait, au nom de l'Assemblée, des messages à l'Hôtel de Ville, et stimulait la lenteur de la municipalité. Celle-ci, chargée d'exécuter, était moins impatiente ; elle prétendit ne savoir qu'à onze heures le meurtre commis entre sept et huit. Les troupes envoyées par elle arrivèrent vers midi au Gros-Caillou, et prirent un des meurtriers ; il échappa, mais fut repris le lendemain avec un de ses complices.

L'Assemblée, avant midi, avait lancé son décret. Le mot *écrits collectifs* menaçait précisément la pétition des Jacobins. Robespierre sortit pour aller les avertir du péril, et leur faire retirer la pétition du Champ-de-Mars. Leur salle était déserte ; à peine une trentaine de membres. Ces trente dépêchèrent Santerre et quelques autres.

Il n'y avait pas encore beaucoup de monde au Champ-de-Mars ; à l'autel, pas plus de deux cents personnes (madame Roland, qui y était, le témoigne). Sur les glacis, vers le Gros-Caillou, des groupes épars, des hommes isolés, qui allaient et venaient. Ce petit nombre, perdu dans l'immensité du Champ-de-Mars, n'avait nul accord. Dès cette heure, s'y manifestaient trois opinions différentes. Les uns, c'étaient les Jacobins, disaient que, l'Assemblée ayant décidé pour le Roi, il fallait bien changer la pétition; que la société allait en faire une. Les autres, membres des Cordeliers, meneurs secondaires, ravis d'agir dans l'absence de leurs chefs, insistaient pour rédiger sur la place même une pétition menaçante; ceux-ci étaient des gens de lettres, ou lettrés de divers étages, Robert et sa femme d'abord, un typographe, Brune (depuis général), un écrivain public, Hébert, Chaumette, élève en médecine, journaliste, etc.

Il y avait encore quelques autres Cordeliers, mais hommes de main, et qui ne s'amusaient pas à écrire; ils restaient sur les glacis, avec la populace du Gros-Caillou, irritée de ce que la Justice se mêlait de réformer la justice sommaire qu'elle avait faite le matin des deux hommes pris sous l'autel. Cette irritation aboutirait-elle à une grande explosion populaire? il n'y avait nulle apparence. Mais ces furieux Cordeliers le croyaient ainsi. Parmi eux, il y avait des hommes néfastes, qu'on ne voit qu'en de tels jours. Verrières y était, selon toute apparence; Fournier y fut certainement. Le premier, figure fantastique, l'affreux bossu du 6 Octobre. Le 16 juillet au soir, ce nain sanguinaire monté sur un grand cheval, avec de grands gestes effrayants, avait cavalcadé dans Paris, véritable apparition de l'Apocalypse. L'autre n'avait ni mots ni gestes, il ne savait que frapper; c'était un homme déterminé, d'une âme violente, atroce, l'auvergnat Fournier, dit l'américain. Piqueur de nègres à Saint-Domingue, puis négociant, ruiné, aigri par un injuste procès, il avait fatigué en vain de ses pétitions l'Assemblée des Notables et l'Assemblée constituante : celle-ci, menée par les planteurs, tels que les Lameth, par Barnave, ami des planteurs, avait définitivement repoussé la dernière pétition de Fournier, un mois à peine avant juillet. Dès lors on vit cet homme partout où l'on pouvait tuer ; il se mêla aux plus terribles tragédies des rues, sans ambition, sans haine personnelle, mais par haine de l'espèce humaine, et comme amateur du sang. Après la Révolution, il retourna à Saint-Domingue ; il continua de tuer, mais des Anglais de préférence, et brilla comme corsaire.

Les premières troupes entraient à peine au Champ-de-Mars, vers midi, conduites par un aide de camp de La Fayette. Des glacis part un coup de feu. L'aide de camp est blessé. La Fayette, peu après, traverse le Gros-Caillou, avec la masse des troupes et du canon ; les furieux des glacis, la populace du quartier, étaient en train de faire une barricade ; ils renversaient des charrettes ; l'un d'eux, Garde national (on croit que c'était Fournier), tira à bout portant sur La Fayette, à travers la barricade ; le fusil rata. L'homme fut pris à l'instant même ; La Fayette, par une générosité peu raisonnée, le fit relâcher. Il continua, jusqu'à l'autel, où il trouva les orateurs et rédacteurs, peu nombreux, paisibles, qui lui jurèrent qu'il s'agissait uniquement d'une pétition ; la pétition signée, ils allaient retourner chez eux.

L'Assemblée sut à l'instant même qu'on avait tiré sur La Fayette. Le président, en toute hâte, écrit à l'Hôtel de Ville. L'on envoie au Champ-de-Mars deux municipaux pour sommer l'attroupement. A leur grande surprise, ils ne trouvent que des gens tranquilles. On leur lit la pétition à eux-mêmes, ils ne la désapprouvent pas. Elle était toutefois fort vive : elle faisait ressortir l'audace de l'Assemblée, qui avait préjugé la question en faveur du Roi, sans attendre le vœu de la France ; elle accusait de plus une bien grave illégalité, soutenant que les deux ou trois cents députés royalistes qui avaient fait la *protestation* et ne voulaient plus voter, n'en étaient pas moins, cette fois, venus voter avec les autres.

Cette fameuse pétition (que j'ai sous les yeux) me paraît, au caractère, avoir été écrite par Robert, dont le nom se trouve au bas, avec ceux de Peyre, Vachart (ou Virchaux?) et Dumont. Elle est toute vive, toute chaude, visiblement improvisée au Champ-de-Mars. Je la croirais volontiers dictée par madame Robert (mademoiselle Kéralio), qui passa tout le jour sur l'autel avec son mari, avec une passion persévérante, à signer et faire signer. Le discours est coupé, coupé, comme d'une personne haletante. Plusieurs négligences heureuses, de petits élans dardés (comme la colère d'une femme, ou celle du colibri), me sembleraient volontiers trahir la main féminine*.

Suivent des milliers de signatures, remplissant plusieurs feuilles, ou petits cahiers, que l'on a cousus ensemble. Nul ordre. Visiblement, chacun a signé, à mesure qu'il arrivait, presque tous à l'encre, plusieurs au crayon. Beaucoup de noms sont connus, spécialement ceux de la section du Théâtre-Français (Odéon), qui étaient là en grand nombre : *Sergent* (le graveur?); *Rousseau* (le premier chanteur de l'Opéra?); *Momoro, premier imprimeur pour la Liberté, et électeur pour la seconde législature; Chaumette, étudiant en médecine, rue Mazarine, n° 9; Fabre* (d'Églantine?); *Isambert*, etc. D'autres qui ne sont point du même quartier, mais membres des Cordeliers : *Hébert, écrivain, rue de Mirabeau; Hanriot, Maillard*. — Ajoutez quelques Jacobins, comme *Andrieux, Cochon, Duquesnoy, Taschereau, David*. — Enfin des noms de toute sorte : *Girey-Dupré* (le lieutenant de Brissot), *Isabey père, Isabey fils, Lagarde, Moreau, Renouard*, etc.

En tête de la feuille 35, je lis cette note touchante : « *La poignarderez-vous* (la liberté? ou la patrie?) *dans son berceau, après l'avoir enfantée?* »

Beaucoup ajoutent à leur nom : *Garde national*, ou *soldat citoyen pour la patrie*. Beaucoup ne savent signer, et mettent une croix. Il y a nombre de signatures de femmes et de filles. Sans doute, ce jour de dimanche, elles étaient au bras de leurs pères, de leurs frères ou de leurs maris. Croyantes d'une foi docile, elles ont voulu témoigner avec eux, communier avec eux, dans ce grand acte, dont plusieurs d'entre elles ne comprenaient pas toute la portée. N'importe, elles restaient courageuses et fidèles, et plus d'une bientôt a témoigné aussi de son sang.

Le nombre des signatures dut être véritablement immense. Les feuilles qui subsistent en contiennent plusieurs milliers. Mais il est visible que beaucoup ont été perdues. La dernière est cotée 50. Ce prodigieux empressement du peuple à signer un acte si hostile au Roi, si sévère pour l'Assemblée, dut effrayer celle-ci. On lui porta, sans nul doute, une des copies qui circulaient, et elle vit avec terreur, cette Assemblée souveraine, jusqu'ici juge et arbitre entre le Roi et le peuple, qu'elle passait au rang d'accusée. Élue depuis si longtemps, sous l'empire d'une situation si différente, ayant dans tous les sens passé ses pouvoirs, elle se sentait très faible. Elle avait toujours dans son sein trois cents ennemis de la Constitution, qui, tout en protestant qu'ils n'agissaient plus, reparaissaient par moment, se mêlaient aux délibérations, les troublaient, votaient peut-être aux jours où ils pouvaient nuire; cela seul suffisait pour entacher d'illégalité tous ses actes. Elle qui se croyait la Loi et tirait le glaive au nom de la Loi, elle se voyait surprise, si l'accusation était vraie, en flagrant délit de crime contre la Loi. Il fallait dès lors, à tout prix, dissoudre le rassemblement, déchirer la pétition.

Telle fut certainement la pensée, je ne dis pas de l'Assemblée entière, qui se laissait conduire, mais la pensée des meneurs. Ils prétendirent avoir avis que la foule du Champ-de-Mars voulait marcher sur l'Assemblée, chose inexacte certainement, et positivement démentie par tout ce que les témoins oculaires, vivants encore, racontent de l'attitude du peuple. Qu'il y ait eu, dans le nombre, un Fournier ou quelque autre fou pour proposer l'expédition, cela n'est pas impossible; mais, ni lui, ni autre, n'avait la moindre action sur la foule. Elle était devenue immense, mêlée de mille éléments divers, d'autant moins facile à entraîner, d'autant moins offensive. Les villages de la banlieue, ne sachant rien des derniers événements, s'étaient mis en marche, spécialement la banlieue de l'ouest, Vaugirard, Issy, Sèvres, Saint-Cloud, Boulogne, etc. Ils venaient comme à une fête; mais une fois au Champ-de-Mars, ils n'avaient aucune idée d'aller au delà; ils cherchaient plutôt, dans ce jour d'extrême chaleur, un peu d'ombre pour se reposer sous les arbres qui sont autour, ou bien au centre, sous la large pyramide de l'autel de la patrie.

Cependant un dernier, un foudroyant message de l'Assemblée arrive, vers quatre heures, à l'Hôtel de Ville; et en même temps, un bruit venu de la même source se répand à la Grève,

dans tout ce qu'il y avait là de Garde soldée :
« Une troupe de cinquante mille brigands se sont postés au Champ-de-Mars ; ils vont marcher sur l'Assemblée. »

Ceci était tout contraire au rapport de La Fayette, contraire au rapport des deux municipaux revenus plus tard encore à l'Hôtel de Ville, et qui même avaient ramené une députation de ces paisibles brigands, pour obtenir l'élargissement de deux ou trois personnes arrêtées. Le maire, la municipalité, le département, flottent entre ces impressions contraires ; ils voudraient trouver moyen d'ajourner encore. Cependant l'Assemblée commande ; Bailly ne peut qu'obéir. Les gens du département, La Rochefoucauld, Talleyrand, Beaumetz, Pastoret, tremblent d'avoir tant attendu, ils blâment les lenteurs de la municipalité : « Nous voilà, disent-ils, compromis à l'égard de l'Assemblée. »

Cependant, la troupe soldée, les Hullin et autres, frémissaient dans la Grève. Ces Gardes françaises, dont beaucoup étaient des vainqueurs de la Bastille, étaient furieux dès longtemps, exaspérés contre les journaux, les agitateurs démocrates, qui les appelaient mouchards de La Fayette. Ils attendaient impatiemment le jour de laver cela dans le sang. Ce fut chez eux un cri de joie, quand ils virent aux fenêtres de l'Hôtel de Ville, qu'ils ne quittaient pas des yeux, arborer le drapeau rouge.

Le pauvre Bailly, fort pâle, descend à la Grève. L'astronome infortuné, après une vie tout entière passée dans le cabinet, se voit, par la nécessité, poussé à mener cette bande furieuse, à verser le sang. Image de la fatalité, on voyait pourtant qu'il ne craignait rien; il avait, de longue date, sacrifié sa vie. Au jour même, au jour triomphant du 23 juillet 89, où il se laissa nommer maire, où Hullin lui donna le bras pour aller à Notre-Dame, Bailly, entouré de soldats, s'était dit : « N'ai-je pas l'air d'un prisonnier qu'on mène à la mort? » Il avait bien l'air d'y aller le 17 juillet 91. Il portait sur le visage le mot que lui lance un journal du temps : « Ce jour vous versera un poison lent jusqu'au dernier de vos jours. »

Depuis une heure environ, la générale était battue dans Paris, à l'étonnement de tout le monde; les Gardes nationaux arrivaient de toutes parts. Ils s'acheminaient en longues colonnes, les uns par les Champs-Élysées, les autres par les Invalides ou bien par le Gros-Caillou. Un moment avant d'arriver, on leur faisait charger les armes; car, disait-on, les brigands étaient maîtres du Champ-de-Mars; ils s'y étaient retranchés.

Je copierai textuellement la narration inédite d'un témoin très digne, très croyable. Il était Garde national dans le bataillon des Minimes, qui, avec ceux des Quinze-Vingts, de Popincourt et de Saint-Paul, s'alignèrent parallèlement à l'École-Militaire :

« L'aspect que présentait alors cette place immense nous frappa d'étonnement. Nous nous attendions à la voir occupée par une populace en furie; nous n'y trouvâmes que la population pacifique des promeneurs du dimanche, rassemblée par groupes, en familles, et composée en grande majorité de femmes* et d'enfants, au milieu desquels circulaient des marchands de coco, de pain d'épices et de gâteaux de Nanterre, qui avaient alors la vogue de la nouveauté. Il n'y avait dans cette foule personne qui fût armé, excepté quelques Gardes nationaux parés de leur uniforme et de leur sabre; mais la plupart accompagnaient leurs femmes et n'avaient rien de menaçant ni de suspect. La sécurité était si grande que plusieurs de nos compagnies mirent leurs fusils en faisceaux, et que, poussés par la curiosité, quelques-uns d'entre nous allèrent jusqu'au milieu du Champ-de-Mars. Interrogés à leur retour, ils dirent qu'il n'y avait rien de nouveau, sinon qu'on signait une pétition sur les marches de l'autel de la patrie.

« Cet autel était une immense construction, haute de cent pieds; elle s'appuyait sur quatre massifs qui occupaient les angles de son vaste quadrilatère et qui supportaient des trépieds de grandeur colossale. Ces massifs étaient liés entre eux par des escaliers dont la largeur était telle qu'un bataillon entier pouvait monter de front chacun d'eux. De la plate-forme sur laquelle ils conduisaient, s'élevait pyramidalement, par une multitude de degrés, un terre-plein que couronnait l'autel de la patrie, ombragé d'un palmier.

« Les marches pratiquées sur les quatre faces, depuis la base jusqu'au sommet, avaient offert des sièges à la foule fatiguée par une longue promenade et par la chaleur du soleil de juillet. Aussi, quand nous arrivâmes, ce grand monument ressemblait-il à une montagne animée, formée d'êtres humains superposés. Nul de nous ne prévoyait que cet édifice élevé pour une fête allait être changé en un échafaud sanglant.

« La population, qui remplissait le Champ-de-Mars, ne s'était nullement inquiétée de l'arrivée de nos bataillons; mais elle sembla s'émouvoir, quand le bruit des tambours annonça que d'autres forces militaires survenaient encore, qu'elles allaient entrer dans l'enceinte par la grille du Gros-Caillou, ouverte en face de l'hôtel. Cependant la foule curieuse et confiante se précipita à leur rencontre; mais elle fut repoussée par les colonnes d'infanterie, qui, obstruant les issues, s'avancèrent et se déployèrent rapidement, et surtout par la cavalerie, qui, en courant occuper les ailes, éleva un nuage de poussière, dont toute cette scène tumultueuse fut enveloppée[*]. »

La scène était inexplicable, vue de l'École-Militaire. On peut dire même que peu de gens, dans le Champ-de-Mars, pouvaient bien s'en rendre compte. Il fallait, pour comprendre, dominer l'ensemble. C'est ce que firent plusieurs royalistes, apparemment bien avertis. L'autrichien Weber, frère de lait de la Reine, prit poste au coin du pont même. L'américain Morris, familier intime des Tuileries, monta sur les hauteurs de Chaillot. Et c'est de là aussi que nous allons observer la scène ; la vue plonge admirablement, rien ne nous échappera ; le Champ-de-Mars est sous nos pieds.

Au fond même du tableau, devant l'École-Militaire, ce rideau de troupes, c'est la Garde nationale du faubourg Saint-Antoine et du Marais. Nul doute que La Fayette se fie peu à ces gens-là. Il leur a adjoint un bataillon de Garde soldée pour les surveiller.

Cette Garde soldée est sa force. Vous la voyez, presque entière, qui entre, bruyante et formidable, par le Gros-Caillou, au milieu du Champ-de-Mars, près du centre, près de l'autel, près du peuple... Gare au peuple !

Et avec la Garde soldée entrent encore par le milieu nombre de Gardes nationaux : les uns, ardents fayettistes (indignés qu'on ait tiré sur leur dieu) ; les autres, furieux royalistes, qui viennent tout doucement verser le sang républicain sous le drapeau de La Fayette. Ce sont les officiers surtout de la Garde nationale qui ont entendu l'appel ; plus d'officiers que de soldats ; tous ces officiers sont nobles, presque tous chevaliers de Saint-Louis. Un journal assure qu'à cette époque ces chevaliers sont douze mille à Paris. Ces militaires se faisaient nommer sans difficulté officiers de la Garde nationale; citons entre autres un Vendéen, ex-gouverneur de M. de Lescure; Henri de La Rochejaquelein le fut bientôt de même dans la Garde constitutionnelle du Roi.

Les royalistes ardents, les plus impatients de frapper, ne savaient trop s'ils devaient suivre La Fayette, la Garde soldée, ou bien se mettre dans le troisième corps, sous le drapeau rouge. Ce drapeau arrivait par le pont de bois (où est le pont d'Iéna), avec le maire de Paris. Il amenait une réserve de Garde nationale, à laquelle s'étaient mêlés quelques dragons (arme connue pour son royalisme), et une bande assez ridicule de perruquiers, qui, outre l'épée qu'ils avaient droit de porter, étaient armés jusqu'aux dents. Ils venaient apparemment venger le perruquier pendu le matin par les gens du Gros-Caillou.

Le drapeau rouge, fort petit, invisible dans le Champ-de-Mars, entre donc avec le maire du côté du pont. A sa gauche, sur les glacis, se tenaient une masse de polissons du quartier, des vauriens de toute sorte, et, sans nul doute, aussi le groupe de Fournier l'américain. Le maire se mettant en devoir de faire sa sommation, une grêle de pierres s'élève, puis un coup de feu, qui va, derrière Bailly, blesser un dragon. La Garde nationale répondit, mais tira en l'air ou à poudre. Il n'y eut sur les glacis ni mort ni blessé.

La grande masse de peuple qui était assise au

centre, sur les marches de l'autel de la patrie, vit-elle la scène de si loin? Très confusément sans doute elle entendit les coups de feu, et jugea avec raison qu'on tirait à poudre. Elle crut qu'on viendrait aussi lui faire des sommations. Beaucoup d'ailleurs hésitaient à quitter l'autel, voyant de tous côtés des troupes, à l'École-Militaire, au Gros-Caillou et vers Chaillot. La plaine, envahie rapidement par la cavalerie, tourbillonnait de groupes innombrables qui cherchaient en vain une issue vers Paris. L'autel, après tout, semblait être encore le lieu le plus sûr, surtout pour ceux qui étaient retardés par des femmes ou des enfants; ils croyaient y trouver un asile inviolable. De quelque point de vue qu'on l'envisageât, en effet, de l'ancienne religion ou de la nouvelle, cet autel était sacré. Il n'y avait pas trois jours que le clergé de Paris était venu y dire la messe, et la Liberté elle-même n'y avait-elle pas officié, au jour de la Fédération?

La masse des troupes soldées, entrées par le centre, l'artillerie, la cavalerie, s'alignant dans le Champ-de-Mars du côté du Gros-Caillou, se trouvaient avoir à dos les glacis où refluaient la canaille, les enfants, les furieux, qui déjà avaient tiré sur Bailly du côté de la rivière, et que la décharge à poudre avait dispersés. Moins effrayés qu'enhardis, pouvant toujours, au besoin, si l'on tirait, s'effacer derrière les glacis, ils vociféraient et jetaient des pierres *aux mouchards de La*

Fayette. Les meneurs comptaient que ceux-ci, piqués des mouches, harcelés, finiraient par perdre la tête, et feraient quelque grand malheur, que le peuple alors rentrerait furieux dans Paris, qu'un soulèvement général s'ensuivrait peut-être, comme en juillet 89.

Le maire et le commandant, deux hommes nullement sanguinaires, n'avaient donné certainement qu'un ordre général d'employer la force en cas de résistance. Ils comptaient, sur le champ de bataille, donner des ordres spéciaux, un signal exprès, dire où et comment la force devait être employée.

Quelle influence meurtrière poussa la troupe du centre à frapper sans rien attendre? Je ne crois pas que les provocations parties des glacis suffisent à expliquer la chose. J'y verrais bien plutôt l'action, l'instigation directe de ceux qui avaient intérêt à détruire la pétition, avec les pétitionnaires. Je parle des royalistes. On a vu que les plus violents d'entre eux, nobles ou clients des nobles, perruquiers, dragons, etc., s'étaient réunis ou à la troupe du centre, ou à celle de Bailly. Ces derniers, selon toute apparence, voyant que les Gardes nationaux de Bailly ne tiraient qu'en l'air, coururent se joindre à la troupe du centre, lui dirent qu'on avait tiré sur le maire, que les sommations étaient impossibles. Les chefs auront pris cet avis pour un ordre du maire lui-même, et suivi leurs furieux guides qui montraient, marquaient le but, l'autel et la pétition.

Si la Garde soldée n'eût été ainsi habilement dirigée par ceux qui avaient un but politique, elle eût, on peut l'affirmer, tiré de préférence sur ceux qui lui jetaient des pierres, frappé sur les agresseurs. Tout au contraire, elle laissa les groupes hostiles qui la provoquaient, et tira sur la masse inoffensive de l'autel de la patrie. La cavalerie prit le galop, et s'en alla, folle et furieuse, contre cette montagne vivante, toute d'hommes, de femmes et d'enfants, qui répondit à la décharge par un effroyable cri...

Chose étrange et pourtant certaine, l'artillerie, restée à sa place, voulant faire aussi quelque chose, allait tirer à mitraille, à travers la plaine, dans un nuage de poussière, parmi la foule qui fuyait, et sur ses propres cavaliers. Il fallut, pour arrêter ces idiots, que La Fayette poussât son cheval à la gueule des canons qui allaient tirer.

Voyons quelle fut l'impression de cette scène affreuse sur la Garde nationale, spécialement du côté de l'École-Militaire : « Nous ne vîmes ni officiers municipaux, ni drapeau rouge, et nous n'avions pas la moindre idée qu'il fût possible de proclamer la loi martiale contre cette multitude inoffensive et désarmée, lorsque des clameurs se firent entendre et furent suivies aussitôt d'un grand feu prolongé. Des cris perçants, que ne purent étouffer ces détonations, nous apprirent que nous assistions non pas à une bataille, mais à un massacre. Au moment où la fumée commença à se dissiper, nous découvrîmes avec horreur que les marches de l'autel de la patrie et tout son pourtour étaient jonchés de morts et de blessés. Des groupes d'hommes, de femmes, d'enfants, échappant à ce carnage, s'élancèrent vers nous, poursuivis par des cavaliers qui les chargeaient le sabre à la main. Nous ouvrîmes nos rangs pour protéger leur fuite; et leurs ennemis acharnés furent forcés de s'arrêter devant nos baïonnettes, et de reculer devant nos menaces et nos malédictions. Un aide de camp qui vint nous apporter l'ordre de marcher en avant pour balayer la place et opérer une jonction avec les autres troupes, fut accueilli avec les mêmes vociférations; et l'énergie de ces rudes manifestations ne laissa pas douter que cette journée, déjà si sanglante, ne pût le devenir encore plus.

« Sans attendre que ces dispositions éclatassent davantage, le commandant forma son bataillon en colonne, fit sortir des éclaireurs pour en couvrir les flancs. Les autres bataillons imitèrent ce mouvement, et tous ensemble, par une résolution spontanée, nous sortîmes du Champ-de-Mars, en manifestant notre indignation et notre douleur. »

CHAPITRE IX

LES JACOBINS ABATTUS, RELEVÉS
(JUILLET 1791)

Qui fut coupable du massacre? — Impression de l'événement aux Tuileries. — Terreur des Jacobins, 17 juillet. — Madame Roland offre asile à Robespierre. — Hésitation et fausses mesures des constitutionnels. — Démarche humiliante des Jacobins, 18 juillet. — Ils restent maîtres du local et de la correspondance. — Les Feuillants s'annulent eux-mêmes, 17-23 juillet. — Réorganisation des Jacobins, sous l'influence de Robespierre. — Adresses menaçantes des villes à l'Assemblée, fin juillet. — Elle renonce à saisir le gouvernement par ses commissaires, envoyés dans les provinces, 30 juillet.

BAILLY, qui, parti du pont, avait à traverser la moitié du Champ-de-Mars, n'arriva au milieu, devant la Garde soldée, qu'après l'affreuse exécution, et dit : « Qu'il était vivement affecté de voir que des imprudents avaient fait feu. » Un journal, qui, du reste, lui est très hostile, témoigne de cette parole.

Dans le procès-verbal fait le soir à la municipalité, la chose est présentée de même, comme une imprudence, un désordre advenu malgré les autorités et sans leur signal*.

Douze morts furent portés à l'hôpital du Gros-Caillou, et l'on prétend qu'on en jeta la nuit beaucoup dans la Seine. Les journaux vont jusqu'à dire, avec une évidente exagération, qu'on en jeta quinze cents.

Les douze, dont nous avons les noms, signalements et costumes, sont tous gens obscurs, de pauvres gens de la classe ouvrière : un jeune garçon que son père reconnut le lendemain, une femme du peuple, de cinquante à soixante ans, pauvrement vêtue, lente et lourde, qui ne put pas se sauver, etc.

Quelle fut la part de chacun dans ce malheur et ce crime? Ni Bailly, ni La Fayette, n'ordonna le feu. — On abusa visiblement de l'ordre général, donné en partant, de dissiper l'attroupement par la force, s'il y avait résistance. Cet ordre supposait de plus un signal, qu'on n'attendit pas.

Qui précipita le feu? qui poussa la Garde soldée? qui la détourna des glacis d'où volaient les pierres, pour la faire tirer sur l'autel inoffensif, sur la pétition *antiroyaliste?* — Le bon sens suffit pour répondre : ceux qui y avaient intérêt, c'est-à-dire les *royalistes*, les nobles, ou clients des nobles, qui se trouvaient là comme officiers de la Garde nationale, ou comme volontaires amateurs, dans cette chasse aux républicains, un chevalier de Malte, par exemple, qui s'en vante dans les journaux quelques jours après.

Des trois corps qui entrèrent dans le Champ-de-Mars, un seul tira, celui du centre, formé presque en totalité par la Garde soldée.

Du côté de la rivière, la Garde nationale, conduite par Bailly, tira en l'air ou à poudre, quoiqu'on ait tiré sur elle à balle et blessé un homme.

Du côté de l'École-Militaire, la Garde nationale, loin de tirer, recueillit, protégea ceux qui fuyaient.

Ce dernier corps, nous l'avons dit, était celui du Marais et du faubourg Saint-Antoine. En sortant du Champ-de-Mars, il rencontra d'autres corps de la Garde nationale, qui, par d'unanimes acclamations, le remercièrent et le bénirent pour son humanité.

Le deuil, on peut le dire, fut général pour ce triste événement. Les uns y déploraient le sang versé, les autres, le coup, mortel peut-être, qu'avait reçu la Liberté. Un Garde national, du bataillon de Saint-Nicolas (M. Provant), se brûla la cervelle, laissant ces mots sur sa table : « J'ai juré de mourir libre, la Liberté est perdue, je meurs. »

Un bataillon seulement de la Garde soldée n'avait pas tiré : c'était celui qui, se trouvant près de l'École-Militaire, était tenu en respect par une masse infiniment plus nombreuse de Gardes nationaux. La Presse révolutionnaire profita de cette circonstance pour féliciter la Garde soldée, lui faire croire à son innocence, la retenir dans le bon parti. En réalité, c'était elle qui, seule, ou presque seule, avait exécuté le massacre. Ce ménagement politique, pour un corps qu'on redoutait, eut pour effet de rejeter tout l'odieux de l'affaire sur la Garde nationale, qui pourtant, du côté du pont, avait ménagé le peuple, et, du côté de l'École, l'avait couvert et sauvé.

Si l'on eût osé faire une enquête sérieuse sur l'événement, je crois qu'on eût trouvé les Gardes soldés pour exécuteurs, et les royalistes pour instigateurs. On s'en garda bien. Pourquoi ? Parce qu'à ce moment même les constitutionnels, alliés des royalistes pour relever la royauté, auraient voulu plutôt ensevelir au fond de la terre un acte si malencontreux, si funeste à leurs desseins.

Des deux côtés, véritablement, on dirait qu'il y eut une entente coupable pour obscurcir et embrouiller*. L'examen, la comparaison la plus sérieuse des actes et des témoignages, le contrôle des uns par les autres, ont pu seuls cribler les faits, écarter les mensonges hardis de tel ou tel contemporain, et nous amener aux résultats plus vraisemblables, j'ose dire à peu près certains, que nous venons d'indiquer.

Voyons quel fut dans Paris l'effet de l'événement.

La terrible fusillade, trop bien entendue, avait serré tous les cœurs. Tous, de quelque parti qu'ils fussent, eurent un pressentiment funèbre, une sorte de frissonnement, comme si, du ciel déchiré, une lueur des futures guerres sociales leur eût apparu.

Mais nulle part l'effet de terreur ne fut plus grand qu'en deux endroits, aux Tuileries, aux Jacobins. Aux premiers coups, la Reine reçut le contre-coup au cœur; elle sentit que ses imprudents amis venaient d'ouvrir un gouffre sanglant qui ne se refermerait plus.

Et les Jacobains comprirent que c'était sur eux, délaissés, réduits à un si petit nombre, que leurs rivaux, les Feuillants, allaient faire porter la responsabilité de tout ce qui avait pu provoquer la terrible exécution.

Ils envoyèrent à l'instant aux informations. Leurs envoyés, aux Champs-Élysées, rencontrèrent une femme éplorée, puis une foule confuse de peuple qui fuyait à toutes jambes. On leur dit qu'il y avait bien des morts, qu'on avait tiré avant la troisième sommation, etc. Sans perdre de temps, la société, pour désarmer l'autorité, déclara qu'elle désavouait « les imprimés, *faux ou falsifiés*, qu'on lui avait attribués, qu'elle jurait de nouveau fidélité à la Constitution, soumission aux décrets de l'Assemblée. »

Cependant, on entendait un grand bruit dans la rue Saint-Honoré: c'étaient les Gardes soldés qui revenaient, fort échauffés, du Champ-de-Mars, et qui, passant devant les Jacobins, criaient qu'on leur donnât l'ordre d'abattre la salle à coups de canon. Au dedans, l'alerte est vive. « La salle est investie ! » crie-t-on. Grand trouble, grande confusion, peur extrême et ridicule. Un des membres perdit la tête, au point de sauter, pour se sauver, dans la tribune des femmes. Madame Roland y était, qui lui en fit honte, et l'obligea d'en sortir, comme il y était venu. Cependant des soldats étaient mis aux portes; on fermait les grilles, pour empêcher d'entrer ceux qui se présenteraient : on laissait sortir les autres. Madame Roland sortit des dernières.

La rue était pleine de foule; plusieurs riaient, huaient les sortants; quelques autres applaudissaient. Robespierre fut reconnu, applaudi de certains groupes, honneur bien compromettant dans un pareil jour.

Il descendait la rue pour gagner le faubourg Saint-Honoré et sans doute se réfugier chez Pétion qui y demeurait, lorsque en face de l'Assomption quelques personnes crièrent de nouveau : « Vive Robespierre ! » On assure même qu'un homme se serait avisé de dire : « S'il faut un roi, pourquoi pas lui ?... » Il était sage évidemment de ne pas aller plus loin. Par bonheur, un menuisier, nommé Duplay, qui demeurait en face et se tenait sur sa porte, vint à lui, le saisit vivement par la main, et, avec une rude bonhomie, le poussa dans sa maison. Le maître de la maison était madame Duplay, femme très vive, énergique, qui le reçut, le caressa, l'enveloppa, comme un fils ou comme un frère, comme le meilleur des patriotes, un martyr de la Liberté. L'homme, la femme, la famille, l'entourent, le voilà prisonnier; on ferme la porte. Il ne s'en ira pas chez lui à cette heure, dans un jour pareil, au fond du Marais, dans ce quartier si désert, perdu, dangereux; il serait assassiné. Il faut qu'il soupe, qu'il couche; son lit est tout préparé. Le mari le veut, la femme l'ordonne, les demoiselles Duplay, sans rien dire, priaient aussi de leurs beaux yeux; Robespierre, malgré sa réserve naturelle, vit bien qu'il fallait accepter. Le lendemain, il voulut partir, mais son impérieuse hôtesse ne le permit pas. Il finit par demeurer dans cette famille, élut domicile chez le menuisier, sentant que sa popularité ne pouvait qu'y gagner beaucoup. Fortuit ou non, l'événement eut sur la destinée du plus calculé des hommes une notable influence.

Pendant qu'il soupait paisiblement chez Duplay, madame Roland le cherchait chez lui. On répandait le bruit qu'il allait être arrêté. Par un noble mouvement, elle partit le soir avec son mari, alla chez Robespierre au fond du Marais, pour lui offrir un asile. Déjà elle avait reçu Robert et sa femme, plus directement compromis. Quoiqu'il fût près de minuit, avant de rentrer chez eux, rue Guénégaud, les Roland allèrent chez Buzot;

qui demeurait assez près, quai des Théatins (quai Voltaire) ; ils le conjurèrent d'aller aux Feuillants, d'y défendre Robespierre, avant qu'on y dressât son acte d'accusation qu'eût sans doute voté l'Assemblée. L'ardent intérêt de madame Roland put donner un peu de jalousie à Buzot, l'un de ses plus passionnés admirateurs ; cependant sa générosité naturelle ne lui permit pas d'hésiter : « Je le défendrai à l'Assemblée, dit-il ; quant aux Feuillants, Grégoire y est, et il parlera pour lui. » Il ne cacha pas l'opinion peu favorable qu'il avait de Robespierre, dit qu'il le trouvait, au fond, ambitieux, égoïste : « Il songe trop à lui-même pour aimer la Liberté. »

On se trompait en réalité sur l'audace des vainqueurs. On leur attribuait une préméditation, un plan, un calcul, qui leur étaient étrangers. Cette nuit même, ils étaient, aux Feuillants, et dans les bureaux de l'Assemblée, consternés du pas sanglant qu'ils venaient de faire au profit des royalistes. Un pas de plus, ils se trouvaient, eux, les constitutionnels, avoir brisé la Constitution, la Révolution, eux-mêmes. Ce pas, Dandré, ingénument, simplement, leur conseillait de le faire : c'était de fermer les Clubs. L'avis un moment prévalut. On cloua la porte des Cordeliers ; on garda celle des Jacobins. Mais Duport, mais La Fayette, réclamèrent au nom des principes. Duport, qui primitivement avait fondé les Jacobins, qui croyait les avoir transférés aux Feuillants, et qui comptait toujours, par cette puissante machine, ramener l'opinion, déclarait ne vouloir nulle force que celle de la raison et de la parole.

Le sang versé embarrassait. Pour atténuer l'effet, on supposa une romanesque conspiration, sans la moindre vraisemblance, qu'auraient formée des étrangers, Rotondo, le maître de langues, un banquier juif, Éphraïm, l'innocent orateur du Cercle social, madame Palm Aelder, et quelques autres encore. Le peuple était impeccable ; le bon, l'honnête, le digne peuple de Paris ne pouvait être accusé ; des étrangers seuls avaient pu, etc., etc.

Visiblement, on craignait de rencontrer juste. On aimait mieux frapper à côté.

Le lendemain, lundi 18, l'Assemblée fort peu nombreuse (en tout 253 membres) écouta le *rapport* du maire de Paris. Ce rapport était un extrait de celui qui avait été fait le soir à l'Hôtel de Ville, extrait peu fidèle. Il est probable que les royalistes avaient bien travaillé le bonhomme dans la nuit, l'avaient encouragé à se compromettre, décidé à prendre une part de la responsabilité qui, véritablement, ne devait pas porter sur lui. Ici, l'affaire n'est plus *un désordre*, comme dans le *rapport* primitif : c'est une juste répression. Le nouveau rapport s'attache à faire croire que le massacre a été provoqué, et pour cela il rapproche deux choses fort éloignées et parfaitement distinctes, l'assassinat du matin et le massacre du soir ; le premier, commis à sept heures par la populace du Gros-Caillou ; le second, exécuté douze heures après sur des gens qui, la plupart, ne savaient pas même ce qui s'était fait le matin.

Mais dans cette séance même, où le président, Charles de Lameth, félicite Bailly, sans regret sur le sang versé, où Barnave, se battant les flancs, donne le coup de trompette pour célébrer la victoire ; à ce moment de triomphe, les vainqueurs voudraient avancer ; d'eux-mêmes, ils ont peur, ils reculent. Au premier mot, pour profiter de l'avantage, ils trahissent leur hésitation. Regnault de Saint-Jean-d'Angely voulait que l'Assemblée votât trois ans de fers pour quiconque aurait provoqué au meurtre, la prison et des poursuites contre ceux qui, par des écrits ou autrement, auraient provoqué la désobéissance aux Lois. — Pétion montra que dès lors c'en était fait de la liberté de la Presse. — Alors Regnault s'effaça, amoindrit sa *proposition ;* il demanda, l'Assemblée vota, l'addition d'un mot au mot *provoqué :* « *Formellement provoqué.* » Ce simple mot ajouté donnait les moyens d'éluder la Loi, et la rendait impuissante.

Si l'Assemblée voulait obtenir un résultat sérieux, il fallait que le Comité des Recherches fût autorisé par elle, et poussât lui-même l'enquête. Il s'abstint, fit renvoyer la chose aux tribunaux, qui agirent peu, tard et mal. Premièrement, ils se gardèrent bien de sonder la part que les agents royalistes devaient avoir à l'affaire; seulement, ils décrétèrent deux journalistes, Suleau et Royou, l'ami du Roi, frappant ainsi les écrivains, les parleurs, non les acteurs. Et quant aux républicains, que les juges ne ménageaient pas, ils procédèrent cependant contre eux avec lenteur et gaucherie*. Ils attendirent au 20 juillet pour faire chercher Fréron, au 4 août pour saisir l'imprimerie de Marat, au 9 pour donner ordre d'arrêter Danton, Legendre, Santerre, Brune et Momoro.

Les Jacobins, qui n'avaient nullement prévu l'hésitation de leurs ennemis, se croyaient perdus, le 18 juillet. Ils firent une démarche étrange qui eût pu les perdre en effet dans l'opinion : ils se mirent, pour ainsi dire, à plat ventre, rampèrent devant l'Assemblée. Robespierre rédigea pour eux une Adresse, étonnante d'humilité, qu'ils adoptèrent, envoyèrent. Cette Assemblée nationale, que lui-même, le 21 juin, il avait proclamée un repaire de traîtres, il la loue de ses *généreux efforts, de sa sagesse, de sa fermeté, de sa vigilance, de sa justice impartiale et incorruptible*. Il lui rappelle sa Déclaration des droits, *sa gloire et le souvenir des grandes actions qui ont signalé sa carrière :* « Vous la finirez comme vous l'avez commencée, et vous rentrerez dans le sein de vos concitoyens, dignes de vous-mêmes. Pour nous, nous terminerons cette Adresse par une profession de foi, dont la vérité nous donne le droit de compter sur votre estime, *sur votre confiance*, sur votre appui : *Respect pour l'Assemblée*, fidélité à la Constitution, » etc.

Les Jacobins signèrent, envoyèrent à l'Assemblée cette triste palinodie ; mais ils se gardèrent bien de l'insérer au journal de leurs Débats. Ce fut Brissot qui, le 24, leur joua le mauvais tour de la publier. Était-ce indiscrétion ? ou bien croyait-il avilir le rédacteur, Robespierre, avec lequel, dès cette époque, il sympathisait très peu * ?

L'humilité sauva les Jacobins, l'orgueil perdit les Feuillants. En réalité, ces derniers étaient très forts. Ils avaient emmené de l'ancien Club à peu près tous les députés, non pas seulement les modérés, les constitutionnels, mais de très fervents Jacobins, comme Merlin de Douai, Dubois-Crancé, etc. Intimement unis à l'Assemblée nationale, établis dans ses bureaux même, ils participaient à sa majesté. Les Feuillants qu'ils occupaient (rue Saint-Honoré, en face de la place Vendôme) étaient un local immense et magnifique, splendide fondation d'Henri III, successivement agrandie par ses successeurs. Le couvent formait un carré énorme, qui communiquait par un couloir avec le Manège, et de là avec les Tuileries, la terrasse des Feuillants.

Et pourtant c'était une faute d'avoir quitté l'ancien local. Celui-ci avait ce qui achalande les vieilles boutiques renommées : il était sombre, laid, mesquin. Sans ostentation, sans emphase, il ne montrait rien qu'une porte basse et un passage assez sale, sur la rue Saint-Honoré. La maison était une réforme des Jacobins; le couvent était triste et pauvre. La bibliothèque, où d'abord s'était tenu le Club avant de passer dans l'église, n'avait guère d'autre ornement qu'un curieux petit tableau qui rendait sensible aux yeux le secret mystère de l'association janséniste, le mécanisme ingénieux dont elle s'était servie pour faire circuler, malgré la Police, les *Nouvelles ecclésiastiques*, sans jamais être surprise. L'église n'avait aucun monument important, sauf le tombeau de Campanella, une sorte de Robespierre moine, un Babeuf ecclésiastique, qui était venu s'y réfugier au dix-septième siècle.

On disait que le cardinal de Richelieu, quand il se sentait mollir et risquait d'être homme, venait là et reprenait, près du Calabrais farouche, quelque chose du bronze italien.

Les modernes Jacobins qui s'assemblaient dans cette église, et n'y étaient que locataires*, avaient laissé ces vieux tombeaux. Ils étaient là pêle-mêle avec les morts. D'autres morts, les derniers moines du couvent, assistaient au Club (en 89 et 90), comme les derniers Cordeliers au Club qui se tenait chez eux. Tout cela composait un ensemble *bizarre qui avait pour toujours saisi les têtes*, rempli les souvenirs, les imaginations : le puissant *genius loci*, transformé par la Révolution, vivait là, on le sentait. *Quis Deus ? incertum est ; habitat Deus.* Les Jacobins disaient aux voyageurs, aux provinciaux, avec le ton mystérieux d'une dévotion bizarre : « C'est la société-mère ! » Là s'étaient tenus, en effet, les premiers *sabbats* (mot propre à l'argot jacobin) d'où sortirent les premières émeutes. Là, dans son mémorable duel avec Duport et Lameth, Mirabeau vint tonner, mourir. Et pendant que la chapelle roulait ces grandes voix dans ses voûtes, un autre bruit, strident, barbare, venait s'y mêler parfois, qui partait d'en bas de l'église inférieure, où des sociétés ouvrières, des Clubs de femmes du peuple, se débattaient violemment.

Ce n'était pas là un local vulgaire qu'on pût impunément quitter. Ce qui prouve que les Feuillants n'étaient point des politiques, c'est qu'ils ne l'aient point senti. Ils pouvaient tout, le 17, ils étaient l'Assemblée elle-même. Ils auraient dû à tout prix ou détruire, ou occuper le lieu, et cela, le soir, sans autre délai, profiter de la terreur de leurs ennemis.

Ils s'en avisèrent au matin. Feydel, successeur de Laclos dans la rédaction du journal, vint avec lui réclamer le local et la correspondance. Ils alléguaient que les Feuillants, spécialement Duport et Lameth, étaient les fondateurs du Club, que tout le Comité de Correspondance (du moins vingt-cinq membres sur trente) avait passé de leur côté. Ils étaient venus de bonne heure, espérant probablement enlever la chose dans la solitude et le découragement des Jacobins, avant l'arrivée de Pétion et Grégoire, croyant peut-être aussi que Robespierre, menacé, n'oserait venir. Les Jacobins déclarèrent vouloir les attendre. Ils arrivent. Pétion, qui venait de tâter l'Assemblée nationale, qui avait obtenu qu'elle énervât sa loi répressive, c'est-à-dire qu'elle reculât au jour même de la victoire, Pétion n'hésita pas à répondre pour les députés jacobins qu'ils étaient, autant que les autres, fondateurs du Club, qu'ils garderaient la correspondance et resteraient là; qu'au reste, il allait faire auprès des Feuillants une démarche de conciliation. Il y alla, en effet, et reçut cette fière réponse : « qu'ils ne recevraient de Jacobins que ceux qui se conformeraient à leurs nouveaux règlements. »

Les Feuillants se montraient bien plus orgueilleux qu'habiles. Leur premier acte, l'Adresse du 17 aux sociétés affiliées, avait été en tout sens impolitique et malencontreuse : Adresse *mal datée*, du jour du massacre ; *mal signée*, du nom de Salles, qui avait défendu le Roi ; *mal envoyée*, sous le couvert du ministre, et suspecte par cela seul ; enfin, pour que rien n'y manquât, *mal approuvée*, si l'on peut dire ; elle le fut immédiatement de Châlons-sur-Marne, la ville royaliste qui avait si bien reçu le Roi au retour.

Dans cette Adresse, les Feuillants donnaient pour principal motif de la séparation, qu'ils voulaient se borner *à préparer* les travaux de l'Assemblée, ne rien faire que discuter, *sans rien arrêter par les suffrages;* en un mot, parler sans conclure, sans résoudre, sans agir, laisser agir l'Assemblée seule. Ils étaient bien sûrs de déplaire. Le temps avait soif d'agir; il s'élançait vers l'avenir. Et l'on proposait de s'en tenir à une Assemblée *in extremis,* qui déjà était le passé !

Le 23, les Feuillants se portèrent à eux-mêmes le coup fatal, ils se marquèrent du signe de mort, celui de l'inégalité, se posant comme une assemblée distinguée, privilégiée, où l'on n'entrait point, si l'on n'était *citoyen actif* (électeur des électeurs). Beaucoup d'entre eux s'opposèrent à cette déclaration, et n'étant point écoutés, ils n'attendirent plus dès lors qu'une occasion pour retourner aux Jacobins.

Ceux-ci relevaient la tête. Leur attitude changea le 24. Les Feuillants apportant leur réponse aux Jacobins : « Ne lisons point, dit Robespierre, avant d'avoir déclaré que la véritable société des Amis de la Constitution est celle qui siège ici. » Précaution d'autant plus sage que la réponse des Feuillants se trouva n'être rien autre chose qu'une nouvelle invitation de se soumettre au règlement aristocratique qu'ils venaient de se donner.

Loin de là, les Jacobins entreprirent d'épurer leur société, et de rejeter aux Feuillants les timides et les incertains qui allaient, venaient, d'une so-

ciété à l'autre. La voix honnête et respectée de
Pétion proposa l'épuration. Un Comité primitif de
douze membres (dont six députés) devait former
le noyau de la société, composé de soixante
membres, lesquels soixante épureraient, élimine-
raient, présenteraient les candidats purs et dignes.
Cette combinaison, en réalité, remettait aux deux
membres importants et influents, Pétion et Robespierre, le pouvoir quasi dictatorial de refaire les
Jacobins. Je dis deux, à tort : Pétion, insouciant,
indolent de sa nature, était infiniment peu propre
à ce travail d'inquisition sur les personnes, à
l'examen minutieux des biographies, des précédents, des tendances, des intérêts de chacun. Le
seul Robespierre était apte à cela, et avec lui
peut-être un autre membre de ce Comité épura-
teur, Royer, évêque de l'Ain. On peut dire, sans
se tromper de beaucoup, que Robespierre recon-
stitua l'instrument terrible de la société jacobine
dont il allait se servir.

Des sociétés de province, quatre seulement
s'étaient expressément séparées des Jacobins ;
encore une se rétracta. Dès le 22 juillet, Meaux,
Versailles, Amiens, déclarèrent ne vouloir cor-
respondre qu'avec eux. Onze autres villes les
imitèrent avant le 31 juillet, Marseille dès le 27,
avec la plus vive énergie. Dans la même séance,
les Cordeliers vinrent protester de leur attachement aux Jacobins, ainsi que les sociétés fraternelles.

Les constitutionnels, naguère vainqueurs, en étaient à se défendre. Plusieurs Adresses audacieuses, lancées des provinces, leur reprochaient amèrement de tolérer dans l'Assemblée nationale les trois cents royalistes qui avaient protesté. Coup sur coup, Montauban, Issoire, Riom, Clermont, vinrent leur lancer cette pierre.

L'Adresse de Clermont fut apportée et probablement rédigée par l'ami de madame Roland, M. Bancal des Issarts, envoyé tout exprès par sa ville. Elle fut écrite le 19 juillet, évidemment au moment où l'on apprit la décision du 16 qui engageait l'Assemblée en faveur du Roi. Nul doute qu'une lettre ardente de madame Roland à Bancal n'eût contribué aussi à exalter celui-ci au delà de son caractère ordinaire. C'est la lettre où elle lui racontait le prodigieux succès obtenu par Brissot aux Jacobins. Cette lettre, émue et fiévreuse, se terminait par trois lignes d'un pressentiment mélancolique : « Je finirai de vivre quand il plaira à la Nature ; mon dernier souffle sera encore le souffle de l'espérance pour les générations qui vont nous succéder. »

Elle se sentait devenir malade, et, en effet, elle tomba. L'excès de la fatigue, la continuité des émotions, l'affreux coup du 17 surtout, la firent succomber ; elle désespéra un moment de la Liberté. Elle écrivait, le 20, à Bancal, que tout était fini, que les Jacobins ne pourraient jamais se soutenir, qu'il était inutile qu'il vînt à Paris, etc.

Mais la puissante impulsion qu'elle avait donnée ne s'arrêtait pas ainsi. Au même moment, Bancal allait partir, il tenait la violente Adresse des Jacobins de Clermont, qui semble précisément écrite de la main et de la plume de madame Roland. Il crut ses premiers conseils, ne tint compte des seconds, vola à Paris, se présenta lui-même aux portes de l'Assemblée, le brûlant papier à la main.

Cette Adresse, grave dans sa violence, magistrale, tombant d'en haut, du peuple souverain sur ses délégués, les tançait d'avoir deux fois trompé l'espoir de la nation en ajournant la convocation des assemblées électorales; trois fois même, ayant promis que la Constitution serait finie le 14, et ne tenant point parole. Elle annonçait à l'Assemblée que, si dans la quinzaine son décret pour suspendre les élections n'était pas révoqué, *on y aviserait sans elle.*

Bancal ne put passer les portes ; on ne l'admit point à la barre. Son compatriote Biauzat, député d'Auvergne, censura l'Adresse avec violence et mépris, cherchant à salir le caractère même de celui qui l'apportait. Il obtint qu'elle serait renvoyée au *Comité des Recherches,* qui ferait enquête et poursuites s'il y avait lieu. Loin de s'effrayer, Bancal adressa, le lendemain, à l'Assemblée, une apologie très ferme, et osa lui demander une réparation publique. Le soir, aux Jacobins, il offrit mille exemplaires de la pétition de Clermont, cinq cents pour eux, cinq cents pour être envoyés aux sociétés affiliées. Les Jacobins n'acceptèrent pas ces derniers cinq cents, craignant sans doute, par ce pas hardi, de s'aliéner la masse des Feuillants qui songeaient à leur revenir.

Ceux-ci en effet se brisaient en deux moitiés, tout à l'heure. Il était impossible que des Feuillants comme Merlin ou Dubois-Crancé, marchassent avec des Feuillants tels que Barnave et les Lameth. Nous ignorons malheureusement leurs débats intérieurs; mais ils ne se révèlent que trop à l'Assemblée nationale. Le 30, sur la plus grave des questions, ils faiblissent, ils s'éparpillent, la majorité leur échappe, le pouvoir aussi, pour toujours; car c'était la question même du pouvoir qui s'agitait. L'Assemblée, après Varennes, avait envoyé quelques commissaires dans les départements frontières, pour les surveiller et les raffermir. Le bon effet de cette mesure faisait qu'on songeait à l'étendre. C'est-à-dire que l'Assemblée, qui jusque-là parlait, ordonnait de loin, voulait cette fois agir de près, se transporter, en la personne de ses membres les plus énergiques, sur tous les points du territoire, se montrer partout, et, dans cette ubiquité, saisir, serrer d'une main forte la France, avant qu'elle échappât. La vieille Constituante, quasi expirée, rêvait de faire ce que fit à grand'peine la jeune Convention dans l'accroissement prodigieux de force que lui donnaient encore le péril et la fureur.

Tard, bien tard, cette puissance essentiellement législative, cette grande fabrique de lois se mettait à gouverner, à voyager, à agir. Elle était un peu cassée pour gouverner à cheval. Buzot demanda qu'on cessât d'envoyer des commissaires, la présence de tous les députés étant nécessaire, disait-il, au moment de la *revision*. Dandré, organe en ceci des défiances de la Cour pour les constitutionnels, au grand étonnement de tous, appuya Buzot. La Cour donna ainsi la main aux républicains pour briser son dernier espoir, annuler l'action de l'Assemblée. Celle-ci, lassée d'elle-même, vota sans difficulté comme on voulait qu'elle votât; elle renonça au mouvement, se rassit pour une heure encore, impatiente qu'elle était de jeter un dernier regard sur son œuvre, la Constitution, et de n'être plus.

CHAPITRE X

LA REVISION. — ALLIANCE MANQUÉE
ENTRE LA GAUCHE ET LA DROITE

(AOUT 1791)

Barnave et les constitutionnels voudraient regagner la droite, fin juillet. — Ils s'accordent avec Malouet. — Ils négocient avec Léopold. — La Reine écrit à Léopold pour l'empêcher d'agir, 30 juillet. — La droite rompt l'entente de Malouet avec Barnave et Chapelier, 4 août. La revision, timidement royaliste, 5-30 août. — La Constitution de 91, ni bourgeoise, ni populaire. — Prodigieuse multiplication des sociétés jacobines. — Solennel outrage de Robespierre aux constitutionnels, leur humiliation, 1ᵉʳ septembre.

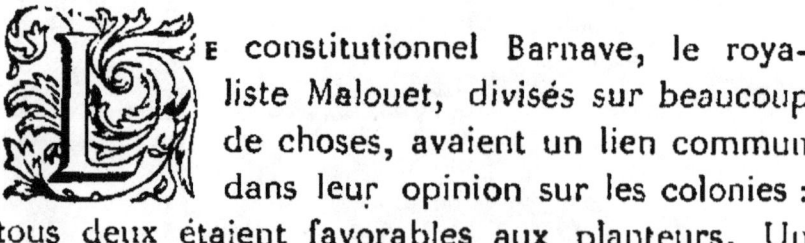

Le constitutionnel Barnave, le royaliste Malouet, divisés sur beaucoup de choses, avaient un lien commun dans leur opinion sur les colonies : tous deux étaient favorables aux planteurs. Un jour, que Barnave avait vivement défendu Malouet dans ce Comité, il laissa partir tous les autres, retint Malouet seul à seul, et lui fit sa confession : « J'ai dû souvent vous paraître bien jeune, lui dit-il ; mais, soyez-en sûr, en peu de mois j'ai beaucoup vieilli... » Puis, après un court silence, dans lequel il semblait rêver : « Est-ce que vous ne voyez pas que, nous tous, députés de la gauche, sauf peut-être une douzaine d'ambitieux ou de fanatiques, nous désirons finir la Révolution?... Nous sentons bien que nous n'y parviendrons qu'en donnant une forte base à l'autorité royale... Ah ! si le côté droit, au lieu d'irriter toujours la gauche en repoussant tout ce qu'elle propose, secondait la *revision !*. »

Cette ouverture signifiait que les constitutionnels, voyant se briser dans leurs mains la machine des Feuillants, voyant la fraction patriote du nouveau Club déjà tournée vers la porte pour retourner aux Jacobins, se jetaient eux-mêmes à droite, s'adressaient aux royalistes.

Et quand je dis les constitutionnels, je parle surtout de Barnave. Lui seul semblait conserver la vie, l'entrain et l'espoir. Rien ne peut exprimer la lassitude des autres, leur ennui, leur dégoût, leur découragement. Ils attendaient impatiemment l'heure bénie qui allait les rendre au repos. Cette Assemblée, en deux ans et demi, avait vécu plusieurs siècles; elle était, si j'ose dire, rassasiée d'elle-même, elle aspirait passionnément à sa fin. Lorsque Dandré lui proposa les nouvelles élections qui allaient la délivrer, elle se leva tout entière, et salua l'espoir de son anéantissement d'applaudissements frénétiques.

Une lettre confidentielle d'un homme sûr, très instruit de la situation, lettre de M. de Gouvernet à M. de Bouillé, nous révèle cette circonstance romanesque, que n'eût point devinée l'Histoire : c'est que la vie de l'Assemblée, l'espoir de la monarchie, le désir de la sauver, s'étaient alors réfugiés, au milieu de l'abattement général, dans une tête de vingt-huit ans, celle de Barnave. La ligue, si peu homogène, qui avait rallié les quatre cinquièmes du côté gauche, marié deux ennemis, La Fayette et Lameth, détruit presque les Jacobins. « C'était le plan de Barnave. » — Et comment se jeta-t-il dans cette entreprise ? La même lettre dit expressément que ce fut le retour de Varennes, la reconnaissance qu'on lui témoigna, « qui changèrent son cœur. »

Grand changement, en vérité. Barnave ne semblait nullement un homme à se laisser mener par le cœur et l'imagination. Sa suffisance habituelle, sa parole noble, sèche et froide, n'étaient point du tout d'un rêveur. Il ne se piquait aucunement de thèses sentimentales, et donnait plutôt au sens opposé (par exemple, dans l'affaire des Noirs). On ne trouve jamais, je crois, dans les discours de Barnave, le mot qui revient si souvent dans tous ceux des hommes de l'époque, depuis Louis XVI jusqu'à Robespierre : « Ma sensibilité, mon cœur. »

On n'en est que plus étonné de le voir, en 91, si tard dans la Révolution, suivre (dirai-je avec espoir? ou avec une ardeur désespérée?) le leurre qui avait pu tromper Mirabeau au début, et quand la situation était tout entière. Le plan de Barnave n'était nul autre que celui de Mirabeau : « Arrêter la Révolution, sauver la royauté, gouverner avec la Reine. »

Barnave avait quitté la Reine à la porte des Tuileries, le 25 juillet au soir, et il ne la revit qu'après le 13 septembre, lorsque le Roi eut accepté la Constitution. Il en était resté aux entretiens de Meaux, il voyait la Reine confiante et docile, ne voulant être sauvée que par la Constitution, par l'Assemblée et Barnave. Bien des choses s'étaient passées depuis ce temps, et dans l'Europe, et dans l'âme de la Reine, que le jeune orateur ignorait parfaitement.

Il ne savait pas qu'elle avait agi dans un sens contraire.

Fersen, nous l'avons dit, droit en arrivant de Paris, avait remis à Monsieur le pouvoir verbal du Roi, pouvoir qui lui fut envoyé écrit, authentique, le 7 juillet.

Sans même attendre ceci, le 6, l'empereur Léopold, frère de Marie-Antoinette, avait écrit, fait circuler, une *note* à toutes les puissances pour menacer la France et délivrer Louis XVI.

La Prusse, poussée par les princes, était bien autrement animée que Léopold. La Russie et la

Suède montraient encore plus d'indignation, d'impatience, que la Prusse.

Le 25 juillet, eurent lieu des conférences entre la Prusse et l'Autriche, et là Léopold, contrairement à ce que faisait entendre sa *note* du 6 juillet, montra des vues pacifiques. Il avait sur les bras sa guerre avec la Turquie, qu'il ne finit qu'au mois d'août. Il avait, à sa porte, la nouvelle révolution de Pologne, l'attente d'une grande guerre du Nord, la probabilité d'une invasion russe en Pologne, peut-être la nécessité de s'enrichir encore par un troisième partage que la Russie imposerait. Celle-ci était alors acharnée sur une autre proie, la Turquie. Les conférences de la Prusse et de l'Autriche avaient pour but principal de bien faire entendre à la Russie que, tant qu'elle n'aurait pas lâché les Turcs, les puissances allemandes resteraient immobiles sous les armes à la regarder, et ne s'en iraient pas courir les aventures à la croisade de France.

Donc, pour le moment, Léopold ne pouvait être que pacifique à notre égard. Malgré la Russie, la Suède et la Prusse, qui auraient voulu l'embarrasser dans les affaires d'Occident, il ne bougeait point. Ses généraux, fort instruits, lui disaient d'ailleurs que ce n'était point une petite affaire de s'engager dans un tel royaume, dans ces masses profondes d'une population innombrable, exaltée par le fanatisme de la Liberté. A quoi Léopold ajoutait un sentiment personnel :

il craignait pour la vie du Roi et de la Reine ; à la première nouvelle de l'invasion autrichienne, sa sœur risquait de périr.

Sauver la Reine était l'idée qu'on devait naturellement supposer à son frère Léopold. Et c'était bien aussi l'idée de Barnave, celle des constitutionnels, de sauver la Reine et la royauté. Sans avoir encore négocié avec l'Empereur, ils se sentaient réunis avec lui dans cet intérêt commun. Ils ne désespéraient pas, malgré l'attitude menaçante de la Diète germanique qui ordonnait l'armement, d'éviter la guerre européenne ; heureuse ou non, la guerre eût été leur ruine, le triomphe de leurs ennemis.

Pour traiter avec l'Empereur, il fallait avant tout être maître ici, écraser la puissance des Clubs, ou bien se l'approprier et s'en rendre maître. Les constitutionnels avaient préféré le second moyen, ils avaient cru le trouver dans la création des Feuillants. Mais voilà que les Feuillants leur manquaient, leur échappaient. Perdant cette force qui leur était propre, il leur restait de demander la force à leurs ennemis, à ceux qu'ils avaient persécutés et détruits, je veux dire aux royalistes. Ceux-ci voudraient-ils pardonner ? auraient-ils bien l'intelligence de saisir cette dernière planche jetée sur l'abîme où les constitutionnels voulaient les sauver avec eux ? Cela était fort douteux. Il était bien plus probable qu'obstinés dans leurs rancunes, et désirant moins encore être sauvés que vengés, ils rejetteraient du pied cette planche de sauvetage, et que tous, constitutionnels et royalistes, s'en iraient ensemble au gouffre profond.

Tel était le moment de crise où Barnave, où le parti constitutionnel, triomphant en apparence depuis l'affaire du Champ-de-Mars, s'adressa à l'homme qu'il avait toujours repoussé, raillé, à l'homme invariablement hué de la gauche et des tribunes, au royaliste Malouet. C'était le fort qui semblait demander la force au faible, le vainqueur agonisant qui tendait la main au vaincu, et criait merci.

Malouet ne ferma nullement l'oreille aux propositions de Barnave. Mais Chapelier qui survint, mais Duport que Malouet alla voir ensuite, firent de graves difficultés. La lettre citée plus haut affirme pourtant que la partie fut liée entre Chapelier et Malouet pour jouer d'accord la comédie de la *revision*. Malouet devait attaquer la Constitution, en démontrer les vices : « Et vous, disait-il, vous me répondrez, vous m'accablerez de votre indignation ; vous défendrez les petites choses ; quant aux grandes, qui touchent vraiment l'intérêt monarchique, vous direz que vous n'aviez pas besoin des observations de M. Malouet, que vous entendiez bien en proposer la réforme. Et vous la proposerez. »

Comment pouvaient-ils supposer que cette étrange parade tromperait les yeux du public ?

Ils comptaient apparemment sur l'indifférence, l'insouciance, l'abattement général. Il y avait en effet de grands signes de lassitude. L'Assemblée nationale elle-même semblait s'abandonner : elle ne comptait habituellement pas plus de cent cinquante membres présents ; au jour le plus critique, au lendemain du 17 juillet, elle ne vit siéger dans son sein que deux cent cinquante-trois députés. Les autres étaient ou déjà partis, ou bien toujours enfermés au fond des bureaux. Plusieurs, on l'assurait, abattus, corrompus par le découragement même, passaient les nuits et les jours dans les maisons de filles et de jeu ; l'évêque d'Autun, Chapelier, d'autres encore, étaient, à tort ou à droit, accusés d'y avoir élu domicile.

Laclos, Prudhomme, assurent, dans leurs journaux de juillet, que les sections, les assemblées primaires, étaient devenues désertes. Beaucoup d'hommes, évidemment, étaient déjà las de la vie publique. En récompense, il faut ajouter que ceux qui persévéraient devenaient plus violents. Si les assemblées légales étaient peu fréquentées, c'est que la vie et l'ardeur se concentraient tout entières dans les sociétés jacobines.

Pour revenir, Barnave, heureux d'avoir ménagé cette entente entre les principaux acteurs de la *revision*, ne désespérait plus de rendre force à la royauté. Les constitutionnels, dociles à son impulsion, chargèrent M. de Noailles, notre ambassadeur à Vienne, d'en avertir Léopold ; et, pour mieux le persuader, ils obtinrent de la Reine même qu'elle écrirait à son frère, le prierait de ne point agir.

Étrange contradiction! pendant que Monsieur, armé des pouvoirs que la Cour des Tuileries lui avait envoyés le 7 juillet, pressait la Prusse d'armer, de se mettre en mouvement, la Reine écrivait, le 30, à l'Autriche, de ne point armer, de ne point bouger, de se confier, comme elle, au zèle que les constitutionnels de France montraient alors pour la restauration de la royauté.

La lettre, longue, insinuante, habile, fort éloignée de ce que ferait attendre le caractère ordinairement impétueux de la Reine, est très bien calculée pour lui sauver le reproche de versatilité qu'on eût pu faire à ces deux actes du 7 et du 30. Cette pièce si politique a été, sinon dictée, au moins préparée, minutée pour le fond, par les habiles, Barnave, et les amis de Barnave. Et pourtant, dans la confiance toute nouvelle que la Reine leur témoigne, elle se réserve encore contre eux la possibilité de dire plus tard qu'elle n'a pas été libre; elle met en tête de sa lettre ce petit mot qui, au besoin, annulerait tout le reste : « *On désire que je vous écrive*, et l'on se charge de vous faire parvenir ma lettre, car, *pour moi, je n'ai aucun moyen de vous donner des nouvelles* de ma santé. »

Le parti royaliste, ni en France, ni hors de France, ne marchait avec le Roi. Ce moment où le Roi et la Reine se confiaient à l'Assemblée était précisément celui où les émigrés agissaient le plus vivement pour armer l'étranger, où les prêtres non émigrés commençaient à travailler le peuple avec une entente habile, sur un plan systématique qui semblait devoir organiser sur la France une Vendée universelle. En juillet, on apprit que les Deux-Sèvres, que l'Alsace, que Châlons-sur-Marne, allaient prendre feu. En août, le Pas-de-Calais, le Nord et le Calvados annonçaient la guerre civile. Cette dernière nouvelle tomba justement dans l'Assembleée le 4 août, la veille de la *revision*, au milieu de l'arrangement à peine conclu entre Chapelier et Malouet.

Un député proposa, pour le Nord, que les prêtres qui refusaient le serment d'obéissance à la Loi fussent éloignés du département. A ce mot, tout le côté droit se lève. M. de Foucault crie joyeusement : « Pillage ! incendie ! guerre civile ! » Tous sortent, l'abbé Maury faisant à l'Assemblée une révérence profonde, comme pour la remercier de donner pour l'appel aux armes une si belle occasion.

Barnave et Chapelier essayèrent sur-le-champ de marcher sur l'étincelle : ils se déclarèrent contre la mesure de rigueur qu'on voulait appliquer aux prêtres, la firent rejeter. Le côté droit rentra aux séances suivantes ; on avait lieu de le croire apaisé. Mais, le 8 août, au jour même où s'ouvraient les débats de la *revision*, d'Éprémesnil, au nom de ses collègues, déclara qu'ils persistaient dans toutes leurs *protestations*. Chacun d'eux se leva et dit fermement : « Je le déclare. »

Ainsi fut brisé le pacte plus politique qu'honorable que Barnave avait espéré de faire conclure tacitement entre la droite et les constitutionnels. Malouet, comme il était convenu, entama la critique de la Constitution avec beaucoup de finesse et de force. Mais Chapelier l'interrompit. Délié du traité secret par la nouvelle *protestation* du côté droit, il soutint que Malouet devait parler, non sur le fond, mais seulement sur l'ordre établi entre les divers titres de la Constitution.

L'arrangement, la fusion nécessaire pour faire un corps de tant de lois éparses, avaient embarrassé longtemps les Comités de Constitution et de Revision. Ce fut, dit-on, un ami de La Fayette, Ramond, depuis membre de la Législative, qui leur proposa l'ordre auquel ils finirent par s'arrêter, ordre savant, habile, trop habile, qui, sous prétexte de fondre, absorbait, faisait disparaître beaucoup d'articles que l'Assemblée avait votés. De là, une vive aigreur entre les constitutionnels eux-mêmes. L'Assemblée plus d'une fois vota contre ses Comités. Un député ayant dénoncé « les omissions graves que les vrais amis de la liberté croyaient apercevoir, » un orage s'éleva, et Barnave s'exaspéra au point d'offrir sa démission.

La *revision* devint un spectacle pitoyable. Cette noble Assemblée qui, malgré toutes ses fautes, n'en reste pas moins si grande dans l'Histoire, offrit cet enseignement à l'humanité, que vivre au delà de sa vie, c'est une chance terrible de honte, d'inconséquence, de démenti à soi-même.

Surprise en flagrant délit d'aristocratie et de royalisme, tantôt par omission, et tantôt par commission, elle constata tristement son envie timide de rétrograder, et le manque de courage qui l'empêchait d'aller en arrière tout aussi bien qu'en avant. L'audace qui parut par moments dans quelques discours de Barnave n'eut pas un heureux succès. Robespierre envisageant le Roi comme simple *fonctionnaire*, et lui refusant le titre de *représentant* de la nation, Barnave soutint que le fonctionnaire ne pouvait qu'*agir* pour la nation, mais que le représentant, de plus, pouvait *vouloir* pour elle. De là, il déduisait l'inviolabilité du représentant royal. Cette distinction, trop claire, eut précisément le tort de mettre la question à nu, compromit la royauté, rendit les esprits irréconciliables avec un pouvoir *qui voulait à la place de la nation*.

La volonté royale, à vrai dire, était bien impuissante dans la Constitution de 91. Elle n'avait guère d'action que négative; elle ne pouvait que pour empêcher. Le *veto suspensif* dont elle armait le Roi pouvait suspendre trois ans l'exécution des décrets; puissance irritante, provocante, qui devait infailliblement amener des explosions. A cela près, la royauté restait une majestueuse inutilité*, un de ces meubles antiques, magnifiques et surannés, que l'on garde dans une maison moderne, par je ne sais quel souvenir, mais qui gênent, occupent une vaste place inutile, et que l'on se décidera un matin à loger au garde-meuble.

L'Assemblée avait ôté l'action au Roi, et ne l'avait pas donnée au peuple. Le principe du mouvement manquait partout dans cette vaste machine; l'agitation était partout, nulle part l'action.

La Constitution était-elle essentiellement bourgeoise, comme on l'a tant répété? On ne peut le dire. La condition d'élection à laquelle on s'arrêta, 250 fr. de revenu, était tout à fait illusoire, si l'on voulait fonder un gouvernement bourgeois. Le républicain Buzot s'en moqua lui-même, et dit : « A votre point de vue, ce n'est pas 250 fr. de revenu que vous deviez exiger, mais 250 fr. de contribution. » C'eût été alors, en effet, une vraie base bourgeoise, analogue aux lois électorales qui ont régné de 1815 à 1848.

Les *électeurs* à 250 fr. de revenu, avec l'adoucissement qu'on donna encore à la loi en faveur des fermiers, étaient dans un nombre immense. Les *citoyens actifs* (électeurs des électeurs, payant trois journées de travail) étaient entre trois et quatre millions.

Les seuls citoyens actifs étaient *Gardes nationaux*, encore une distinction irritante, de plus, à peu près inutile ; la différence était légère entre celui qui payait trois jours de travail et celui qui ne payait rien ; le premier donnait-il beaucoup plus de garanties que l'autre ? qui pouvait le décider ?

Visiblement, l'Assemblée, pendant la *revision*, se survivait à elle-même, chaque jour, moindre de nombre, plus petite d'aspect et de dignité. Elle tarissait misérablement. Ses penseurs illustres se taisaient, ou parlaient peu. Généralement, ils laissaient l'initiative à un homme de troisième ordre, homme d'affaires et d'expédients, politique industrieux, Dandré, dont tout l'art était d'employer les formes jacobines à servir la royauté. Pour mieux désorienter le public, il attaquait volontiers les royalistes, jusqu'à appuyer un jour la *proposition* de déclarer déchus les trois cents qui protestaient. Sa figure triviale, son costume soigneusement négligé, aidaient à l'illusion. Cependant un je ne sais quoi d'un Frontin de comédie qu'il portait sur son visage (c'est à son ami Dumont que nous devons ce portrait) révélait l'habile acteur. Parfois, il lui échappait des paroles inconséquentes : accusé de tel libelle, il avouait que du moins il aurait voulu le faire. Parfois, il outrait son rôle : pendant la *revision*, en septembre, il s'associa à une maison de commerce, croyant se rendre populaire, et s'intitula : Dandré, épicier. Cela ne plut à personne, on y vit avec raison une imitation maladroite du moyen que Mirabeau aurait employé en 88 (selon une tradition fausse, mais généralement répandue), ouvrant boutique à Marseille, et mettant dessus : Mirabeau, teinturier.

Ces parades misérables qui ne trompaient point le public, cet abandon que l'Assemblée faisait d'elle-même à tel intrigant royaliste, rejetait toute la France du côté des Jacobins. Au commencement de septembre, le secrétaire des Feuillants, Antoine, demande à rentrer ; à la fin du mois, leur président, Bouche ; une foule d'autres les imitent. Le duc de Chartres y vient chercher une double couronne civique, pour deux hommes, à qui, dit-on, il a sauvé la vie. La société de Paris redevient plus nombreuse que jamais. Mais ce qui est véritablement surprenant, effrayant, c'est l'accroissement subit des sociétés de provinces, leur immense multiplication. En juillet, il y avait *quatre cents* sociétés, — en septembre, dit-on, il y en eut *mille !* — Des anciennes, trois cents correspondaient également avec les Jacobins et les Feuillants, cent avec les seuls Jacobins. Et les *six cents* nouvelles, à qui demandent-elles l'affiliation ? *Aux Jacobins* seuls. Ceux-ci sont évidemment vainqueurs, maîtres de la situation, de l'avenir.

Cet immense mouvement de la France, qui semble se précipiter dans une association, ressort à la société-mère des Jacobins de Paris. Mais cette société, renouvelée, sous quelle influence a-t-elle été récemment recomposée? Nous l'avons vu, sous celle de Robespierre. C'est une société tout autre, plus ardente, plus jeune, où les hommes considérables, les penseurs, les raisonneurs, sont moins nombreux, à coup sûr. En récompense, les hommes de passion, de sensibilité, les artistes, les journalistes, la plupart de second ordre, y dominent maintenant. Cette société, tête ardente de l'immense société jacobine répandue sur la France, ira de plus en plus pensant, raisonnant par un seul homme; j'aperçois au sommet de ce prodigieux édifice de mille associations la tête pâle de Robespierre.

Il a maintenant élu domicile à la porte de l'Assemblée, et il semble en faire le siège. Si vous ne le trouvez aux Jacobins, il est à coup sûr en face de l'Assomption, chez Duplay, le menuisier. Voyez-vous cette porte basse, cette cour humide et sombre, où l'on rabote et l'on scie; au-dessus, au premier étage, dans une chambre mansardée, madame Duplay possède le meilleur des patriotes... Ah! quel est le bon citoyen qui, passant devant cette porte, ne sentira mouiller ses yeux!... Les bonnes femmes l'attendent dans la rue; elles sont trop heureuses de le voir un moment, « ce pauvre cher Robespierre, » quand il sort propre et décent, dans son neuf habit rayé [*]. Ses lunettes témoignent qu'avant l'âge, il a déjà usé ses yeux pour le service du peuple...

Que ne peut-on baiser les basques de son habit !
On le suit, du moins... Il marche, sans reconnaître
personne, sec, de pureté civique, et droit, comme
la Vertu.

Que nous voilà déjà loin du 18 juillet, de cette
Adresse rampante par laquelle Robespierre a
sauvé les Jacobins! Nous avons atteint le 1er septembre. La *revision* est terminée. Il s'agit de savoir
si la Constitution sera présentée à l'acceptation
du Roi, comment on constatera qu'à ce moment
le Roi est libre. L'Assemblée lui permettra-t-elle
de modifier, d'accepter sous condition? Robespierre apporte un discours bien calculé pour foudroyer l'Assemblée dans son parti dominant, pour
l'outrager et l'écraser dans l'homme le plus éminent du parti, Adrien Duport. Cet outrage solennel est une chose politique, pour constater la
défaite : un parti vaincu n'est jamais vaincu, aux
yeux de la plupart des hommes, que quand il peut
être impunément outragé, quand il tombe dans
le mépris.

« On doit être content sans doute, dit Robespierre, de tous les changements essentiels qu'on
a obtenus de nous. Si on peut encore attaquer,
modifier une Constitution arrêtée deux fois, que
nous reste-t-il à faire, que de reprendre ou nos
fers ou nos armes?... » (Applaudissement violent
des tribunes. La gauche s'agite et murmure.) —
« Monsieur le président, continue Robespierre, je
vous prie de dire à M. Duport de ne pas m'in-

sulter... » Il se trouvait justement que Duport n'avait rien dit, ses voisins en témoignèrent. Probablement, Robespierre avait d'avance arrêté de le nommer, afin de faire tomber sur ce nom tout le poids de la diatribe qu'il balançait alors à la tribune, comme la pierre d'une fronde, au moment de la lancer.

« Je ne présume pas, dit-il, qu'il existe dans cette Assemblée un homme *assez lâche* pour transiger avec la Cour sur un article de notre Constitution... » — Et il regardait Duport; les royalistes le regardent aussi, heureux et ravis. Quarante ans encore après, Montlosier tressaille de joie, en contant cette fête d'opprobre dont jouit le côté droit, dans l'avilissement de Duport.

Il reprit : « Assez *perfide* pour faire proposer par la Cour des changements nouveaux que la pudeur ne lui permettrait pas de proposer lui-même. » — Toute la salle, toutes les tribunes, portèrent d'un regard sur Duport ce mot de *perfide*, et tous applaudirent.

« Assez *ennemi de la patrie* pour décréditer la Constitution, parce qu'elle bornerait sa cupidité. » — Nouveaux applaudissements.

« Assez *impudent* pour avouer qu'il n'a cherché dans la Révolution qu'un moyen de s'agrandir. » — La droite riait aux larmes.

« Non, dit-il, je ne le crois pas. Je ne veux regarder tel écrit, tel discours qui présenterait ce sens, que comme l'explosion passagère du dépit, déjà expié par le repentir... » Et alors élevant la voix : « Je demande que chacun de nous jure que jamais il ne composera, sur aucun article, avec le pouvoir exécutif, sous peine d'être déclaré traître à la patrie. »

Duport, Barnave et Lameth restèrent cloués à leur banc sous cette parole de plomb. Elle tombait, assénée d'une lourdeur extraordinaire, avec la clameur d'en haut, les cris des tribunes, avec les dérisions infernales des royalistes, comme la joie des damnés, se disant les uns aux autres : « Mort à nous! mais mort à vous!... » Et le plus tragique encore, c'était l'assentiment tacite de presque toute l'Assemblée, qui, par une malveillance naturelle à qui va périr, s'amusait à voir ses chefs périr d'abord, étouffer, sans pouvoir jeter un cri.

C'est ainsi qu'eux-mêmes, six mois auparavant, ils avaient tué Mirabeau. Aujourd'hui, c'était leur tour.

Mirabeau n'eut pas cette fin désespérée et muette. Ceux-ci, il faut le dire, expiraient sous une bien autre pression. Ils auraient trouvé une voix, ces vaincus, si Robespierre seul, si l'Assemblée seule, avec les tribunes, eût pesé sur eux... En réalité, ce qui les écrasait, leur ôtait la voix et l'haleine, la respiration, la vie, c'était une puissance extérieure qu'on ne voyait pas, puissance énorme, inéluctable ; c'était ce *boa constrictor*, ce prodigieux serpent des mille sociétés jacobines, qui d'un bout de la France à l'autre, roulant ses anneaux, venait les serrer ensemble sur l'Assemblée défaillante, et sur ce banc même, à cette place, tordait et retordait son nœud. Ils n'avaient garde de bouger ; à cette pression extérieure s'ajoutait ce qui ôte les forces dernières, le vertige, la fascination. Leur ennemi avait beau jeu pour examiner froidement où et comment il lui convenait de leur enfoncer le poignard.

En Duport périrent les constitutionnels ; en ceux-ci périt l'Assemblée. Ce discours et ce silence d'étouffement, d'asphyxie, semblent appartenir déjà à l'histoire de la Terreur.

CHAPITRE XI

PRÊTRES ET JACOBINS
VENTE DES BIENS NATIONAUX

(SEPTEMBRE 1791)

Caractère général de l'Assemblée constituante. — Des services qu'elle a rendus au genre humain. — Déclaration de Pilnitz, 27 août, qui tue les constitutionnels. — Le Roi accepte la Constitution, 13 septembre. — Entrevues de la Reine et de Barnave. — La force principale du royalisme était dans l'action du Clergé sur le peuple. — Douceur de l'Assemblée à l'égard des prêtres qui refusent le serment. — Intrigues et menées violentes des prêtres réfractaires. — La mécanique du fanatisme. — Sacrements furtifs, enterrements nocturnes. Il n'eût pas été impossible d'ouvrir les yeux aux paysans. — L'Assemblée eût dû préparer les esprits à recevoir et comprendre la Loi. — L'intérêt se mêlait au fanatisme. — L'intérêt dut aussi soutenir la foi révolutionnaire. — Premier essor de la vente des biens nationaux. Huit cents millions en cinq mois, avril-août 91. — Foi des acquéreurs dans les destinées de la Révolution. — Ils fortifient les sociétés jacobines. — Le paysan sous-acquéreur devient la plus ferme base de la Révolution. — C'est l'ancien mouvement de la France, longtemps interrompu, qui recommença. — Note sur les écrivains qui essayent d'obscurcir ceci. — Solidité de la France des campagnes. — Fin de l'Assemblée constituante, 30 septembre 91 ; son impuissance.

Es fautes de l'Assemblée constituante, les voies sinueuses et coupables où s'engageaient ses meneurs, sa punition enfin et son triste abaissement, ne doivent point nous faire oublier, à nous postérité qui jouissons de ses bienfaits, tout ce que cette grande Assemblée a rendu de services au genre humain.

Quel livre il faudrait pour expliquer, apprécier ce corps immense des trois mille lois qu'elle a laissées !... Peut-être essayerons-nous d'en saisir l'esprit, quand nous pourrons les mettre en regard des lois analogues ou contraires de nos autres assemblées. Notons seulement, quant aux lois de la Constituante, que celles même qui sont abolies n'en restent pas moins instructives et fécondes. Cette grande Assemblée semble parler encore à toute la terre. Les solutions générales et philosophiques qu'elle donna à tant de questions sont toujours étudiées avec fruit, consultées avec respect de tous les peuples. Elle n'est pas restée le législateur du monde, elle en est toujours le docteur, elle lui conserve, noblement formulés, les vœux du siècle philosophe, son amour du genre humain.

Dans cette *Histoire*, trop rapide, je n'ai pu, sous ce rapport, rendre à l'Assemblée constituante ce qui lui est dû. J'ai été involontairement injuste envers elle, parlant des intrigues, et non des travaux, nommant toujours les chefs de partis, les meneurs, fort attaquables, et ne disant rien de cette foule d'hommes éclairés, modestes, impartiaux, qui remplissaient les Comités, ou dans l'Assemblée votaient avec intelligence et patriotisme, et tant de fois fixaient la majorité du côté de la raison. Une masse flottante d'environ trois ou quatre cents députés, dont presque aucun n'a parlé, dont aucun ne marque comme opinion tranchée, a fait peut-être la force réelle de la Constituante, appuyant toujours les solutions élevées, nobles, clémentes, qui font rayonner dans les lois le doux génie de l'humanité.

Si l'Assemblée *constituante* était l'unique auteur des lois qu'elle a rédigées (malgré leurs défauts, leurs lacunes), ce ne serait pas une couronne que le genre humain lui devrait, mais un autel.

Ses lois, il faut le dire, ne sont pas à elle seule. En réalité, elle a eu moins d'initiative qu'il ne semble. Organe d'une Révolution ajournée très longtemps, elle trouva les réformes mûres, les voies aplanies. Un monde d'équité, qui brûlait d'éclore, lui fut remis dans les mains par le grand dix-huitième siècle; restait de lui donner forme. La mission de l'Assemblée était de traduire en lois, en formules impératives, tout ce que la philosophie venait d'écrire sous forme de raisonnement. Et celle-ci, la philosophie, sous quelle dictée avait-elle écrit elle-même ? Sous celle de la Nature, sous celle du cœur de l'homme, étouffé depuis mille ans. En sorte que l'Assemblée constituante eut ce bonheur, cet honneur insigne, de faire que la voix de l'humanité fût enfin écrite, et devînt la Loi du monde.

Elle ne fut pas indigne de ce rôle. Elle écrivit la sagesse de son époque, parfois elle la dépassa. Les légistes illustres qui rédigeaient pour elle furent, dans leur force logique, conduits à étendre par une déduction légitime la pensée philosophique du dix-huitième siècle ; ils ne furent pas seulement ses secrétaires et ses scribes, mais ses continuateurs. Oui, quand le genre humain dressera à ce siècle unique le monument qu'il lui doit, quand au sommet de la pyramide siègeront ensemble Voltaire et Rousseau, Montesquieu, Diderot, Buffon, sur la pente et jusqu'au bas siègeront aussi les grands esprits de la Constituante, et à côté d'eux les grandes forces de la Convention. Législateurs, organisateurs, administrateurs, ils ont, malgré toutes leurs fautes, laissé d'immortels exemples. Vienne ici la terre entière, qu'elle admire et qu'elle tremble, qu'elle s'instruise par leurs erreurs, par leur gloire et par leurs vertus.

Mais l'heure sonne, il faut qu'elle périsse, cette

grande Constituante. Elle ne peut plus rien pour la France, rien pour elle-même. Il faut que la Convention nous vienne, d'abord sous le nom de Législative. Il faut que l'association jacobine couvre et défende la France. Il faut une conjuration contre la conspiration des prêtres et des rois.

Le 27 août, à Pilnitz, l'Empereur et le roi de Prusse avaient écrit une *note* menaçante pour la France, vague d'abord. Puis Calonne était accouru. Sous son influence active, au souffle haineux des émigrés, les rois eux-mêmes prirent feu, et, sans bien s'en rendre compte, ils dépassèrent la mesure qu'ils s'étaient prescrite. Ils se laissèrent entraîner à ajouter cette phrase au manifeste : « Qu'ils donneraient ordre pour que leurs troupes fussent à portée de se mettre en activité. »

Ce fut un avantage pour la France d'être avertie ainsi. Les émigrés, avec leur maladresse ordinaire, sonnaient le tocsin avant l'heure. La lettre pacifique de la Reine de France fut oubliée un moment de Léopold : n'ayant encore nulle intention d'agir, il commit la faute de donner l'alarme. Ici, ce fut un coup de grâce pour les constitutionnels ; dans leur pénible travail de restaurer la royauté, ils furent frappés à mort par l'émigration. En présence de la guerre qu'on crut imminente, le bon sens national s'éloigna d'eux de plus en plus, les crut incapables ou perfides, dangereux de toute façon dans la crise qu'on voyait venir.

Ils confirmèrent, dans la *revision*, le sacrifice qu'ils avaient fait déjà, leur exclusion de la députation et de toutes places. On le leur a reproché à tort : ils n'étaient pas libres d'agir autrement. Ils se voyaient l'objet de la défiance universelle, hors d'état de faire aucun mal, aucun bien.

La Constitution, présentée au Roi, fut acceptée de lui le 13 septembre. Les émigrés prétendaient que le Roi se déshonorait; Burke écrivit à la Reine qu'elle devait refuser et plutôt périr. Elle ressentit vivement la dureté de ces bons amis, de ces serviteurs fidèles, qui, eux-mêmes loin du danger, paisibles dans les salons de Londres ou de Vienne, voulaient qu'elle s'immolât et lui imposaient la mort. Ce n'était nullement l'avis de Léopold ni du prince de Kaunitz. Barnave et les constitutionnels suppliaient aussi le Roi d'accepter. Il le fit avec une remarquable réserve, déclarant qu'il ne voyait pas dans cette Constitution des moyens suffisants d'action ni d'unité : « Puisque les opinions sont divisées sur cet objet, *je consens que l'expérience en demeure le seul juge.* » C'était approuver sans approuver, se réserver d'attendre, témoin inerte et malveillant, les chocs que subirait la machine prête à se disjoindre.

Il y eut des fêtes dans Paris. La famille royale fut promenée aux Tuileries, aux Champs-Élysées, au théâtre, reçue encore une fois d'une grande partie de la population avec joie et attendrissement. Joie inquiète, et mêlée d'alarmes. On lisait une même pensée sur tous les visages : « Ah ! si la Révolution finissait ! si nous pouvions voir enfin dans ce jour la fin de nos maux ! »

Loin de finir, tout commençait. Pendant que le Roi et la Reine, plus libres enfin, voyaient secrètement, consultaient Barnave, traitaient, en quelque sorte, avec la Révolution, les prêtres, par toute la France, au nom de Dieu, au nom du Roi, avaient organisé le premier acte de la guerre civile.

Je ne sache rien dans l'Histoire de plus triste que ces nocturnes entrevues de Barnave avec le Roi et la Reine, telles que les a racontées la femme de chambre qui ouvrait au député. Elle attendait des heures entières à une petite porte des entresols, la main sur la serrure ouverte. La Reine, un jour, craignant que Barnave ne gardât moins le secret, s'il le voyait partagé par une femme de chambre, voulut se charger elle-même de ce poste, et reprit la faction. Spectacle étrange de voir la Reine de France attendre, la nuit, la main au loquet !... Et qu'attendait-elle, hélas ! Reine déchue, elle attendait le secours de l'orateur non moins déchu, devenu impopulaire, et qui ne pouvait plus rien. La mort attendait la mort ; et le néant, le néant*.

La force du royalisme était ailleurs, dans l'embrasement fanatique que les prêtres, sur un vaste plan d'incendie, allumaient, attisaient partout. Vous auriez dit de la France comme d'une maison fermée qui brûle en dedans; l'incendie se trahit par places avec des signes différents : ici, une fauve lueur; plus haut, la fumée; là-bas, l'étincelle.

Dans la Bretagne, par exemple, les curés, presque tous nommés maires en 89, restaient maires de fait, magistrats de la Révolution contre la Révolution. Nul moyen d'organiser les municipalités nouvelles. Une force immense d'inertie, un vaste et farouche silence sur tout le pays, une attente manifeste.

En Vendée, chaque seigneur s'était fait nommer commandant de la Garde nationale, et son régisseur était souvent maire. Le dimanche, après la messe, les paysans leur demandaient : « Quand commençons-nous ? » On avait vu justement en juin, vers l'époque du voyage de Varennes, nombre d'émigrés revenir, sur l'espoir d'un grand mouvement. L'un d'eux, le jeune et dévot Lescure, avait cru venir se battre pour le Roi et la religion; sa famille le maria. Il se trouva fort à point que la tante de madame de Lescure (depuis La Rochejaquelein) avait envoyé de Rome une dispense nécessaire. La dispense disait que le mariage ne pouvait être célébré que par un prêtre qui eût refusé ou rétracté le serment. Ce fut l'un des premiers actes écrits dans lesquels le pape exprima sa décision. Nombre de prêtres qui avaient juré se rétractèrent sur-le-champ.

Mais bien avant que le pape se fût ainsi déclaré, sa pensée était connue et comprise; les agents du Clergé agissaient avec adresse et mystère; ils remuaient le peuple en dessous. Dans la Mayenne, par exemple, *rien ne paraissait encore*; mais parfois, dans les clairières des bois, on trouvait de grands rassemblements de mille ou deux mille paysans. Pour quelle cause? personne n'aurait su le dire.

Le sabotier Jean Chouan ne sifflait pas encore ses oiseaux de nuit. Bernier ne prêchait pas encore la croisade dans l'Anjou. Cathelineau était encore un bon voiturier, honnête et dévot colporteur, qui doucement menait d'ensemble son petit commerce et les affaires du parti. Cependant, dans cette douceur, malgré les recommandations d'ajourner, d'attendre, il y avait des hommes impatients, des mains imprudentes, des vivacités irréfléchies. Près d'Angers, par exemple, un prêtre assermenté fut tué à coups de couteau. A Châlons, des furieux escaladèrent le presbytère, pour assassiner le curé. En Alsace, on n'employait pas le fer contre les prêtres citoyens : on lâchait sur eux des dogues, pour les dévorer. Tous les soirs, dans les églises obscures, on chantait, cierges éteints, à une foule palpitante, le *Miserere* pour le Roi, avec un cantique où l'on promettait à Dieu de recevoir les intrus à coups de fusil. Le cantique, et tous les ordres auxquels obéissait le Clergé d'Alsace, venaient de l'autre bord du Rhin, où le cardinal-Collier, le fameux Rohan, devenu saint et martyr, sans danger, tout à son aise, travaillait la guerre civile.

Fauchet, dans le Calvados, avait été cruellement puni de son effort insensé pour réconcilier la Révolution et le Christianisme; sa parole éloquente ne trouva qu'insulte et risée. A Caen, l'audace des prêtres et des femmes, leurs fidèles alliées, alla à ce point, que celles-ci, furieuses, en plein jour, dans une ville pleine de troupes et de Gardes nationales, entreprirent de mettre à mort le curé de Saint-Jean, descendirent la corde de la lampe du chœur pour le pendre sur l'autel.

Quelle était la persécution qui excitait de telles fureurs? où donc était le tyran, le Néron, le Dioclétien, contre lequel on s'insurgeait?... Les rôles étaient intervertis depuis le temps des martyrs: les saints d'alors savaient mourir, mais ceux-ci savaient tuer.

Il faut qu'on sache: 1° que l'Assemblée n'avait exigé *nul serment des prêtres sans fonctions*, qui faisaient une bonne moitié du Clergé. Moines, chanoines, bénéficiers simples, abbés de toutes les espèces, ils touchaient leurs pensions; l'État ne leur demandait rien.

2° Le serment qu'on demandait aux prêtres en fonctions n'était *nullement un serment spécial à la Constitution civile du Clergé*, mais un serment général « d'être fidèles à la nation, à la Loi et au Roi, et de maintenir la Constitution. » Ce serment, *purement civique*, était celui que l'État peut demander à tout fonctionnaire, celui que la patrie a droit d'exiger de tout citoyen.

Il est vrai que sous ces mots généraux : la *Loi*, la *Constitution*, la Constitution civile du Clergé était comprise implicitement, ainsi que toute autre loi. Qu'ordonnait cette Constitution du Clergé? rien de relatif au dogme, rien autre chose qu'une meilleure division des diocèses, et le rétablissement de l'élection dans l'Église*, le retour à la forme antique. L'opposition du pape et du Clergé était celle de la nouveauté contre l'antiquité chrétienne que l'Assemblée renouvelait.

Et cette Assemblée, ce tyran, quelle torture infligeait-elle aux prêtres qui refusaient le serment civique, qui déclaraient ne point vouloir obéir aux Lois? la peine unique était d'être payés sans rien faire, elle leur conservait leur traitement; oisifs et malveillants, elle ne les pensionnait pas moins.

Ce n'est pas tout : par un respect excessif pour la liberté des consciences, elle laissait à ces ennemis de la Loi l'accès de l'autel, elle leur tenait toujours ouverte l'église qu'ils avaient voulu quitter, leur permettait d'y dire la messe, de sorte que les ignorants, les simples, les esclaves de l'habitude, ne fussent point troublés de scrupule, et pussent, chaque matin, entendre leur prêtre maudire la Loi qui le payait, et la trop clémente Assemblée.

Il faut le dire, les prêtres citoyens montrèrent, pendant longtemps, à l'égard de ceux qui prêchaient contre eux l'émeute et le meurtre, une patience plus qu'évangélique. Non seulement ils leur ouvraient l'église, mais ils partageaient avec eux les ornements, les vêtements sacerdotaux. Le savant et modeste d'Expilly, évêque de Quimper, les encouragea lui-même à continuer le culte. Grégoire, à Blois, les couvrait d'une protection magnanime. Un autre évêque, nous le verrons tout à l'heure, les défendit à l'Assemblée législative avec une admirable charité. Un de ces vrais prêtres de Dieu écrivait, le 12 septembre, pour prévenir les mesures de rigueur que l'on craignait dans l'Ouest : « Les plaies de la religion saignent... Point de violence, je vous prie. La douceur et l'instruction sont les armes de la Vérité. »

Ces vertus devaient être inutiles. Il fallait que l'opposition des deux systèmes apparût dans tout son jour. Quelle que soit l'élasticité du Christianisme à suivre extérieurement les formes de la Liberté, son principe intime, immuable, c'est celui de l'autorité. Le fond du fond, en sa légende, c'est la Liberté perdue dans la Grâce, le libre arbitre de l'homme et la Justice de Dieu noyés en même temps dans le sang de Jésus-Christ [*].

L'Église de 91 s'avouait nettement ce qu'elle était, le représentant de l'autorité, l'adversaire de la Liberté. Et, comme telle, elle demandait aussi le rétablissement complet de l'autorité royale. On surprit, on imprima une lettre de Pie VI : croyant Louis XVI échappé, il le félicitait de rentrer dans la plénitude du pouvoir absolu.

C'était le crime de l'Assemblée d'avoir méconnu à la fois les deux lieutenants de Dieu, ses vicaires, le Roi et le pape, d'avoir nié sous les deux formes l'infaillibilité papale et royale, la double incarnation, pontificale et monarchique.

Là était le fond de la question, question une, identique, si bien que ceux qui travaillaient le mieux pour le Roi étaient encore ceux qui ne croyaient travailler que pour les prêtres.

Rien ne peut donner une idée de la sourde et violente persécution dont la Révolution, qui semblait maîtresse, était réellement victime. C'est alors que l'on put voir combien le domaine de l'action légale est resserré, en comparaison des mille activités diverses qui échappent aux regards, aux prévisions de la Loi. La société royaliste et dévote semblait en tout et partout dire tacitement au partisan des idées nouvelles : « Eh bien, qu'elles te protègent !... La Loi est pour toi, garde-la ! » — Au travailleur sans ouvrage : « A toi la Loi, mon ami ! puisse la Loi te nourrir. » — Au pauvre : « Que la Loi t'assiste ! » — Au marchand : « Que la Loi achète !... Elle te laisse mourir ? eh bien ! meurs. »

Que de mariages, tout prêts, furent violemment rompus ! que de familles brouillées à mort ! et combien de fois l'histoire renouvelée des Montaigu et des Capulet, l'éternel obstacle des haines entre Roméo et Juliette!... Les mariages étaient des divorces. La femme, au milieu de la nuit, s'en allait pieds nus, fuyait le lit, que dis-je? le toit conjugal. Les enfants en larmes avaient beau courir après...

Le dimanche, elle s'en allait, pendant que l'église était tout ouverte, chercher à deux ou trois lieues son église à elle, une grange, une lande, où, devant quelque vieille croix, le prêtre rebelle disait sa messe de haine. On ne peut pas se figurer combien l'imagination de ces pauvres créatures devenait exaltée, parfois furieuse, au souffle du démon du désert. Dans je ne sais quel village du Périgord, une bande de ces femmes, un matin, s'arme de haches, court à une des églises supprimées, brise les portes, sonne le tocsin. La Garde nationale accourut, les désarma; on les traita doucement; sur treize qu'on avait arrêtées, douze étaient enceintes.

Une *instruction* habile (du 31 mai 91), qui, de la Vendée, courut toute la France, enseignait aux prêtres la mécanique du fanatisme pour brouiller les têtes, pour faire des folles et des fous. Cette *instruction* fut colportée partout discrètement par les sœurs grises du pays, les *Filles de la sagesse*, dangereux agents, qui, d'hôpital et hôpital, et tout en soignant les malades, répandaient cette horrible maladie de la guerre civile. Le point principal de l'*instruction* était d'établir un sévère *cordon sanitaire* entre les assermentés et les non-assermentés, une séparation qui donnât au peuple la peur de gagner la peste spirituelle. C'était aux enterrements surtout que la mise en scène était dramatique. Dans la maison mortuaire, portes, croisées, volets fermés, le saint prêtre entrait vers le soir, disait la prière des morts, bénissait le défunt, au milieu de la famille à genoux. Celle-ci, on le lui permettait, portait le mort à l'église; pleine de répugnance et d'horreur, elle s'arrêtait avant le seuil; et, dès que les prêtres constitutionnels venaient pour introduire le corps, les parents fuyaient en larmes, laissant avec désespoir leur mort livré aux prières maudites.

Plus tard, l'*instruction* secrète ne leur permit plus même de l'amener à l'église : « Si l'ancien curé ne peut l'enterrer, dit-elle, que les parents ou amis l'enterrent en secret. » Dangereuse autorisation, impie et sauvage! L'affreuse scène d'Young, obligé d'enterrer lui-même sa fille pendant la nuit, d'emporter le corps glacé dans ses bras tremblants, de creuser pour elle la fosse, de jeter la terre sur elle (ô douleur!), cette scène se renouvela bien des fois dans les landes et dans les bois de l'Ouest!... Et elle se renouvelait avec un surcroît d'horreur. Ils tremblaient, ces hommes simples, que le pauvre mort, ainsi mis en terre par des mains laïques et sans sacrement, ne fût à jamais perdu pour l'éternité, et que, par delà cette nuit, ne s'ouvrît pour l'âme infortunée la nuit de la damnation.

Qui accuser de ces horreurs? La dureté de la Loi? l'intolérance de l'Assemblée? Nullement. Elle n'avait imposé aucun sacrifice des croyances religieuses.

Non, ce n'est pas l'intolérance qu'on peut reprocher à cette grande Assemblée. Ce qu'on doit blâmer en elle, c'est d'avoir, en donnant la Loi, négligé tous les moyens d'éducation, de publicité, qui pouvaient la faire comprendre, qui pouvaient, dans l'esprit des populations, dissiper la nuit d'ignorance, de malentendus, qu'on épaississait à plaisir, éclaircir les fatales équivoques qui furent partout l'arme du Clergé.

Le plus ordinaire était de confondre les deux sens du mot *Constitution*, de supposer que le serment civique d'obéissance à la *Constitution de l'État* était un serment religieux d'obéir à la *Constitution civile du Clergé*. En confondant habilement les deux choses, le Clergé accusait l'Assemblée d'une barbare intolérance. Aujourd'hui encore, beaucoup de personnes ne savent pas distinguer, et font de ce mot mal compris un grief essentiel contre la Révolution.

Les paysans de la Vendée et des Deux-Sèvres furent bien surpris, lorsque la chose leur fut expliquée par les commissaires civils en mission, MM. Gensonné et Gallois, en juillet et août 91.

Ces pauvres gens n'étaient nullement sourds à la voix de la raison. Ils furent tout heureux d'entendre les commissaires leur répéter les *instructions* de l'Assemblée: « La Loi ne veut nullement tyranniser les consciences; chacun est le maître d'entendre la messe qui lui convient, d'aller au prêtre qui a sa confiance. Tous sont égaux devant la Loi; elle ne leur impose d'autre obligation que de supporter mutuellement la différence de leurs opinions religieuses et de vivre en paix. » Ces paroles attendrirent la foule honnête et confiante; ils avouèrent avec repentir les infractions à la Loi qu'ils pouvaient se reprocher, promirent de respecter le prêtre autorisé par l'État, et quittèrent les commissaires civils « l'âme remplie de paix et de bonheur, » se félicitant de les avoir vus.

Hélas! ce peuple excellent ne demandait que des lumières. Ce sera un reproche éternel au Clergé de l'avoir barbarement environné de ténèbres, de lui avoir donné pour une question religieuse une question extérieure au dogme, toute de discipline et de politique, d'avoir torturé ces pauvres âmes crédules, endurci, dépravé par la haine une des meilleures populations, de l'avoir rendue meurtrière et barbare!

Et c'est un reproche aussi pour l'Assemblée constituante de n'avoir pas su qu'un système de législation est toujours impuissant, si l'on ne place à côté un système d'éducation. Je parle, on le comprend assez, de l'éducation des hommes, autant et plus que de celle des enfants.

L'Assemblée constituante, dernière expression du dix-huitième siècle, et dominée comme lui par une tendance abstraite et scolastique, s'est trop payée de formules, et n'a pas eu notion de tous les intermédiaires qui séparent l'abstraction de la vie. Elle a toujours visé au général, à l'absolu ; elle a été dépourvue entièrement de cette qualité essentielle du législateur que j'appellerais volontiers *le sens éducatif*. Ce sens donne l'appréciation des degrés, des moyens variés, par lesquels on peut rendre la population apte à recevoir la Loi. Sans ces moyens préalables, celle-ci ne fait que révolter les âmes ; la Loi ne peut rien sans la foi, elle la suppose. Mais la foi qui la sème, la prépare et la fait d'avance ? c'est l'éducation.

Qu'il me soit permis de reproduire ici ce que j'ai dit et imprimé dans mon Cours (3 et 10 février 1848) : « Nos législateurs regardèrent l'éducation comme un complément des lois, ajournèrent à la fin de la Révolution cette fondation dernière ; c'était justement la première par où il fallait commencer. — Le symbole politique, la Déclaration des droits, étant une fois posé, il fallait pour base, aux lois, mettre dessous des hommes vivants, faire des hommes, fonder, constituer le nouvel esprit par tous les moyens différents, assemblées populaires, journaux, écoles, spectacles, fêtes, augmenter la Révolution dans leur cœur, créer ainsi dans tout le peuple le sujet vivant de la Loi, en sorte que la Loi ne devançât pas la pensée populaire, qu'elle n'arrivât point comme une étrangère, inconnue et incomprise, qu'elle trouvât la maison prête, le foyer tout allumé, l'impatiente hospitalité des cœurs prêts à la recevoir.

« La Loi, n'étant nullement préparée, nullement acceptée d'avance, sembla, cette fois encore, comme les anciennes lois qu'elle remplaçait, tomber durement d'en haut. Cette Loi, tout humaine qu'elle fût, se présenta comme un joug, une nécessité, aux populations surprises. Elle voulut entrer de force dans un terrain où elle n'avait pas préalablement ouvert le sillon ; elle resta à la surface. »

Non seulement elle resta stérile, mais elle opéra justement le contraire de ce qu'elle se proposait. Non seulement il n'y eut pas d'éducation, mais il y eut une *contre-éducation*, une éducation en sens inverse, qui eut deux effets déplorables :

Ces âmes crédules, effarouchées par les terreurs du monde à venir, devinrent inhumaines, en proportion de leurs craintes. Elles s'endurcirent, comptèrent pour rien la vie de l'homme, l'effusion du sang. La mort ! ce n'était pas assez pour se venger d'un ennemi qui faisait courir aux âmes la chance d'un enfer éternel !

Puis, l'exaltation fanatique, qui semblait devoir rendre les consciences scrupuleuses et méticu-

leuses, eut, au contraire, l'effet bizarre de leur
ôter tout scrupule, leur faisant perdre de vue les
motifs intéressés, personnels, qui les rendaient
souvent hostiles à la Révolution, en sorte qu'ils
crurent la haïr d'une haine désintéressée, non
pour le tort matériel qu'elle leur faisait, mais uniquement pour Dieu. Le Vendéen, par exemple,
qui plaçait chez son seigneur tout l'élève des bes-
tiaux, qui voyait son noble débiteur ou ruiné ou
émigré, il prenait son fusil, pourquoi? pour cette
perte d'argent? non, mais (disait-il) *pour qu'on lui
rendît ses bons prêtres*. Le Breton, qui comptait
placer dans le Clergé un ou plusieurs de ses
enfants, avait bien contre la Révolution un motif
temporel de haine; mais sa sombre exaltation
religieuse lui persuadait qu'il n'en voulait à l'ordre
nouveau que pour l'outrage fait à l'Église, pour
son Dieu en fuite, exilé aux landes désertes et
sans abri que le ciel.

Voilà comment l'esprit de résistance, ne se
connaissant pas bien lui-même, était mêlé fortement de fanatisme et d'intérêt. Un seul de ces
deux mobiles aurait pu céder, le fanatisme eût
disparu à la longue devant les lumières nouvelles,
l'intérêt parfois peut-être se fût immolé à la
conscience. Mais, ainsi mêlés, confondus, se
trompant mutuellement, se donnant le change,
ils étaient bien indestructibles.

L'enthousiasme révolutionnaire semblait devoir
moins durer que le fanatisme catholique et roya-

liste. Il avait pour projet des idées nouvelles, et ne se liait pas comme l'autre à tout un système d'habitudes et de routines, anciennement envieilli dans l'homme, passé dans la vie, dans le sang. Plusieurs générations déjà, plusieurs classes d'esprits divers (et dans l'Assemblée nationale, et dans la nation tout entière), avaient eu leurs moments d'enthousiasme plus ou moins longs, et puis elles étaient retombées. Plusieurs persistaient sans doute, des hommes d'ardeur inextinguible, d'indomptable fermeté ; et ceux-là devaient glorieusement persister jusqu'à la fin. Toutefois de tels caractères sont toujours en petit nombre. Une révolution qui s'appuierait uniquement sur une élite héroïque serait, certes, bien compromise.

Il fallait que la Révolution, si elle voulait durer, s'appuyât, comme faisait la contre-révolution, non exclusivement sur les sentiments, qui sont si mobiles en l'homme, mais sur l'engagement fixe des intérêts, sur la destinée des familles compromises par leur fortune dans la cause révolutionnaire, décidément et sans retour.

C'est à quoi l'Assemblée constituante avait visé par la vente des biens nationaux. Ces biens d'abord étaient censés acquis de l'État par les municipalités, qui les revendaient aux particuliers. Mais l'opération se faisait avec une extrême lenteur. Au commencement, on avait, peut-être dans l'idée malveillante d'éloigner les acquéreurs, mis en vente d'énormes immeubles, comme les bâtiments des couvents, peu propres aux usages particuliers. Ce ne fut que plus tard qu'on vendit les parties les plus vendables, les plus désirées, les bois et les terres.

En général, le paysan, craintif et rusé, ne voulait point acheter directement de la Commune. Il allait, avec un voisin ou plusieurs, trouver quelque procureur de l'endroit, un homme d'affaires, parfois ex-intendant ou régisseur : « Eh bien, monsieur un tel, pourquoi n'achetez-vous pas? Achetez donc! nous voilà tous, qui sommes prêts à racheter de vous quelques morceaux de cette terre. »

Ce qui, traduit librement, selon l'idée réelle du paysan, signifiait : « Achetez. Si les émigrés reviennent, vous serez pendu. Mais l'on ne pourra pas pendre la foule des sous-acquéreurs. Et ce sera un grand hasard si l'on peut reprendre à des bandes si nombreuses un bien disséminé en parcelles imperceptibles. »

L'ex-intendant ou régisseur ne répondait rien, il hochait la tête. Généralement, il achetait, sans trop se hâter de revendre ; il voulait voir venir les choses. Si la Révolution triomphait, il gardait ou vendait, détaillait et faisait fortune ; et si c'était la contre-révolution qui prévalût, il avait son excuse prête : « J'ai acheté le bien pour le sauver, pour le conserver à son maître légitime. »

Mais les hommes plus hardis, plus indépendants, et c'était le plus grand nombre, les hommes lancés sans retour dans la Révolution, n'hésitaient pas à jouer tout sur ce coup de dé. Une seule chose les arrêtait, c'est que, malgré toutes les facilités que donnait aux acquéreurs l'Assemblée nationale, le terme des premiers payements était rapproché ; ils n'avaient pas le temps de faire les trois opérations qu'ils avaient en vue : acheter, trouver des sous-acquéreurs, leur revendre et déjà *recevoir d'eux quelque portion du prix* qui pût aider l'acquéreur au premier payement.

C'était un sujet de joie pour les contre-révolutionnaires de voir que la grande opération, avec tant de facilités offertes, traînait, avortait. Un jour, qu'ils disaient à Mirabeau : « Vous ne les vendrez jamais, vos biens nationaux... » On assure qu'il leur répliqua : « Eh bien, nous les donnerons. »

Au 24 mars 1791, il ne s'en était encore vendu que pour *cent quatre-vingts millions* à peu près. L'Assemblée avait donné un délai aux acquéreurs jusqu'en mai. Délai insuffisant ; elle le sentit le 27 avril, et elle étendit le délai de huit mois entiers, jusqu'en janvier 92. Cette mesure habile eut un effet incalculable ; aucune, à cette époque, ne contribua davantage à sauver, à affermir la Révolution. *En cinq mois*, chose prodigieuse, la vente fut de *huit cents millions ;* en sorte que, le 26 août, le Comité, dans son *rapport* à l'Assemblée, déclare qu'on a adjugé, en tout, des biens nationaux pour la valeur d'un MILLIARD !

Aucun des avantages offerts jusque-là ne les

faisait acheter. Ils étaient affranchis de toute hypothèque légale, francs de toute redevance, de tout droit de mutation, libres de toutes dettes, rentes constituées, fondations.

Tout cela n'avait pas suffi pour donner l'essor à la vente. La *main-morte*, ce charme fatal qui tant de siècles rendit ces biens *morts* en effet, inertes, souvent improductifs*, semblait peser sur eux encore. Une chose rompit le charme, leur rendit le mouvement, les fit partir, s'écouler, circuler de main en main, ce fut *le délai de neuf mois*, lequel entraînait la facilité de sous-vendre et de détailler, donnait le temps de tirer déjà quelque chose des sous-acquéreurs, etc.

La Déclaration de Pilnitz, la solennelle menace des rois à la Révolution, est datée du 27 août 1791; et le 26 du même mois, le *rapport* du Comité d'Aliénation, annonçant ce fait si grave, que la vente a pris l'essor, qu'elle est déjà d'un milliard, fait prévoir que la Révolution est lancée sans retour, qu'elle ne sera pas violente seulement, mais ferme et profonde, qu'elle ne touche pas la surface du pays, mais le fonds et le tréfonds; quoi que veuillent ou fassent les rois, elle sera à jamais irrévocable, invincible.

Car enfin, que signifiait cette vente? Qu'une foule d'hommes venaient d'engager *leur fortune* dans la cause révolutionnaire; plus que leur fortune peut-être, *leur vie;* et plus encore que leur vie, *la destinée de leurs familles.*

Ce n'était pas une chose sans péril, en 91, pour eux et les leurs, d'acheter ces biens. Les sarcasmes, les injures, les menaces secrètes, ne manquaient point à l'acquéreur. Il en souffrait moins dans les grandes villes, où l'on connaît peu son voisin ; mais dans les petites, sa situation était presque intolérable. La superstition, la haine, la malice universelle, l'enfermaient, pour ainsi dire, d'un cercle maudit. Tout ce qui pouvait lui arriver de fâcheux était un châtiment du ciel. Son enfant était malade ? Châtiment. Sa femme avortait ? Châtiment. S'il avait quelque accident, tout le monde en louait Dieu. Dans une ville éloignée de trente et quelques lieues de Paris, la flèche de la cathédrale branlait depuis longtemps, au grand péril des maisons voisines ; un maçon l'achète pour la démolir ; peu après il tombe d'un échafaudage et se tue : la ville en fait des feux de joie.

Au milieu de la malveillance universelle, les acquéreurs se rapprochaient les uns des autres, et se tenaient fortement. Cela seul d'avoir acquis des biens de la Nation, c'était un signe certain auquel les amis de la Révolution se reconnaissaient, ceux qui avaient embarqué leur bien et leur vie sur le vaisseau de la République, se remettant à sa fortune, voulant prospérer avec elle, ou avec elle périr.

Le choc du 21 juin, l'affaire de Varennes, les menaces de l'étranger, éprouvèrent leur foi robuste aux destinées de la Révolution. Ils ne bronchèrent pas, ne sourcillèrent pas. Le 21 même, on l'a vu, ils achetèrent, fort cher, trois maisons du chapitre de Notre-Dame de Paris. Ainsi, les Romains assiégés mirent en vente, et vendirent aussi cher qu'en pleine paix, le champ sur lequel Annibal était campé aux portes de Rome.

Les meneurs de l'Assemblée, dans le mouvement royaliste qu'ils essayaient de lui imprimer, virent sans doute avec inquiétude cet élan populaire des ventes, que leur révélait à l'improviste le *rapport* du 26 août. Le Comité d'Aliénation, qui avait fait ce *rapport*, s'en effraya lui-même, recula devant son succès. Il déclara abdiquer ses fonctions, et demanda qu'elles fussent transférées au pouvoir exécutif. Proposition naïvement contre-révolutionnaire. Confier à un Roi dévot le soin de vendre les biens du Clergé, en charger un ministère inactif et paralytique, c'était annoncer assez qu'on ne se souciait nullement désormais d'accélérer l'opération.

Ce pas subitement rétrograde du Comité, de l'Assemblée, leur effort pour s'arrêter court ou tirer à reculons, qu'indique-t-il? La frayeur. Ils auront rencontré quelque objet terrible; sur la route où ils cheminaient avec sécurité, ils ont vu se dresser contre eux la pointe de l'invisible glaive.

Leur frayeur s'explique d'un mot : Les Jacobins se font acquéreurs, les acquéreurs se font Jacobins.

Et dans quel progrès rapide s'opère cette double action !... Rapprochons les chiffres.

D'avril en août, vente des biens nationaux pour huit cents millions. La vente totale est d'un milliard.

En août et septembre, création de six cents nouvelles sociétés jacobines. Ajoutez les quatre cents anciennes, elles sont, dit-on, mille en tout, à la fin de septembre.

Et ces sociétés sont moins redoutables encore par leur multiplication que par leur nouveau caractère. Elles perdent ce qu'elles avaient d'abord, si j'ose dire, d'académique, de vaguement philosophique; elles deviennent sérieuses, âpres, violemment tendues vers le but. Elles rejettent les modérés, les demi-révolutionnaires, les hommes déjà las de la Révolution. Et à leur place, elles mettent deux classes d'hommes très ardents.

Des hommes d'affaires et d'intérêt, engagés à mort dans cette dangereuse exploitation des biens nationaux, se relevaient à leurs propres yeux par le fanatisme, surveillaient d'un œil de lynx la trame embrouillée de la Révolution, mettaient au service de la cause des idées l'âpreté persévérante du spéculateur en péril.

D'autre part, de purs, d'ardents patriotes, en qui les idées avaient précédé l'intérêt et le dominèrent toujours, subissaient les conditions hors desquelles la Révolution eût péri. Contre l'immense et ténébreuse intrigue des prêtres, ils acceptaient la nécessité de *l'inquisition* jacobine, — et en même temps l'autre moyen de salut, *l'acquisition* des biens ecclésiastiques. Acheter, diviser, subdiviser les biens du Clergé, c'était faire à la contre-révolution la plus mortelle guerre. Beaucoup achetaient avec fureur, et se croyaient d'autant meilleurs citoyens qu'ils achetaient davantage. Le danger de l'opération les séduisait, et l'odieux même qu'on s'efforçait d'y jeter. Ils voulaient périr, s'il le fallait, avec la Révolution, et ils s'y enrichissaient; ils se précipitaient, nouveaux Curtius, au gouffre de la fortune.

Plusieurs achetaient par devoir. L'honnête et austère Cambon établit, en 96, qu'entré aux affaires avec 6,000 livres de rente, il en sort avec 3,000. Il avait cru faire acte de patriote en achetant un domaine national près de Montpellier. Il se maria à Paris, et il épousa une femme dont la dot était aussi un bien national.

Ainsi se formait une base solide pour le système nouveau, une masse d'hommes liés par le dogme et par l'intérêt, fondant leur patriotisme dans la terre et dans l'idée, ayant leur double vie dans la Révolution, tout en elle et rien hors d'elle. Noyau fixe et ferme, autour duquel l'homme d'imagination, l'homme de sensibilité, l'enthousiasme mobile, allaient et venaient. Tel était six mois fanatique; tel, un an; tel s'arrêtait, et tel autre allait plus loin.

Ceux-ci flottaient comme la vague; mais ceux-là étaient le vaisseau. Ils savaient bien qu'ils n'avaient pas d'autre port que celui où aborderait la Révolution. De là, l'ensemble qu'ils montrèrent, leur docilité extrême pour ceux qui prirent le gouvernail. Ce grand corps, hétérogène, mené à la fois par la passion, l'exaltation, l'intérêt, n'en fut pas moins, dans sa violence, étonnamment disciplinable. L'individu s'y conduisit comme fait, dans la tempête, celui qui est là pour sa vie et veut se sauver : il croit tout, fait tout, ne discute point la manœuvre, ne raisonne pas avec le pilote.

Le moment précis où nous sommes, l'automne de 91, c'est le moment décisif où la grande association des acquéreurs et des patriotes va agir sur les campagnes.

Moment grave. En 90, le paysan a reçu le premier bienfait révolutionnaire, l'abolition des dîmes et des droits seigneuriaux, reçu avec une joie vive et sans réserve.

En 91, la Révolution vient à lui, et lui offre les biens de l'Église. — Il hésite, ici, regarde; sa femme a peur, et n'en dort pas; un dialogue entre eux s'engage le jour et la nuit. Lui, ce brave laboureur, bien plus scrupuleux en général qu'on ne croit, il n'eût jamais pris de lui-même; il l'a bien montré, bon Dieu! par sa longue et miraculeuse patience pendant tant de siècles! Mais enfin, ici, il raisonne, il comprend que ce bien, donné jadis pour le pauvre à l'Église, peut (en tout ce que ne réclame pas l'entretien de l'Église) faire retour au pauvre, si la Loi le veut ainsi. Retour non gratuit d'ailleurs, ce bien ne se donne pas, il se vend, et le prix sert au plus sacré des usages, à combler le déficit, à remplir les engagements de l'État, à défendre et sauver la France.

Ceci n'est point un acte tout nouveau et inouï. C'est le recommencement légitime du grand mouvement, parti du plus profond du moyen âge : *le persévérant achat de la terre par celui qui la travaille*, l'hymen sacré, légitime, de la terre et du laboureur. Je dis légitime. Ah! que ce mot est ici d'une propriété profonde!... Jamais il n'a demandé que cette terre lui vînt gratis; constamment, par des efforts obstinés et surhumains, il l'a gagné de son épargne, cet objet de tous ses vœux, de sa passion fidèle. Il a mis à l'obtenir la constance du patriarche, servant sept ans pour Lia, pour Rachel sept ans encore.

Ce progrès vers l'acquisition honnête et légitime de la propriété a été, nous l'avons remarqué ailleurs, barbarement rompu plusieurs fois, au seizième siècle, par les seigneurs de la seconde féodalité; au dix-septième, par les seigneurs d'antichambre. Grâce à Dieu, la Révolution, la bonne mère du paysan, vient de rompre la barrière; le grand mouvement recommence, et il ne s'arrêtera plus.

En 1738, un philosophe français, ayant consulté à ce sujet plusieurs intendants, remarque

que dans nos provinces « les journaliers ont presque toujours un jardin ou quelque morceau de vigne ou de terre. » — Eh bien, le premier but de la Révolution, c'est de l'étendre, ce jardin, de le leur continuer; c'est d'en faciliter l'acquisition à l'honnête travailleur. C'est par là qu'elle est à la fois la bienfaitrice, l'amie et le sauveur de tous, n'agitant passagèrement le monde que pour lui fonder la paix.

En invitant le paysan à l'acquisition, en le mariant à la terre, la Révolution lui fonda la vie encore d'autre sorte. La manière la plus générale, la plus naturelle, dont il se procura l'argent nécessaire, ce fut de chercher une dot et de prendre femme. Le mariage est l'occasion unique où le jeune paysan oblige le vieux à ouvrir son épargne, à chercher quelque écu caché. C'est là le commencement d'un grand nombre de familles agricoles; commencement respectable, puisqu'il fut fondé par la foi que le paysan mit dans la Révolution, dans la solidité du gage qu'elle lui livrait.

Et voilà comment elle est devenue, notre Révolution, solide, durable, éternelle; ralentie plusieurs fois, elle reprend toujours, continue son mouvement. C'est qu'elle ne s'assit pas seulement sur le sol mobile des villes, qui monte et qui baisse, qui bâtit et démolit. Elle s'engagea dans la terre et dans l'homme de la terre. Là est la France durable, moins brillante et moins inquiète, mais solide, la France en *soi*. Nous changeons, elle ne change pas. Ses races sont les mêmes depuis bien des siècles; ses idées sont les mêmes; ce qui est plus vrai, c'est qu'elles avancent par un travail insensible et latent, comme se fait tout changement dans les grandes forces de la Nature, non surexcitées par la passion qui use et dévore. Cette France, dans cent ans, dans mille ans, sera toujours entière et forte; elle ira, comme aujourd'hui, songeant, et labourant sa terre, lorsque depuis longtemps nous autres, population éphémère des villes, nous aurons enfoui dans l'oubli nos systèmes et nos ossements.

Un mot, un dernier mot sur l'Assemblée constituante. Nous l'avions presque oubliée. Elle semble, en ses derniers moments, s'oublier, s'abandonner d'elle-même.

Elle déclare ajourner les deux fondations profondes, essentielles, sans lesquelles son œuvre politique reste en l'air, branlante, prête à choir demain : l'Éducation, — la Loi civile.

Elle n'ose prendre aucun parti à l'égard des prêtres, et n'écoute même pas le *rapport*, instructif et sage, que ses commissaires viennent lui faire sur la Vendée. Elle fait contre le pape ce que nos rois ont fait plusieurs fois : elle réunit Avignon (13 septembre). Nous y reviendrons tout à l'heure.

Dans son avant-dernière séance (29 septembre), elle veut sévir contre les Clubs. Elle leur défend les pétitions en nom collectif, leur permet de discuter, « sans prétendre *inspection* sur les autorités légales. » Vaine défense ; ces autorités, hésitantes et impuissantes, à l'image de l'Assemblée, n'opposaient nulle résistance aux ennemis de la Révolution ; il fallait la laisser périr, ou bien la laisser sauver par les Clubs.

L'instruction réservée, timide, pleine d'éloges, pour les Clubs, qu'on joint au décret, exprime le vœu qu'ils n'aient point de correspondance, que leurs actes ne sortent point de leur enceinte. Mais le décret n'ose dire qu'il leur défend les affiliations. Or, c'était justement alors que s'affiliaient ensemble les mille sociétés jacobines, dont six cents venaient de naître.

Ainsi l'Assemblée n'ose rien de décisif contre les deux grandes conjurations qui divisent la France, celle des prêtres, celle des Jacobins. Elle se tait sur la première, gronde l'autre bien doucement, la menace en la flattant, timidement, à voix basse. Elle parle déjà, ce semble, de la faible voix des morts.

Le 30 septembre, le Roi ayant clos la session en exprimant le vain regret qu'elle ne pût durer encore, le président Thouret adressa cette parole au peuple assistant : « L'Assemblée constituante déclare qu'elle termine ses séances et qu'elle a rempli sa mission. »

DE LA MÉTHODE

ET

DE L'ESPRIT DE CE LIVRE

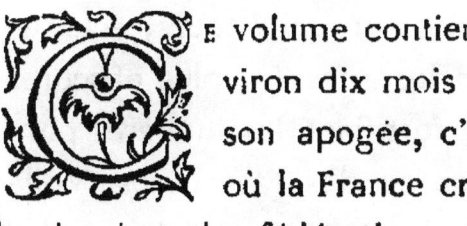E volume contient deux parties, d'environ dix mois chacune : son milieu, son apogée, c'est le beau moment où la France crut voir le ciel ouvert, la dernière des fédérations, la grande Fédération du Champ-de-Mars, au 14 Juillet 1790. Elle monte ainsi, notre Histoire, pleine d'espoir et d'élan, jusqu'à ce rêve sublime de l'union des cœurs et des esprits. Puis elle descend, par les degrés de la réalité pénible, jusqu'au 21 Septem-

bre 1791, où ce crédule enfant, le peuple, délaissé de son tuteur, qui déserte et le trahit, est forcé enfin d'être homme, où il fait le premier essai d'un vrai gouvernement d'hommes : être homme, c'est se régir soi-même.

Les deux parties du volume, le livre III, le livre IV, sont ainsi très diverses de sujets; de l'un à l'autre, l'Histoire y change de caractère, par une transition plus rapide, moins ménagée qu'il n'arrive ordinairement dans le cours des choses humaines. Ce changement n'est nullement un hasard; c'est la crise même du temps, le destin de la Révolution. Donc, deux sujets, et aussi deux couleurs et deux lumières : l'une, éclatante d'espoir; l'autre, intense, concentrée et sombre. On se rappelle le *projet* proposé par quelques savants pour illuminer Paris, deux phares de lumières électriques, qui, allumés sur deux tours, éclaireraient d'un demi-jour les rues les plus obscures et les plus profondes, fortifiant les lumières partielles, locales, du gaz ou des réverbères. Voilà mon livre. Les deux phares qui en éclairent les deux côtés sont : 1° les fédérations; 2° les Clubs, Jacobins et Cordeliers. Ces deux sujets dominent tout, se représentent partout; aux chapitres où nous paraissons nous en éloigner le plus, ils reviennent invinciblement; lors même qu'ils n'apparaissent pas, ils n'en font pas moins sentir leur présence, à la couleur très diverse dont ils teignent les objets, joyeuse lumière d'un feu de hêtre, brillant comme le matin, sombre lueur d'un feu de houille, dont la flamme intense, tout en éclairant, augmente l'impression de la nuit, rend les ténèbres visibles.

Pour nous, joyeuse ou mélancolique, lumineuse ou obscure, la voie de l'Histoire a été simple, directe; nous suivions la voie *royale* (ce mot pour nous veut dire populaire), sans nous laisser détourner aux sentiers tentateurs où vont les esprits subtils; nous allions vers une lumière qui ne vacille jamais, dont la flamme devait nous manquer d'autant moins qu'elle était tout identique à celle que nous portons en nous. Né peuple, nous allions au peuple.

Voilà pour l'intention. Mais la droite intention est chose si puissante en l'homme, quelle que soit sa faiblesse individuelle, que nous croyons, en cette œuvre, avoir avancé l'œuvre commune d'un pas. Dans cette construction première, insuffisante, comme elle est, il y a plusieurs points solides, où nos camarades en Histoire pourront mettre hardiment le pied, pour bâtir plus haut. Oui, qu'ils marchent sur nous sans crainte, nous serons heureux d'y aider et de leur prêter l'épaule.

Notre seul avantage à nous, c'était le travail antérieur, l'accumulation patiente des œuvres et des jours ; ce qui est commencement pour d'autres est pour nous un couronnement. Dix ans dans l'antiquité, vingt ans dans le moyen âge, nous avons longuement contemplé le fonds sur lequel l'âge moderne bâtit aujourd'hui. Nous avons pu apprécier, mieux peut-être qu'on ne fait d'un regard rapide, où est la base solide, où seraient les points ruineux.

La base qui trompe le moins, nous sommes heureux de le dire à ceux qui viendront après nous, c'est celle dont les jeunes savants se défient le plus, et qu'une science persévérante finit par trouver aussi vraie qu'elle est forte, indestructible ; c'est la *croyance populaire*.

Vraie *au total*, quoiqu'elle soit, dans le détail, chargée d'ornements légendaires, étrangers à l'histoire des faits. La légende, c'est une autre histoire, l'histoire du cœur du peuple et de son imagination.

Nous avons, au premier volume, dans la scène du 6 Octobre (t. I), donné un remarquable exemple de ces ornements légendaires qui ne sont nullement des mensonges du peuple ; il y affirme seulement ce qu'il a vu des yeux du cœur.

Écartez les ornements ; ce qui reste dans la

croyance populaire, spécialement en ce qui touche la moralité historique, est profondément juste et vrai.

Il ne faut pas que notre confiance dans une culture supérieure, dans nos recherches spéciales, dans les découvertes subtiles que nous croyons avoir faites, nous fasse aisément dédaigner la tradition nationale. Il ne faut pas qu'à la légère nous entreprenions d'altérer cette tradition, d'en créer, d'en imposer une autre. Enseignez le peuple, en astronomie, en chimie, à la bonne heure ; mais quand il s'agit de l'homme, c'est-à-dire de lui-même, quand il s'agit de son passé, de morale, de cœur et d'honneur, ne craignez pas, hommes d'étude, de vous laisser enseigner par lui.

Quant à nous, qui n'avons nullement négligé les *livres*, et qui, là où les livres se taisaient, avons cherché, trouvé des secours immenses dans les sources *manuscrites*, nous n'en avons pas moins, en toute chose de moralité historique, consulté avant tout la tradition *orale*.

Et ce mot ne veut pas dire pour nous le témoignage intéressé de tel ou tel homme d'alors, de tel acteur important. La plupart des témoins de ce genre ont trop à compter avec l'Histoire, pour qu'elle puisse trouver en eux des guides bien rassurants. Non; quand je dis tradition *orale*, j'entends tradition *nationale*, celle qui reste généralement répandue dans la bouche du peuple, ce que tous disent et répètent, les paysans, les gens de ville, les vieillards, les hommes mûrs, les femmes, même les enfants, ce que vous pouvez apprendre, si vous entrez le soir à ce cabaret de village, ce que vous recueillerez, si, trouvant sur le chemin un passant qui se repose, vous vous mettez à causer de la pluie et du beau temps, puis de la cherté des vivres, puis du temps de l'Empereur, du temps de la Révolution... Notez bien ses jugements; parfois, sur les choses, il erre, le plus souvent il ignore. Sur les hommes, il ne se méprend point, très rarement il se trompe*.

Chose curieuse, le plus récent des grands acteurs de l'Histoire, celui qu'il a vu et touché, l'Empereur, est celui qu'il charge et défigure le plus de traditions légendaires. La critique morale du peuple, très ferme partout ailleurs, faiblit ici généralement; deux choses troublent la balance, la gloire, et le malheur aussi, Austerlitz et Sainte-Hélène.

Pour les hommes antérieurs, plusieurs choses en sont oubliées, la tradition s'est affaiblie, quant au détail de leurs actes. Mais, quant à leur caractère, il en reste un jugement moral, identique dans tout le peuple (ou la presque totalité), jugement très ferme et très précis.

Étendez, je vous prie, cette enquête. Consultez des gens de toutes sortes, — non pas seulement des ouvriers (plusieurs sont déjà des lettrés plutôt que du peuple), — non pas des femmes seulement (leur sensibilité parfois les égare), — mais des personnes diverses d'âge, de sexe, de condition ; écartez les adversités accessoires, prenez le total des réponses, voici ce que vous trouverez, ce qu'on pourrait appeler le catéchisme historique du peuple :

Qui a amené la Révolution? Voltaire et Rousseau. — Qui a perdu le Roi? La Reine. — Qui a commencé la Révolution? Mirabeau. — Quel a été l'ennemi de la Révolution? Pitt et Cobourg, les Chouans et Coblentz. — Et encore? Les Goddem et les Calotins. — Qui a gâté la Révolution? Marat et Robespierre.

Telle est la tradition nationale, celle, vous pouvez vous en convaincre, de toute la France. Otez-en seulement quelques écrivains systématiques et quelques ouvriers lettrés, qui sous l'influence de ces deux systèmes, et cultivés depuis vingt ans par une Presse spéciale, sont sortis de la tradition commune à la masse du peuple. En tout, quelques milliers d'hommes, à Paris, à Lyon, dans trois ou quatre grandes villes ; nombre peu considérable, en présence de trente-quatre millions d'âmes.

Le catéchisme historique que nous venons d'indiquer est celui de *tous les habitants des campagnes*, celui de la *majorité des habitants des villes ;* majorité est impropre, il faut dire la quasi-totalité.

Prenez maintenant l'envers de ce catéchisme. (Voltaire et Rousseau n'ont rien fait, la Reine n'a point influé sur le sort du Roi, les prêtres et les Anglais sont innocents des maux de la Révolution, etc.), vous avez contre vous la France.

A quoi vous répondrez peut-être : « Nous sommes des gens habiles, des savants ; nous savons la France bien mieux qu'elle ne se sait elle-même. »

Une telle fin de non-recevoir, opposée à la croyance du peuple, m'étonne, je dois l'avouer. Cette Histoire, si profonde en lui, qui la vécut, la fit et la souffrit, lui en contester la connaissance, cela me semble, de la part des doctes, une prétention outrecuidante, si j'ose parler ainsi. Laissez-lui, messieurs les lettrés, laissez-lui ses jugements, il a bien gagné d'en garder la possession paisible, — possession grave, importante, messieurs ; c'est son patrimoine moral, une partie essentielle de la moralité française, un dédommagement considérable de ce que cette Histoire lui coûta de sang.

Quand le peuple a tiré un axiome, un proverbe, de son expérience, il n'en sort pas aisément ; une chose proverbiale pour lui, en médecine politique, qu'il a retenue de 93, c'est que la saignée ne vaut guère, et qu'on est plus malade après.

Et n'eût-il pas l'expérience, le bon sens lui dirait assez que le salut par voie d'extermination n'est pas un salut.

La France était perdue, après le *Salut public*, perdue de force et de cœur, jusqu'à se laisser prendre à celui qui voulut la prendre.

Maintenant, messieurs les doctes, contre cette croyance universelle, arrivez avec vos systèmes, faites entendre à ce bon peuple que, « la vie et la mort s'échangeant incessamment dans la Nature, il est indifférent de vivre ou mourir ; que, l'un mort, d'autres arrivent ; que la terre n'en fleurit que mieux. » Que si cette douce doctrine ne le charmait pas d'abord, dites-lui avec assurance qu'elle revient tout à fait au Christianisme ; le *salut* dont il nous parle, c'était le *Salut public* ; l'apôtre de la Terreur fut cousin de Jésus-Christ. Puis, faites-lui cet apôtre sentimental et pastoral, donnez-lui un habit plus céleste encore qu'il n'en porta à la fête de Prairial, vous aurez beaucoup de peine à *réconcilier le peuple avec le nom de Robespierre.*

Ce peuple a la tête dure. C'est ce que disait Moïse, quand, après avoir tué vingt ou trente mille Israélites, il appelait en vain les autres ; ils faisaient la sourde oreille.

Ou bien, voulez-vous que j'emprunte une trop naïve image, que vous trouverez basse peut-être, mais qui n'en est pas plus mauvaise, c'est la fable de La Fontaine ; le cuisinier, son grand couteau au côté, qui amadoue les poulets : « Petits ! petits ! » Il a beau prendre une voix douce, les petits n'ont garde ; un couteau n'est point un appât.

Mais parlons sérieusement.

Nous ne sommes point de ces amis du peuple qui méprisent l'opinion du peuple, sourient du *préjugé populaire*, qui se croient modestement plus sages que *Tout-le-monde*.

Tout-le-monde, pour les habiles et les gens d'esprit, c'est un pauvre homme de bien, qui n'y voit guère, heurte, choque, qui barbouille, ne sait pas trop ce qu'il dit. Vite, un bâton à cet aveugle, un guide, un soutien, quelqu'un qui parle pour lui.

Mais les simples, qui n'ont pas d'esprit, comme

Dante, Shakespeare et Luther, voient tout autrement ce bonhomme. Ils lui font la révérence, recueillent, écrivent ses paroles, se tiennent debout devant lui. C'est lui que le petit Shakespeare écoutait, gardant les chevaux à la porte du spectacle ; lui que Dante venait entendre dans le marché de Florence. Le docteur Martin Luther, tout docteur qu'il est, lui parle le bonnet à la main, l'appelant maître et seigneur : « *Herr omnes* (Monseigneur *Tout-le-monde*). »

Tout-le-monde, ignorant sans doute dans les choses de la Nature (il n'enseignera pas la physique à Galilée, ni le calcul à Newton), n'en est pas moins un juste juge dans les choses de l'homme. Il est souverain maître en Droit. Quand il siège, en son prétoire et tribunal naturel, aux carrefours d'une grande ville, ou sur le banc devant l'église, ou encore sur une pierre, à la croix des quatre routes, *sous l'orme* du jugement, il juge là, sans appel ; il n'y a pas à dire *non*. Les rois, les reines et les tribuns, les Mirabeau, les Robespierre, comparaissent modestement. Que dis-je ? le grand Napoléon fait comme faisait Luther ; il met le chapeau à la main...

Et nunc erudimini, qui judicatis terram ! Soyez jugés, juges du monde !

Haute et souveraine Justice, semblable à celle

de Dieu, en ce qu'elle ne daigne presque jamais motiver ses jugements. Ils étonnent parfois, scandalisent. Les scribes et les pharisiens demanderaient volontiers qu'on interdît un tel juge; ils ne savent vraiment comment excuser ses contradictions : « Peuple mobile! disent-ils en haussant les épaules, qui, sans nul principe arrêté, juge et se déjuge... Indulgent pour celui-ci, et sévère pour celui-là! Justice toute capricieuse. Les sages, heureusement, sont là pour reviser ses jugements. »

Caprice aux yeux de l'ignorance; pour la science, Justice profonde. Lui, il juge, tout est fini; à vous autres, historiens, philosophes, critiques, ergoteurs, à chercher, trouver, si vous pouvez, le *pourquoi.* Cherchez; il est toujours juste. Ce que vous y trouvez d'injuste, faibles et subtils que vous êtes, c'est le défaut de votre esprit.

Ainsi cet étrange juge donne ce scandale à l'auditoire : il excuse Mirabeau, malgré ses vices; condamne Robespierre, malgré ses vertus.

Grand bruit, force réclamations, dits, contre-dits, *mais oui, mais non...* Plusieurs hochent la tête et disent : « Le bonhomme a perdu l'esprit. » Prenez garde, messieurs, prenez garde, c'est le jugement du peuple, c'est la décision du maître;

nous n'y réformerons rien; tâchons seulement de comprendre.

Ce dernier point est déjà assez difficile. Je m'y suis tenu, sachant bien, quand je rencontrais des jugements discutés, des faits étranges parfois où la tradition commune ne semblait pas concorder avec tels documents imprimés, qu'il fallait rarement préférer ceux-ci; les Mémoires sont des plaidoyers pour telle cause individuelle, les journaux plaident de même pour l'intérêt des partis. J'ai fouillé alors d'autres sources, jusqu'ici trop négligées, et j'ai vu avec admiration que, pour souscrire aux jugements de l'ignorance populaire, c'est la science qui m'avait manqué.

Un éclatant exemple de ceci, c'est le fait immense des fédérations, dont le peuple, principalement celui des campagnes, est resté si profondément impressionné, et qu'il ne manque jamais de rappeler avec effusion, dès que l'on parle de l'année 1790. Est-ce à tort? les fédérations furent-elles de simples fêtes? On le croirait, au peu d'attention que leur donnent alors les journaux de Paris. Furent-elles des fêtes *bourgeoises*, comme on a essayé depuis de le faire entendre? Comment se fait-il alors que l'imagination, le cœur du peuple, en soient encore tout remplis?... Lisez les *procès-verbaux* des fédérations; comparez-les aux documents imprimés de l'époque, vous trouvez que ces grandes réunions armées, se succédant pendant neuf mois (de novembre 89 à juillet 90), eurent l'effet très grave de montrer aux aristocrates les forces immenses, invincibles, de la nation; elles leur ôtèrent l'espoir, leur firent perdre terre, décidèrent l'émigration, tranchèrent le nœud de l'époque. Les fédérations centrales (Lyon, Rouen, Paris, etc.), qui vinrent les dernières, firent comparaître seulement les représentants de la Garde nationale; à Lyon, 50,000 hommes représentèrent 500,000 hommes. Mais les fédérations locales, celles des petites villes et villages, des hameaux, comprirent *tout le monde;* le peuple, pour la première fois, se vit, s'unit d'un même cœur.

Ce fait, imperceptible dans la Presse, puis obscurci, défiguré par les faiseurs de systèmes, reparaît ici dans sa grandeur; il domine, nous l'avons dit, la première moitié de ce volume. Neuf mois de la Révolution sont inexplicables sans lui. Où était-il, avant nous? Dans les sources manuscrites, dans la bouche et le cœur du peuple.

C'est là la première mission de l'Histoire : retrouver par les recherches consciencieuses les grands faits de la tradition nationale. Celle-ci, dans les faits dominants, est très grave, très certaine, d'une autorité supérieure à toutes les autres. Qu'est-ce qu'un livre? C'est un homme. Et qu'est-ce qu'un journal? Un homme. Qui pourrait mettre en balance ces voix individuelles, partiales, intéressées, avec la voix de la France?

La France a droit, si personne peut l'avoir, de juger en dernier ressort ses hommes et ses événements. Pourquoi? C'est qu'elle n'est pas pour eux un contemplateur fortuit, un témoin qui voit du dehors; elle fut en eux, les anima, les pénétra de son esprit. Ils furent en grande partie son œuvre; *elle les sait, parce qu'elle les fit.*

Sans nier l'influence puissante du génie individuel*, nul doute que dans l'action de ces hommes, la part principale ne revienne cependant à l'action générale du peuple, du temps, du pays. La France les sait dans cette action qui fut d'elle, comme leur créateur les sait. Ils tinrent d'elle ce qu'ils furent, *tels ou tels points exceptés* où elle devient leur juge, approuve ou condamne, et dit: « En ceci, vous n'êtes pas *miens*. »

Toute étude individuelle est accessoire et secondaire, auprès de ce profond regard de la France sur la France, de cette *conscience* intérieure qu'elle a de ce qu'elle fit. La part de la *science* n'en reste pas moins grande. Autant cette conscience est forte et profonde, autant aussi elle est obscure, a besoin que la science l'explique. La première garde et gardera les jugements qu'elle a portés; mais les motifs des jugements, toutes les pièces du procès, les raisonnements souvent compliqués, par lesquels l'esprit populaire obtient des conclusions qu'on appelle simples, naïves, tout cela s'est effacé. Et c'est là ce que la science est chargée de retrouver.

Voilà ce que nous demande la France, à nous autres historiens, non de faire l'Histoire, elle est faite pour les points essentiels moralement, les grands résultats sont inscrits dans la conscience du peuple; mais de rétablir la chaîne des faits, des idées, d'où sortirent ces résultats : « Je ne vous demande pas, dit-elle, que vous me fassiez mes croyances, me dictiez mes jugements; c'est à vous de les recevoir et de vous y conformer. Le problème que je vous propose, c'est de me dire comment j'en vins à juger ainsi... J'ai agi et j'ai jugé; tous les intermédiaires entre ces deux choses ont péri dans ma mémoire. A vous de deviner, mes Mages! vous n'y étiez pas; et j'y fus. Eh bien, je veux, je commande que vous me racontiez ce que vous n'avez pas vu, que vous m'appreniez ma pensée secrète, que vous me disiez au matin le songe oublié de la nuit. »

Grande mission de la science, et quasi divine !

Elle n'y suffirait jamais si elle n'était que science, que livres, plumes et papier. On ne devine une telle Histoire qu'en la refaisant d'esprit et de volonté, en la revivant, en sorte que ce ne soit pas une Histoire, mais une vie, une action. Pour retrouver et raconter ce qui fut dans le cœur du peuple, il n'y a qu'un seul moyen, c'est d'avoir le même cœur.

Un cœur grand comme la France!... L'auteur d'une telle Histoire, si elle est jamais réalisée, sera, à coup sûr, un héros.

Quel admirable équilibre de justice magnanime se trouvera dans ce cœur! quelles sublimes balances d'or!... Car, enfin, il lui faudra, dans la grande justice populaire, qui décide en général, mesurer aux individus la justice de détail, retrouver à chacun, par une bienveillante équité, ses circonstances atténuantes, et, sur le plus coupable même, en l'amenant au tribunal, dire encore : « Il fut homme aussi. »

Ces pensées nous ont souvent arrêté, souvent fait rêver bien longtemps. Nous sentions trop ce qui nous manquait, pour toucher cette balance, en pureté, en sainteté.

Ce que nous pouvons dire au moins, c'est que, digne ou non, nous l'avons touchée d'une main attentive et scrupuleuse*. Nous n'avons jamais oublié que nous pesions des vies d'hommes... d'hommes, hélas ! qui vécurent si peu. C'est une circonstance grave dans la destinée de cette génération, qui oblige, pour être juste, de devenir indulgent ; elle tomba dans un moment unique, où s'accumulèrent des siècles ; chose terrible, qui ne s'est vue jamais : Plus de succession, plus de transition, plus de durée, plus d'années, plus d'heures ni de jours ; le temps, supprimé !

Quelqu'un, en 91, dans l'Assemblée nationale, rappelait 89 : « Oui, dit-on, *avant le déluge.* » — Camille Desmoulins, parlant en 93 d'un homme de 92 : « Un patriote *antique* dans l'Histoire de la Révolution. » — Le même, marié à la fin de 90, écrit en 93 : « Des soixante personnes qui vinrent à mon mariage, deux restent, Robespierre et Danton. » Il n'avait pas fini la ligne que des deux il n'en restait qu'un.

Heu ! unam in horam natos !...

La tentation du cœur, quand on voit passer si vite ces pauvres éphémères sous le souffle de la mort, serait de les traiter avec une extrême indulgence. Nous ne doutons pas que Dieu n'ait jugé ainsi, qu'il n'ait largement pardonné. L'historien n'est point Dieu, il n'a pas ses pouvoirs illimités ; il ne peut oublier, en écrivant le passé, que l'avenir, toujours copiste, y copiera des exemples. Sa justice se trouve ainsi circonscrite à une mesure moins large que ne conseillait son cœur.

Voici ce que nous pouvions, et ce que nous avons fait :

Nous avons rarement donné un jugement total, indistinct, nul *portrait* proprement dit ; tous, presque tous sont injustes, résultant d'une moyenne qu'on prend en tel et tel moment du personnage, entre le bien et le mal, neutralisant l'un par l'autre, et les rendant faux tous deux. Nous avons jugé les actes, à mesure qu'ils se présentent, jour par jour, et heure par heure. Nous avons daté nos injustices ; et ceci nous a permis de louer souvent des hommes, que plus tard il faudra blâmer. Le critique oublieux et dur condamne trop souvent des commencements louables en vue de la fin qu'il connaît, qu'il envisage d'avance. Mais, nous, nous ne voulons pas la connaître, cette fin ; quoi que cet homme puisse faire demain, nous notons à son avantage le bien qu'il fait aujourd'hui ; le mal viendra assez tôt : laissons-lui son jour d'innocence, écrivons-le soigneusement au profit de sa mémoire.

Ainsi, nous nous sommes arrêté volontiers sur les commencements de plusieurs hommes, pour qui nous étions médiocrement sympathique. Nous avons loué provisoirement, là où ils étaient louables, le prêtre Sieyès et le prêtre Robespierre, le scribe Brissot, et d'autres.

Que d'hommes en un homme! Qu'il serait injuste, pour cette créature mobile, de stéréotyper une image définitive! Rembrandt a fait trente portraits de lui, je crois, tous ressemblants, tous différents. J'ai suivi cette méthode; l'art et la justice me la conseillaient également. Si l'on prend la peine de suivre dans ces deux volumes chacun des grands acteurs historiques, on verra que chacun d'eux a toute une galerie d'esquisses, touchées chacune à sa date, selon les modifications physiques et morales que subissait l'individu. La Reine et Mirabeau passent ainsi et repassent cinq ou six fois; à chaque fois, le temps les marque au passage. Marat apparaît de même sous divers aspects, très vrais, quoique différents. Le timide et souffreteux Robespierre, à peine entrevu en 89, nous le dessinons, en novembre 90, le soir, de profil, à la tribune des Jacobins; nous le posons de face (en mai 91) dans l'Assemblée nationale, sous un aspect magistral, dogmatique, déjà menaçant.

Nous avons ainsi daté soigneusement, minutieusement, les hommes et les questions, et les moments de chaque homme.

Nous nous sommes dit et répété un mot qui nous est resté présent et qui domine ce livre:

L'Histoire, c'est le temps.

Cette pensée constante nous a empêché d'amener les questions avant l'heure, comme on le fait trop souvent. C'est une tendance commune de vouloir lire toutes les pensées d'aujourd'hui dans le passé, qui souvent n'y songeait pas. Pour ceux qui ont cette faiblesse, rien n'est plus facile. Toute grande question est éternelle ; on ne peut guère manquer de la retrouver à toute époque. Mais le fait de la science est de ne pas prendre ainsi ces côtés vagues et généraux des choses, ces caractères communs des temps, où ils se confondent; au contraire, de *spécifier*, — d'insister, pour chaque époque, sur la question vraiment dominante, et non d'y faire ressortir telle circonstance accessoire, qui se trouve en d'autres temps, qui peut-être de nos jours est devenue dominante, mais ne l'était pas alors.

C'est à tort que les auteurs de l'*Histoire parlementaire*, et ceux qui la suivent de près ou de loin, ont placé en première ligne dans l'Histoire de la Révolution, les questions qu'on appelle *sociales*, questions éternelles entre le propriétaire et le non-propriétaire, entre le riche et le pauvre, questions formulées aujourd'hui, mais qui dans la Révolution apparaissent sous d'autres formes, vagues encore, obscures, dans une place secondaire.

Ces auteurs ont exercé une très grande influence, et par une collection facile à consulter, qui semble dispenser des autres, et par un journal estimable, rédigé malheureusement dans leur esprit, mais dont la moralité forte compense en partie ce défaut. *Le devoir*, ce mot seul, rarement attesté de nos jours, le devoir, senti, enseigné, constitue à ce journal une originalité véritable.

Nous ne reprochons rien aux trop modestes élèves, plus sensés d'ailleurs que leurs maîtres. — Quant à ceux-ci, nous ne pouvons nous empêcher d'admirer leur sécurité dans l'absurde, leur intrépidité d'affirmation. Le *devoir* pourtant qu'ils attestent, commandait, avant d'affirmer ainsi, d'étudier avec conscience. On ne devine pas l'Histoire. Celui qui la parcourt en hâte, pour y trouver quelques preuves d'une théorie toute faite, limite trop ses lectures, et n'entend pas même le peu qu'il a lu. C'est ce qui arrive aux auteurs de l'*Histoire parlementaire :* des deux termes qu'ils rapprochent et mêlent sans jugement, le moyen âge, la Révolution, ils ne savent pas le premier, et ne comprennent pas l'autre.

Qu'est-il arrivé quand ils ont voulu imposer à la Révolution de 89 le caractère socialiste des temps postérieurs? Ne trouvant rien dans les monuments révolutionnaires qu'ils reproduisent, ils y suppléent en collant, devant, derrière, des préfaces ou post-faces qui n'y ont aucun rapport. Là, sans preuves, ils affirment que telle fut l'idée secrète des grands acteurs historiques, de tel homme, de tel parti : ils ont pensé ceci, cela ; ils n'en ont rien dit, il est vrai, mais ils auraient dû le dire.

Ou bien, s'ils trouvent un secours, quelques mots qu'ils puissent, en les forçant, détourner à leur profit, c'est dans le camp ennemi qu'ils vont les chercher. Donnons ici un exemple de cette étrange méthode.

L'affaire Réveillon, tout artificielle, comme le dit très bien Barère, affaire visiblement organisée par la Cour pour empêcher les élections, décider le Roi à ajourner les États généraux, ils en font une question toute semblable à celles qui nous occupent aujourd'hui : *c'est le peuple* contre les bourgeois. Et pour relever ce prétendu peuple, ils affirment hardiment qu'on ne pilla rien chez Réveillon, *qu'il le dit ainsi lui-même.* Pour les meubles, cela est vrai ; on n'aurait pu les emporter ; la foule était serrée, compacte, et les spectateurs honnêtes se seraient certainement déclarés contre les pillards. Mais pour ce qu'on put emporter, pour l'argent, on l'emporta ; c'est Réveillon qui, dans sa déposition, le témoigne expressément*.

Il est étrange que l'*Histoire parlementaire* invoque son témoignagne, pour lui faire dire tout juste le contraire de ce qu'il dit.

Où puise-t-elle son récit? Dans *L'Ami du Roi.* — Vous croyez, d'après ce titre, qu'il s'agit du journal contemporain, racontant un fait de la veille. Nullement. Il s'agit ici d'une Histoire écrite par Montjoye, *deux ans après*, « pour former, avec le journal *L'Ami du Roi*, un corps complet d'Histoire. » Il n'y a jamais eu un plus effroyable amas de mensonges, que ce livre de Montjoye, jusqu'à raconter que Mirabeau était là, dans l'affaire Réveillon, pour pousser l'émeute !... L'ouvrage, en général, est un recueil très complet de tout ce qu'on avait pu imaginer en fait de calomnies absurdes. Vous retrouverez là, entre autres choses, le roman de la République calviniste, travaillant la Révolution pendant trois cents ans, exactement comme on l'a lu dans la brochure originale de Froment en 1790.

La tactique très perfide des royalistes et des prêtres, à cette époque, était d'exploiter les souffrances infinies du peuple, d'en accuser la Révolution, de dire que tout au moins elle n'y pouvait rien changer.

Les évêques (juin 89) apportent hypocritement du pain noir dans l'Assemblée: « Messieurs, voyez le pain du peuple... Ayez pitié du pauvre peuple... » Et Montjoye ajoute en cadence : « Qu'importent ces élections ? Le pauvre sera toujours pauvre. » — C'est-à-dire qu'une révolution qui, par le fait, supprimait l'octroi des villes, qui délivrait le paysan de la dîme, abolissait l'impôt indirect, mettait en vente à vil prix des milliards de biens, était une révolution tout indifférente au peuple, œuvre des bourgeois, faite uniquement pour l'intérêt des bourgeois ? Burke et le Clergé ont dit ces choses, mais quel homme censé les croira ?

Malouet, en 89, fit la *proposition* infiniment dangereuse de voter une vaste taxe des pauvres, qui, mise entre les mains du Roi, tournait la Révolution exactement à rebours, faisant du Roi le tribun des indigents, le nourricier des affamés, le capitaine peut-être des mendiants contre la Révolution. L'Assemblée répondit noblement par des sacrifices personnels, par l'immortelle nuit du 4 Août.

En 90-91, le Club des Amis de la Constitution monarchique usa de la même recette. Il se mit à distribuer des bons de pain, non aux affamés, mais aux travailleurs robustes. Les Jacobins regardèrent cette tentative comme tellement dangereuse, qu'ils eurent recours aux plus violentes émeutes pour détruire ce Club.

Tout était gagné pour les royalistes, s'ils avaient pu obscurcir la question politique, en faire une question sociale, la guerre des bourgeois et du peuple, puis intervenir, faire accepter au peuple du pain en place de ses droits. Ils avaient compté sans lui. Tout affamé qu'il était, il subordonna la question du ventre à la question d'idées. On vit alors, dans les plus extrêmes épreuves, combien la Révolution était, dans son principe, glorieusesement spiritualiste, fille de la philosophie, et non pas du déficit. Aux portes des boulangers, comme aux portes de l'Assemblée, on parlait de la disette moins que du *veto*, moins que du dernier discours qu'avait prononcé Mirabeau, on discutait les Droits de l'homme, etc. C'est ce que les royalistes, confondus, ont appelé la folie de cette époque : c'est sa gloire, à notre avis.

Étranges amis du peuple, que ceux qui, adoptant à l'aveugle la tradition royaliste, rabaisseraient ces luttes d'idées aux querelles de famine !

Partout où ils rencontrent du pillage, du brigandage : « c'est le peuple, voilà le peuple... » Et que diraient de plus ses cruels *ennemis* ?

On croirait qu'ils sont *ennemis* systématiques de la propriété. Ils ne savent pas bien ce qu'ils sont ; ils restent, sur ce point, dans une sorte d'éclectisme, comme leur ami Marat.

Préoccupés exclusivement de Paris, des tendances aristocratiques de la Garde nationale de Paris, ils croient voir partout la lutte du peuple et de la Garde nationale. Que ne consultent-ils les hommes du temps qui vivent encore? ils leur diraient que, de juillet 89 à juillet 90, et même au delà, la Garde nationale, c'était *tout le monde en France*. Paris et quelques grandes villes font seules exception à cela. Le charbonnier, le porteur d'eau, le commissionnaire du coin de la rue, montait sa garde à côté du propriétaire, du riche. Notre cher et vénérable M. de Lamennais m'a conté qu'au moment où les villes de Bretagne défendirent du pillage les châteaux des nobles, leurs ennemis, il fut frappé, tout enfant qu'il était, de voir la ville de Saint-Malo tout entière partir en Garde nationale.

Les grandes villes, la classe ouvrière, absorbent toute l'attention des auteurs de l'*Histoire parlementaire*. Ils oublient une chose essentielle. Cette classe n'était pas née.

Je veux dire qu'elle était peu nombreuse, en comparaison de ce qu'elle est aujourd'hui.

La France nouvelle est née en deux fois : le paysan est né de l'élan de la Révolution et de la guerre, de la vente des biens nationaux ; l'ouvrier est né en 1815, de l'élan industriel de la paix.

La plupart des systèmes qu'on bâtit sur les temps de la Révolution reposent sur l'idée de la classe ouvrière, qui alors existe à peine. Voilà la première erreur de MM. Buchez et Roux, et de ceux qui, avec plus d'esprit, plus de talent, moins d'exagération systématique, ont adopté à la légère plusieurs de leurs conclusions.

Et la seconde erreur, non moins grave, c'est de supposer que la tradition catholique s'est perpétuée dans celle de la Révolution. Pour défendre ce paradoxe, il a fallu soutenir à la Révolution elle-même qu'elle s'est trompée, qu'elle est identique à ce qu'elle a cru combattre; ce qui n'est pas moins que de la représenter imbécile et idiote.

Mutilez tant que vous voudrez, torturez ses paroles, jamais vous ne la convaincrez d'avoir eu pour principe l'étrange et bizarre éclectisme, où vous mêlez grossièrement ensemble les éléments les plus contraires. Elle eut un principe simple, comme toute chose vivante, organique; elle eut une âme, une vie.

Quand vous lui prêteriez vos paroles, vos conceptions bizarres, cela ne suffirait pas encore à la dénaturer, si on la voyait ce qu'elle est, légitimement amenée par le courant invincible des siècles qui la préparent. Il faut supprimer ces siècles, trois au moins, nier la Renaissance, nier le protestantisme qui est la moitié du monde, nier le dix-huitième siècle et le monde entier.

Où donc faut-il remonter pour trouver l'esprit véritable auquel nous rattacherons la Révolution? Au Traité de Westphalie? à Luther? à Jean Huss? L'Europe, avant ces époques, était une, disent-ils, harmonique, parfaitement équilibrée. Or, savez-vous ce qu'avait à faire la Révolution, selon eux? Vous ne le devinez pas? Replacer le monde au même point : « Ramener le Droit public de l'Europe à l'état où il était avant le Traité de Westphalie » (t. VI, p. 13, 1re édition).

Même page : « La Réforme *brisa l'unité* religieuse. » L'unité avait été grande, en effet, au quinzième siècle, au quatorzième, grande, si nous remontons aux Albigeois et plus haut... l'unité d'un cahos sanglant!

« Plus tard, disent-ils, naquit la doctrine du Droit naturel. Croyez-vous donc, parce que, jusque-là, vos prêtres la faisaient taire, cette doctrine, par le fer et par le feu, qu'elle n'existât pas dans le cœur de l'homme, qu'elle ne criât pas contre eux? — En quelle année, s'il vous plaît, est-elle née? Donnez-moi la date du Droit éternel.

J'avais lu toutes ces belles choses dans ce pêle-mêle allemand qu'on appelait *Le Catholique*, où M. d'Eckstein, avec une certaine verve trouble, brouillait toutes sortes de doctrines, de théories empruntées. C'est la source principale où ceux-ci ont puisé ce qu'ils savent du moyen âge catholique. Seulement, comme si ce brouillard leur semblait encore trop clair, ils ajoutent tout ce qu'ils ont d'ignorances, de confusions, de malentendus. Les ténèbres bien épaissies, redoublées par des non-sens, ils se sont là-dedans commodément établis, et là, fait un tel mélange de formules, d'*abracadabra*, que rien de pareil n'a eu lieu depuis la scène des trois sorcières de *Macbeth*. Vous entendez du dehors toutes sortes de doctrines violées, accouplées, torturées, hurler dans la nuit. Chacune d'elles est mêlée aux autres d'une manière d'autant plus impitoyable et barbare, qu'ils ne savent la vraie nature, la portée d'aucune. — Chacune, prise de seconde main dans des extraits infidèles, dans des traductions inexactes, n'ayant plus ni figure ni forme, finit par se prêter à tout. La série des épurations, des rectifications préalables par lesquelles il faudrait faire passer chaque élément de ce mélange, avant d'en venir à discuter l'informe Babel, décourage; les bras en tombent.

Nul système n'est là plus barbarement estropié que la pauvre Révolution.

Pour donner quelque vraisemblance à cette

confusion incroyable qui identifie l'âge de *liberté* avec l'âge d'*autorité*, de tyrannie spirituelle, il leur a fallu placer le premier dans ce qui fut le moins lui-même, dans ce qui fut le moins libre, dans ce que la Révolution offre d'analogue aux barbaries du moyen âge. La Révolution, selon eux, apparaît précisément dans ses ressemblances avec le système contre lequel, depuis des siècles, se faisait la Révolution. Née, grandie, dans l'indignation légitime qu'inspire la Terreur de l'Inquisition, elle triomphe enfin, elle éclate, révèle son libre génie; et son génie ne serait autre que la Terreur de 93 et l'inquisition jacobine?

Satire amère de la Révolution! qu'elle déclame cinq cents ans contre le moyen âge, et qu'arrivée à son jour, sommée par la nécessité de montrer ce qu'elle est, ce qu'elle veut, elle ne montre rien en soi qu'une impuissante déduction du moyen âge, qu'une imitation servile de ses procédés barbares, barbarie plus choquante encore lorsqu'elle se représente, en plein dix-huitième siècle, après Rousseau et Voltaire.

Si cette théorie est bonne, le moyen âge a vaincu. Comme Terreur, il est supérieur, ayant par delà les supplices éphémères les tourments de l'éternité. Comme Inquisition, il est supérieur, connaissant d'avance l'objet sur lequel porte son enquête, ayant élevé enfant cet homme dont il cherche la pensée, l'ayant pénétré d'avance par tous les moyens de l'éducation, le reprenant chaque jour par la confession, exerçant sur lui deux tortures, la volontaire, l'involontaire, etc. L'inquisition révolutionnaire, n'ayant aucun de ces moyens, ne sachant comment discerner les innocents des coupables, est réduite à un aveu général de son impuissance ; elle applique à tous, au hasard, la qualité de *suspects*.

Le moyen âge, nous le répétons, a tout l'honneur en ce système. Il est le système même, et la Révolution n'y apparaît que comme une application malheureuse, un accident barbare. Le Catholicisme, ici, c'est le fond de tout, un fond absorbant qui rappelle tout à lui. Les auteurs ont beau faire parade de phrases révolutionnaires, attaquer même en tel point tel abus de l'ancienne Église, leur principe, d'une pente rapide, d'une descente invincible, les fait rouler vers cette Église, au sein des vieilles ténèbres. Ce sont les Jacobins du pape. Le Clergé ne s'y trompe pas ; l'apologie de la Saint-Barthélemy lave, à ses yeux, suffisamment l'apologie du 2 Septembre.

Je n'insisterais pas ainsi sur l'*Histoire parlementaire*, si ce recueil, commode à consulter, n'était pas, pour la foule des lecteurs qui ont peu de temps, une tentation continuelle. Le mot *devoir* est en tête, il commande la confiance. Il porte à croire que l'exécution du livre fut aussi consciencieuse que l'intention pouvait être bonne. Néanmoins, quoique les auteurs soient des hommes honorables, la passion, la préoccupation systématique, sans doute aussi la précipitation avec laquelle ils travaillèrent, leur ont fait admettre dans leur recueil une quantité innombrable d'erreurs matérielles qu'ils trouvaient dans les grandes collections ; et ils ont ajouté les leurs *.

Leurs idées ont acquis aussi une grande influence par ce qu'en ont emprunté des hommes supérieurs en talent littéraire, et bien moins systématiques. Les derniers historiens de la Révolution, MM. de Lamartine, Louis Blanc, Esquiros (que je ne prétends nullement juger, l'éloge me mènerait bien loin), sont, malgré leurs différences, d'accord avec M. Buchez sur deux points essentiels. En ces points, ils sont tous contraires à la tradition de l'esprit moderne, à celle de la France. Cette tradition n'est pas moins, selon moi, que la *conscience* nationale. Jusqu'à quel point la *science*, aidée du talent et du prestige de l'art, peut-elle avoir raison contre la *conscience* populaire? C'est ce que le temps jugera.

I. Le premier point, c'est leur indulgence pour

le Clergé. Contrairement à l'opinion générale, ils ne paraissent pas croire que la Révolution ait été amenée par les fautes des prêtres autant que par celles des rois. Les premiers n'apparaissent dans leurs livres que de profil et en seconde ligne. La tradition anti-ecclésiastique de la philosophie française leur inspire peu de sympathie; dans Rabelais, Molière et Voltaire, ils ne voient que les organes d'un individualisme égoïste des classes bourgeoises. Nous, nous y voyons le peuple, la manifestation vraie et forte de l'esprit français, tel qu'on le trouve antérieurement dans les fabliaux, fables, contes, poésies populaires de tout âge, de toute forme et de toute espèce.

Nous ne portons ici aucun jugement sur le mérite des deux doctrines opposées. Nous notons seulement leur opposition.

II. *Il en est de même pour le second point.* Les quatre écrivains dont je parle s'accordent dans leur admiration pour les hommes de la Terreur; ils croient que le Salut public a sauvé la France; ils révèrent les noms qui, à tort ou à raison, sont restés exécrables dans le souvenir du peuple, et, dans sa bouche, maudits.

Deux des *Histoires* en question ne sont point achevées. *Attendons* les faits, inconnus sans doute, qu'elles tiennent encore en réserve, des faits, s'il en est d'assez concluants, pour faire que l'instinct populaire a erré, que la France s'est trompée.

En *attendant*, tout ce qu'une longue étude des précédents de la Révolution, et de la Révolution même, nous conduit à croire, c'est que la France a raison, c'est qu'entre la *science* véritable et la *conscience* populaire, il n'y a rien de contradictoire.

Loin d'honorer la Terreur, nous croyons qu'on ne peut même l'excuser comme moyen de Salut public. Elle eut des difficultés infinies *à surmonter*, nous le savons; mais la violence maladroite des *premiers* essais de Terreur, qu'on voit dans ce volume même, avait eu l'effet de créer à l'intérieur des millions d'ennemis *nouveaux* à la Révolution; à l'extérieur, de lui ôter les sympathies des peuples, de lui rendre toute propagande impossible, d'unir intimement contre elle les peuples et les rois. Elle eut des obstacles incroyables *à surmonter;* mais les plus terribles de ces obstacles, elle-même les avait faits. — Et elle ne les surmonta pas; c'est elle qui en fut surmontée.

La faute, au reste, n'est pas particulière aux hommes du Salut public; c'est celle par laquelle avaient péri les systèmes antérieurs.

Tous commencent par poser *le devoir;* puis,

les dangers, les nécessités viennent, ils ne songent qu'au *salut*.

Le Christianisme part de l'amour de Dieu et de l'homme, du *devoir* moral; puis, dès qu'il est contesté, il procède par le fer et le feu, par voie de *Salut* public.

La royauté naissante est une *Justice* suprême; saint Louis est un juste juge, même contre la royauté. Philippe-le-Bel, poussé par le pape, atteste le *Salut public* (c'est le mot même dont il se sert). Louis XI l'applique aux seigneurs.

Demandez à chaque système pourquoi ces moyens violents, peu en rapport avec le principe élevé qu'il mit en avant d'abord, il répond : « Il faut que je vive; la première Loi est le salut. » — Et c'est par là qu'il périt.

Ces remèdes héroïques ont cet infaillible effet de donner une vigueur nouvelle à ce que l'on veut détruire. Le fer a une force vivifiante qui fait végéter ce qu'on coupe; c'est comme la taille des arbres. Torquemada, par les bûchers, enfante des philosophes. Louis XI, par les gibets, réveille l'âme féodale pour le siècle qui va suivre. Marat, en aiguisant le couteau de la guillotine, ne fait que des royalistes et prépare la réaction.

Les hommes de la Révolution, fort courageux et dévoués, manquèrent, il faut le dire, de cet héroïsme d'esprit qui les eût affranchis de la vieille routine du *Salut public*, appliquée par les théologiens, formulée, professée par les juristes depuis le treizième siècle, spécialement en 1300, par Nogaret, sous son nom romain de *salut public*, puis par les ministres des rois, sous le nom d'*intérêt, de raison d'État*.

Nos révolutionnaires retrouvèrent cette doctrine dans Rousseau; ils la suivirent docilement. Les vingt années qui suivent Rousseau ne leur donnaient nulle idée essentielle de plus. Eux-mêmes, emportés dans l'orage, ils n'y purent rien ajouter. Rousseau fut inconséquent, et ils furent inconséquents.

Notons cette inconséquence.

Dans l'*Émile*, dans la Profession de foi du vicaire savoyard, Rousseau a atteint la profonde idée de la suprématie absolue du Droit, du devoir, disant que Dieu même n'en est pas affranchi*. Mais dans le *Contrat social*, le Droit flotte devant ses yeux, il n'est plus qu'une idée simple, primitive, absolue; il croit avoir besoin de l'expliquer, il le dérive d'une idée antérieure**.

Il appuie la Justice sur la préférence de chacun pour soi, sur *l'intérêt* personnel. La Justice sociale va se trouver fondée sur *l'intérêt* général. Plus d'injustice dès que cet intérêt général commande, dès que l'injustice peut servir au *Salut public*, seule base de la Justice.

Le *Salut*, dans ce système, est pris pour point de départ, comme l'idée la plus claire, la notion la plus précise qui prête sa clarté aux autres. Cependant, dans cette incertitude infinie des choses humaines, lorsque les fameux politiques se trompent à chaque instant, sont-ils sûrs de ne pas se tromper ici, de bien savoir ce qu'ils disent, quand ils parlent de *Salut ?* Le *Salut* est-il donc chose plus claire dans l'esprit de l'homme que la *Justice* ne l'est dans son cœur ? « Qui sait en ce monde (un jeune homme d'un grand cœur me disait hier ce mot), qui sait au vrai ce que c'est que le *Salut ? Est-ce vivre ? est-ce mourir ?* »

Pour moi, tout le spectacle de l'Histoire m'a montré une chose (que les empiriques ignorants de la politique feront bien d'apprendre) : c'est que les plus sûrs du Salut, c'étaient encore, après tout, ceux qui ne voulaient point de Salut aux dépens de la Justice.

La Justice est une idée positive, absolue, qui se suffit à elle-même. Le Salut est une idée négative, qui implique la négation de la ruine, de la mort, etc. Ceux qui firent descendre la Révolution de la Justice au Salut, de son idée positive à son idée négative, empêchèrent par cela même qu'elle ne fût une religion. Jamais idée négative n'a fondé une foi nouvelle. La foi ancienne dès lors devait triompher tôt ou tard de la foi révolutionnaire. L'ancienne n'aurait pu légitimement céder qu'à une foi plus désintéressée, plus haute, mieux fondée dans la Justice.

Personne, du commencement, ne vit tout cela.

L'Assemblée constituante, par la voix de Mirabeau, proclama le principe même de la Révolution (conforme au Rousseau de l'*Émile*) : « Le Droit est le souverain du monde. » Et encore, par Dupont de Nemours : « Périssent les colonies plutôt qu'un principe ! » Ce qui n'empêcha pas les meneurs de l'Assemblée de professer, tout au moins de pratiquer, la doctrine du Salut public. Ils n'hésitèrent pas à l'avouer dans une occasion solennelle.

Les Girondins et les Montagnards commencent précisément de même. Robespierre répète, dans la discussion des colonies, le mot de Dupont de Nemours. Dans la question de la liberté d'émigrer, il s'abstient, laisse parler les professeurs du Salut public (février 91). Cependant, dès 89, il a conseillé la violation du secret des lettres ; on peut, sans peine, prévoir que, s'il arrive à tenir le timon des affaires, il ne défendra pas les principes plus obstinément que ne font les Constituants et les Girondins. Le grand *instrumentum regni*, la doctrine du Salut public est invariablement réclamée par les puissants.

Ils n'ont pas une autre recette. Tous, Girondins, Montagnards, partent de l'idée que seuls, ils sauront sauver le peuple. Par quelle voie? Nulle qui leur soit propre. Ils n'ont ni le temps, ni l'idée même, de chercher des choses nouvelles. Ils n'ajoutent rien, comme philosophie, aux théories de Rousseau, à la formule de Sieyès, qui en dérive ; je parle du *droit du nombre ;* seulement, ils l'appliquent diversement. Sur quoi ce droit est-il fondé? quel est le droit des classes les plus nombreuses, des classes non cultivées, le droit de l'instinct, de l'inspiration naturelle? en quoi ces classes voient-elles mieux, souvent, que les classes cultivées? Ils ne songèrent nullement à éclaircir ces questions *.

La stérilité des Girondins ne tint pas, comme on le dit, à leur qualité de *bourgeois*, mais à leur fatuité d'avocats, de scribes. Les Jacobins, on le verra, furent également des *bourgeois*. Pas un des meneurs jacobins ne sortait du peuple.

Scribes, avocats, disputeurs, les Girondins crurent régenter le peuple par la puissance de la Presse. Brissot, que j'ai appelé plus haut un doctrinaire républicain, dit dans sa lettre à Barnave :

« Autant un homme libre est au-dessus d'un esclave, autant un philosophe patriote est au-dessus d'un patriote *ordinaire*. » Brissot ignore que l'instinct et la réflexion, l'inspiration et la méditation, sont impuissants l'un sans l'autre ; que le philosophe qui ne consulte pas sans cesse les instincts du peuple reste dans une vaine et sèche scolastique ; que nulle science, nul gouvernement n'est sérieux sans cet échange de lumières.

Ces docteurs ont cru, précisément comme ceux du moyen âge, posséder seuls la raison en propre, en patrimoine ; ils ont cru également qu'elle devait venir d'en haut, du plus haut, c'est-à-dire d'eux-mêmes ; qu'elle tombait sur le simple peuple de la tête du philosophe et du sage.

Girondins et Montagnards, ils sont d'accord là-dessus. Ils parlent toujours du peuple, mais se croient bien au-dessus. Les deux partis également, nous le mettrons en lumière d'une manière évidente, reçurent toute leur impulsion des lettrés, d'une aristocratie intellectuelle.

Les Jacobins portèrent l'orgueil à la seconde puissance ; ils adorèrent leur sagesse. Ils firent de fréquents appels à la violence du peuple, à la force de ses bras ; ils le soldèrent, le poussèrent, mais ne le consultèrent point. Ils ne s'informèrent nullement des instincts populaires qui réclamaient dans les masses contre leur système barbare*. Tout ce que leurs hommes votaient dans les Clubs de 93, par tous les départements, se votait sur un mot d'ordre envoyé du saint des saints de la rue Saint-Honoré. Ils tranchèrent hardiment par des minorités imperceptibles les questions nationales, montrèrent pour la majorité le dédain le plus atroce, et crurent d'une foi si farouche à leur infaillibilité, qu'ils lui immolèrent sans remords un monde d'hommes vivants.

Voilà ce qu'ils dirent à peu près : « Nous sommes les sages, les forts ; les autres sont des idiots de modérés, des enfants, des vieilles femmes. Notre doctrine est la bonne, si notre nombre est minime. Sauvons, malgré lui, ce bétail. Qu'on en tue plus ou moins, qu'importe ? Cela vivait-il, vraiment, pour se plaindre de mourir ? La terre y profitera. »

« Un jour de crime seulement... » C'est ce que disait ce bon Louis XI : « Encore un petit crime seulement, ma bonne Vierge, seulement la mort de mon frère, et le royaume est sauvé. »

« Un jour de crime seulement, demain le peuple est sauvé ; nous *mettons* la Morale et Dieu à l'ordre du jour. » Autrement dit : « Quand nous aurons rendu ce peuple exécrable au monde, *mettant* sous son nom ce que fait malgré lui une petite minorité, quand nous aurons brisé en lui, par les honteuses habitudes de la peur, tout ressort moral, alors, au moyen d'une petite *proclamation*, d'un morceau de papier timbré, tout renaîtra, se relèvera ; l'âme flétrie de ce peuple va refleurir devant le ciel et la terre. »

Chirurgiens ineptes, qui, dans votre profonde ignorance de toute médecine, croyez tout sauver en enfonçant le fer au hasard ici et là dans le malade, qui vous a donné sur lui cette autorité ? — Tailler, et puis couper encore, c'est toute votre science ; le mal repousse à côté ? encore un morceau de chair !

Voilà une bien terrible aristocratie, dans ces démocrates :

« Nous sommes des docteurs, nous ; le malade ne sait ce qu'il dit... Nous le guérirons, quoi qu'il fasse ; il sera bien content demain ; il ne lui en aura coûté que tel accessoire, un nez, un œil, une oreille, un bras, une jambe, la tête, à prendre les choses au pis ; eh bien, le tronc sera sauvé !

La situation était atroce ; mais elle était ridicule, c'est ce qui nous tira de là. Qui tuera le rire de la France ? Il tuerait plutôt le reste.

Pendant que les faux Rousseau prouvent à la Convention, au nom des principes, qu'elle doit s'exterminer elle-même, pendant qu'elle baisse la tête et n'ose dire : Non..., voici un incident grave : Voltaire ressuscite.

Béni sois-tu, bon revenant ! tu nous viens en aide à tous. Nous étions bien embarrassés sans toi, personne ne pouvait arrêter la mort déchaînée au hasard. Les philanthropes du moment ont guillotiné la clémence ; ils ne savent plus eux-mêmes avancer ni reculer.

Le procès voltairien de la mère de Dieu (Catherine Théot), tombé dans la Convention, y soulève un rire immense... Miracle ! ces morts qui rient... Cette Assemblée condamnée, la tête sous le couteau, la mort dans les dents, s'oublie, elle éclate, ne peut se contenir. L'invincible torture du rire lui donnant la question, suscite du fond de ses entrailles ce qui eût semblé éteint, perdu pour toujours, l'étincelle de Voltaire... Disons mieux, la flamme immortelle du vrai génie de la France... Rire sacré, rire sauveur, qui vainquit la peur et la mort, rompit l'horrible enchantement.

L'apôtre de la Terreur, sous l'amusante figure de Messie des vieilles femmes, ne fut plus terrible à personne. Le terrorisme sentimental, la grimace de Rousseau (dont Rousseau eût eu horreur) ne put plus se soutenir. Le jour où le dictateur apparut comme roi futur des prêtres, la France réveillée le déposa à côté de Louis XVI.

Grande leçon pour les politiques, et qui doit les faire songer ! Qu'ils prennent garde à Voltaire ! cet homme-là ressuscite quand on y pense le moins. Robespierre s'en est mal trouvé. Chaque fois qu'on s'appuie sur Tartufe, ou qu'on veut s'y appuyer, Voltaire est là qui vous regarde...

Plusieurs demandent à quoi sert Voltaire, s'il n'est pas fini depuis longtemps, mort et enterré ? Non; il vit, pour surveiller les alliances monstrueuses.

Rousseau ne les empêche pas. Tout en renversant les bases du Christianisme comme *système*, il l'adopte comme *sentiment*. Les faux Rousseau ne manquent jamais de profiter de l'équivoque. Voltaire, qui vint avant Rousseau, doit encore revenir après, pour que la question ne s'obscurcisse, comme on tâche souvent de le faire.

La France aura toujours deux pôles, Voltaire et Rousseau; on n'ôtera pas plus l'un que l'autre. Que sert de commencer une entreprise impossible ? Pour faire plaisir aux prêtres, qui n'en sauront aucun gré ?

Le côté voltairien, né du sol et du vin des Gaules, perpétué des fabliaux en Rabelais, de Rabelais en Molière, en Voltaire, fleurit, fleurira, cultivé des Béranger de l'avenir. Ce n'est pas, comme vous croyez, un fruit sans conséquence de la vieille gaieté bourgeoise: c'est aussi, c'est avant tout, la ferme franchise gauloise, c'est la loyauté de ce peuple, c'est sa haine pour Tartufe (religieux, politique, philanthrope, peu importe).

Voltaire, un en trois personnes, dans ces trois vainqueurs de Tartufe, Rabelais-Molière-Voltaire, est, sous la variété infinie de ses formes vives et légères, malgré tel ou tel mélange accordé à l'esprit du temps, le fond même de ce peuple. Comment? *par sa haine du faux*, des vaines subtilités, des abstractions dangereuses, des scolastiques meurtrières; et puis *par son amour du vrai*, du positif et du réel, par son sincère attachement à la plus certaine des réalités, la vie, par sa touchante religion pour la pauvre vie humaine, si précieuse et si prodiguée... Par son bon cœur et son bon sens, il est profondément le peuple. Personne ne les séparera, il faut bien vous y résigner. Eussiez-vous l'esprit de Voltaire, vous n'arracherez pas Voltaire de l'esprit national, ni la France de la France.

CONCLUSION

Qu'ai-je fait dans ce volume? Une grande chose, une sainte chose, quelque mal que je l'aie faite; j'ai retrouvé l'*Histoire des Fédérations* vivante dans la mémoire du peuple, authentique dans les documents manuscrits. Personne en France (personne au monde peut-être) ne lira cela sans pleurer.

Bonheur singulier, trop grand pour un homme! j'ai tenu un moment dans mes mains le cœur ouvert de la France, sur l'autel des fédérations; je le voyais, ce cœur héroïque, battre au premier rayon de la foi de l'avenir!

Et dans les dernières pages (sur *la méthode et l'esprit du livre*), qu'ai-je dit?

Que sur l'Histoire du peuple, la haute et souveraine morale, c'était celle du peuple même, la tradition nationale, la conscience que la nation a de son passé.

L'historien, le politique, en racontant, en agissant, doivent, chacun à sa manière, reconnaître la souveraineté du peuple.

C'est ce que n'ont pas fait assez les grands acteurs de la Révolution : élevés dans l'abstraction, issus de race sophiste, ils ont beaucoup parlé du peuple, peu consulté l'instinct populaire.

Ils n'ont pas compris le peuple, c'est la faute de leur temps, de leur éducation. Mais, dévoués, désintéressés, ils ont eu la patrie dans le cœur. Toute sanglante de leurs fautes, elle réclame pour leur mémoire.

La Révolution n'est pas faite. Elle n'a encore ni sa base philosophique et religieuse, ni ses applications sociales. Il faut, pour qu'elle continue, moins sanglante et plus durable, qu'elle sache bien, avant tout, ce qu'elle veut, et où elle va.

Si nous voulons fermer la porte à l'avenir, étouffer les forces inventives, écoutons les endormeurs politiques ou religieux ; les uns qui cherchent la vie aux catacombes de Rome ; — les autres qui proposent pour modèle à la Liberté la tyrannie de la Terreur.

Ils nous disent également : « Ne cherchez point, vous avez des dieux, des saints, une légende toute faite. » Il ne s'agit plus alors, comme au moyen âge, que d'*imitation ;* ne cherchons rien, n'inventons rien, copions servilement ; au lieu de prendre l'esprit, reproduisons ridiculement la forme matérielle, comme ce moine qui, voulant renouveler la scène de Bethléhem, s'exerçait à *imiter* tantôt le bœuf, et tantôt l'âne.

S'il y a du bon dans les hommes du passé, c'est là où ils n'imitent point. Ressemblez-leur par le côté inventif et créateur ; et que faut-il pour cela ? Imiter ? Non ; créer comme eux.

L'obstacle à Dieu, ce sont les dieux. Pour rester libre de ceux-ci et maître de soi, il faut les regarder de près sur leur autel, toucher, pénétrer, fouiller. Ouvrez sans crainte ces idoles, ne vous en faites scrupule ; vous ne les tuerez pas, si ce sont des immortels.

Quant à moi, je ne pouvais aisément les reconnaître. Sans refuser à ces hommes ce que leur doit l'Histoire, il m'aurait semblé impie de perdre dans leur auréole l'immense et divine lumière du génie de la France dont ils ont été un reflet. — Comment aurais-je adoré les petits dieux de ce monde ? Je venais d'entrevoir Dieu.

Puisse cette vision sublime que nous eûmes de

lui un moment, dans l'acte solennel de la Fraternité française, nous relever tous, auteur et lecteurs, des misères morales du temps, nous rendre une étincelle héroïque du feu qui brûla le cœur de nos pères.

10 novembre 1847.

NOTES

Page 8 *

Rien de plus vide, de moins instructif, de plus habilement nul que les *Mémoires de Barnave*, sur 91. Lameth n'y arrive pas.

Page 13 *

Voy. le beau et très complet récit de M. Louis Blanc, *Histoire de la Révolution*, t. II.

Page 15 *

La Fayette, très subtil ici, prétend que Danton n'agissait que payé par la Cour : « Il venait, dit-il, de toucher cent mille francs pour remboursement d'une charge qui en valait dix mille. » Ce qui est plus sûr, c'est que Danton, en faisant refuser le drapeau au général, lui fit éprouver une mortification, mais lui épargna un crime

Page 38 *

Voy. les *Lettres de Léopold et de la Reine*, publiées dans la *Revue rétrospective*, en 1833, t. I et II de la seconde série, d'après les originaux, aux *Archives du royaume* : « Nous vous réitérons la demande de huit ou dix mille hommes, etc. » (1ᵉʳ juin 91.) *Voy.* aussi les *Lettres de la Reine*, publiées par Arneth, d'après les *Archives de Vienne*.

Page 42 *

Monsieur, tout au contraire, fut sauvé très habilement. Madame de Balbi, femme d'esprit (sa maîtresse, s'il eût pu en avoir une), le décida à se confier à un jeune Gascon, d'Avaray, qui l'emmena dans un mauvais cabriolet. Il passa seul ; et Madame, par une autre route. (*Voy. Relation d'un voyage à Coblentz*, 1823.)

Page 75 *

La Bouche de Fer était ouverte rue du Théâtre-Français (Ancienne-Comédie et Odéon), et non rue Richelieu, comme nous l'avons dit par erreur au deuxième volume de la première édition. Les Cordeliers étaient à deux pas, rue de l'École-de-Médecine ; la principale société fraternelle d'ouvriers, qui dépendait des Cordeliers, se réunissait rue des Boucheries. Legendre, Danton, Marat, Camille Desmoulins, Fréron, demeuraient tout près. — Si je faisais ici l'histoire de Paris, j'insisterais spécialement sur l'aspect de ce quartier, sur le rôle de cette redoutable section du Théâtre-Français, qui, dans tous les mouvements, agit seule et d'elle-même, comme une république à part. Je lis, le 21 juin, dans les Registres de la Ville : « La section et le Comité permanent du Théâtre-Français ordonne au bataillon de Saint-André-des-Arts de ne recevoir d'ordre que du Comité permanent, et de *faire arrêter tout aide de camp* qui se présenterait sur le territoire de la section.

Signé : Boucher et Momoro. » — Le Conseil municipal déclara cet arrêté nul, inconstitutionnel, et en écrivit au commandant général de la Garde nationale, pour qu'il agît au besoin. La section, voyant que Paris ne suivait pas son mouvement, répondit plus modestement au Conseil municipal : « Qu'elle n'avait pris cet arrêté que pour le salut public, qui était la suprême loi... mais que les ordres de la municipalité seraient respectés. Signé : Sergent et Momoro. » (Archives de la Seine, *Conseil général de la Commune*, registre 19.)

Page 76 *

Nous trouvons ce curieux détail sur Bonneville dans les *Lettres de madame Roland à Bancal*. — Ce fol admirable était plein de sens dans les grandes circonstances. Il ne se trompe ici ni sur la situation générale, ni sur les petites nuances. Seul alors il juge très bien La Fayette et Barnave, avec sévérité, avec équité et modération, précisément comme les jugera la postérité. — Bonneville n'a point de notice, que je sache, dans aucun dictionnaire biographique. Il était petit-neveu de Racine, et l'a souvent imité, copié même (par droit de famille, dit-il), dans son poëme mystique qu'il appelle une tragédie : *L'année MDCCLXXXIX, ou les Tribuns du peuple*. Il y a quelques beaux vers. — M. Tissot, professeur de philosophie, raconte, dans un fort bel article d'un journal de province, qu'il vit encore Bonneville à Paris en 1824. « Il traînait ses derniers jours au fond d'une arrière-boutique (rue des Grès, 14), où il avait été recueilli par une vieille marchande de bouquins, presque aussi pauvre que lui, et qui était restée son admiratrice enthousiaste. Elle cachait son dévouement, avec cette exquise pudeur dans le bien... Pour la rassurer, il fallait la certitude d'une communauté de sentiments et de culte. Oh ! alors, elle était heureuse de parler de M. Bonneville, de raconter sa vie, d'offrir, avec un certain mystère, un recueil de poésies nationales... Cette année même, Bonneville, qui n'était déjà presque plus de ce monde, finit par le quitter tout à fait ; il ne tarda pas à être suivi par sa bienfaitrice, dont je vois encore les larmes tomber sur sa robe de deuil. »

Page 94 *

Camille Desmoulins, qui écrit plusieurs jours après, mêle deux discours de Robespierre. Il lui prête ses idées, son style, le fait parler contre les prêtres, ce qu'il ne faisait guère, etc.

Page 95 *

Dès le matin, Danton avait pris contre La Fayette et les autorités de la Ville la plus violente initiative : « Le 21 juin, le département allant à l'Assemblée et traversant à pied les Tuileries, un particulier injuriait M. de La Fayette, disait qu'il était un traître. Danton, mon collègue, qui marchait avec nous, escorté de quatre fusiliers, lorsque nous n'avions aucun garde, se retourna et dit au peuple d'une voix très forte, d'un air menaçant : « Vous « avez raison, tous vos chefs sont des traîtres et vous « trompent. » Aussitôt des cris s'élevèrent : « Vive Dan-« ton ! Danton en triomphe !... Vive notre père Danton ! » (*Déposition de deux administrateurs du département. Archives de la Seine, carton 310.*)

Page 99 *

Voir cette scène arrangée (au point de vue de 1828) par Alexandre de Lameth (*Histoire de l'Assemblée constituante*, I, 427).

Page 99 **

Les Lameth appuyaient leur système sur l'alliance des diverses fractions, plus ou moins constitutionnelles, de l'Assemblée. Ils avaient rallié La Fayette, Sieyès ; il leur manquait encore le groupe qu'on appelait *monarchien*, Malouet, Clermont-Tonnerre, ces constitutionnels-royalistes qu'eux-mêmes, les Lameth, alors chefs des Jacobins, avaient chassés de Club en Club, de salle en salle, par la violence du peuple. Il s'agissait maintenant de se les associer, ces hommes si maltraités, de les employer près du Roi, de même qu'on employait La Fayette près du peuple de Paris. Dans la journée du 22, on parlementait avec eux, on prenait heure pour conférer le lendemain. Telles étaient, en effet, les prévisions naturelles : si le Roi n'était pas arrêté, s'il fallait traiter avec lui dans le camp des armées étrangères, les Monarchiens, Malouet, étaient l'intermédiaire naturel; si le Roi était arrêté, Lameth et Barnave se flattaient d'être ses sauveurs, ses confidents, ses conseillers obligés. (*Voy.* Droz, ici important; il suit les *Mémoires* inédits de Malouet.)

Page 101 *

Ce qui est fort curieux, c'est que Madame Roland, qui paraît avoir assisté à la scène, mais qui sans doute était tout entière à ses vives impressions, ne voit pas l'étrange adresse avec laquelle on changea le sens de cette manifestation contre la royauté : « Ils ont crié : « Vive la Loi ! Vive « la Liberté ! f. du Roi ! Vivent les bons députés ! *Que les* « *autres prennent garde à eux !...* » Durant cette scène imposante dans sa triviale énergie et faite pour encourager les républicains, les Jacobins passaient leur temps en discussions pitoyables : ils admettaient d'Orléans, Chapelier... Ils improuvaient Robert, qui vantait la République... » (*Lettres de madame Roland à Bancal des Issarts*, p. 252.)

Page 106 *

Rapport de M. Bodan, envoyé du Conseil municipal. (*Archives de la Seine*, carton 310, et registre 19, p. 95.)

Page 111 *

Les détails qui suivent paraîtront romanesques, et n'en sont pas moins très vraisemblables. Ils sont pris dans Weber, Valory, Campan, etc.

Page 113 *

Ce qui ajoute au caractère de Pétion un ridicule ineffaçable, c'est qu'il croit, dans le *Mémoire* inédit qu'il a laissé *sur le Voyage de Varennes*, que Madame Élisabeth, assise près de lui le second jour, et s'appuyant involontairement sur lui dans cette extrême fatigue, était amoureuse de lui ; enfin, pour parler le langage sensualiste du temps : « qu'elle cédait à la nature. »

Page 115 *

La famille royale fit la première couchée à Châlons, la seconde à Dormans. Là, les commissaires, sous le prétexte qu'on pouvait être encore poursuivi, déclarèrent qu'ils n'acceptaient d'escorte que celle de la cavalerie ; la Garde nationale à pied dut se retirer. C'était abréger le voyage, diminuer les chances de danger, d'insulte, etc.

Page 117 *

Barnave, violemment attaqué pour ce tête-à-tête, s'en justifie tardivement, dans son *Introduction à la Révolution*, écrite en 92 ou 93, en son plus extrême danger. Il allègue que, de toute façon, le temps aurait manqué ; ce qui n'est pas exact, du moins pour cette journée ; il dit lui-même, dans son *Rapport* à l'Assemblée, que, « n'ayant gardé que les Gardes à cheval, la marche fut très rapide de Dormans à Meaux. » D'où il suit qu'on dut arriver à Meaux de bonne heure, et s'y reposer. — Il dit encore (*OEuvres*, t. I, p. 132) : « M. Pétion me recommanda spécialement de dire que, pendant toute la route, nous ne nous étions pas quittés. » Je le crois bien. Tous deux avaient besoin d'une discrétion mutuelle. Pétion certainement avait vu le Roi en particulier, pour lui proposer l'évasion des Gardes du corps. Et Barnave, également, selon toute probabilité, vit la Reine en particulier et lui donna des conseils. Le témoignage de madame Campan, souvent peu grave, l'est ici beaucoup pour moi, parce qu'il est conforme, non seulement à la tradition, mais à la vraisemblance. Il n'est contredit que par Barnave, c'est-à-dire par un accusé, très intéressé à nier, et qui nie sous le couteau.

Page 131 *

Voy. les *Lettres de madame Roland à Bancal.* — *Voy.* aussi La Fayette, III, 177.

Page 136 *

Et c'est ici le moment. Ce n'est pas en 92, dans le terrible élan de l'action, que je pourrai m'arrêter; la poussière du combat qui s'élève alors m'empêcherait de bien voir. Les salons politiques, celui de madame de Staël, celui de Condorcet, rayonnent en 91. C'est alors que commence la toute puissante action de madame Roland; elle aura son avènement en 92, et vers la fin de cette année elle sera déjà dépassée. Donc, parlons-en aujourd'hui; saisissons-les vite au passage, le jour même où ils se montrent, ces pauvres acteurs d'un jour; ce serait déjà tard demain; je vois à l'horizon de grandes ombres.

Page 138 *

A mesure qu'on entrera dans une analyse plus sérieuse de l'histoire de ces temps, on découvrira la part souvent secrète, mais immense, que le cœur a eue dans la destinée des hommes d'alors, quel que fût leur caractère. Pas un d'eux ne fait exception, depuis Necker jusqu'à Robespierre. Cette génération raisonneuse atteste toujours les idées, mais les affections la gouvernent avec tout autant de puissance. L'exemple le moins contestable où ce caractère général du temps éclate en pleine lumière, est celui de Necker. Quand Necker, au jour de son triomphe, à la croisée de l'Hôtel de Ville, parut entre madame Necker et son enthousiaste fille, belle d'amour filial, qui lui baisait les mains et s'évanouit de bonheur, cette scène fit rire et pleurer; on y vit sa vie tout entière. Ce financier avait fait un mariage d'amour, qui resta tel jusqu'à la mort. Il avait épousé une demoiselle pauvre, simple gouvernante vaudoise, un ange de pureté et de charité. Un tel mariage, une telle fille, ardente alors pour la Liberté, c'est sans nul doute la cause principale qui mena d'abord Necker si loin dans la voie révolutionnaire, jusqu'au suffrage universel, mesure hardie, par delà son caractère, et peu conforme à ses doctrines. Les femmes le poussèrent ainsi. Puis les femmes le retardèrent. Le salon de madame de Staël, ses attachements intimes, furent de plus en plus constitutionnels, anti-républicains.

Page 142 *

Qui se souviendra des galanteries, des ridicules de cette femme charmante, en présence de sa destinée?... Elle flotta toute sa vie à la merci de son cœur; mais ce cœur était bon et généreux. Elle n'avait que le nécessaire, et pour l'impôt patriotique elle donna le quart de son revenu et le produit d'un de ses drames. Bernardin de Saint-Pierre lui écrit : « Vous êtes un ange de paix. » On frémit au souvenir des insultes que lui firent les barbares de la Terreur. Au Tribunal révolutionnaire, chose effroyable, elle fut reniée de son fils. Elle dit sur l'échafaud : «Enfants de la patrie, vous vengerez ma mort! »

Page 143 *

Le touchant petit livre, écrit avant la Révolution, a été publié après, en 98; il participe des deux époques. Les lettres sont adressées à Cabanis, le beau-frère de l'aimable auteur, l'ami inconsolable, le confident de la blessure profonde. Elles sont achevées dans ce pâle Élysée d'Auteuil, plein de regrets, d'ombres aimées. Elles parlent bas, ces lettres; la sourdine est mise aux cordes sensibles. Dans une si grande réserve, néanmoins, on ne distingue pas toujours, parmi les allusions, ce qui est des premiers chagrins de la jeune fille, ou des regrets de la veuve. Est-ce à Condorcet, est-ce à Cabanis, que s'adresse ce passage délicat, ému, qui allait être éloquent? mais elle s'arrête à temps : « Le réparateur et le guide de notre bonheur... »

Page 144 *

Lorsque Voltaire voulait qu'on préférât d'Aguesseau à Montesquieu.

Page 145 *

Voir le portrait de Condorcet, par mademoiselle Lespinasse, t. XII des *OEuvres complètes*, publiées par madame Condorcet O'Connor, avec une *Notice* de M. Arago, des *Notes* de M. Génin, etc.

Page 145 **

Sous ces formes sèches et froides, il avait une sensibilité profonde, universelle, qui embrassait toute la Nature. *Voir* dans son testament (t, XII des *OEuvres*), adressé à sa fille, sa touchante réclamation en faveur des animaux.

Page 153 *

On n'en doutera nullement si on lit les *Lettres écrites de Suisse, d'Italie, de Sicile et de Malte,* par M*** (Roland de La Platière), *avocat en Parlement, à mademoiselle* *** (Manon Phlipon, depuis madame Roland), *en 1776, 1777, 1778. Amsterdam, 1780, 6 vol. in-12.* Ce livre, écrit d'une manière inégale, parfois incorrecte et obscure, n'en est pas moins le Voyage d'Italie le plus instructif de tous ceux qu'on a faits au dix-huitième siècle. Il témoigne des connaissances infiniment variées de l'auteur, qui embrasse son sujet sous tous les aspects, depuis la musique jusqu'aux plus minutieux détails du commerce et de l'industrie. Il voyageait ordinairement à cheval ou à pied, ce qui lui permettait d'observer de très près, de s'arrêter, de saisir bien des détails qui échappent à ceux qui vont en voiture. J'y vois entre autres choses curieuses, qui prouvent l'étendue du commerce de la France d'alors, que les gros draps d'Amiens se vendaient à Lugano. Il juge l'Italie religieuse et Rome spécialement au point de vue des philosophes de l'époque, mais souvent avec une douce équité trop rare chez eux, et qu'on s'étonne de trouver chez ce juge sévère. Tout ce qu'un honnête homme peut écrire à un honnête homme, il l'écrit, sans vaine réserve, à sa jeune correspondante, si pure, si forte, si sérieuse; il ne s'aperçoit en rien, dans ce commerce de deux esprits, des différences de sexe et d'âge. Cet homme de quarante-cinq ans n'avait d'ami que cette jeune fille de vingt, et que depuis il épousa. Il lui avait laissé ses manuscrits en partant pour ce voyage. Roland était brouillé avec ses parents, dévots et aristocrates. Mademoiselle Phlipon avait été obligée, par l'inconduite de son père, de se réfugier dans un couvent de la rue Neuve-Saint-Étienne, qui mène au Jardin des Plantes; petite rue si illustre par le souvenir de Pascal, de Rollin, de Bernardin de Saint-Pierre. Elle y vivait, non en religieuse, mais dans sa chambre, entre Plutarque et Rousseau, gaie et courageuse, comme toujours, mais dans une extrême pauvreté, avec une sobriété plus que spartiate, et semblant déjà s'exercer aux vertus de la République.

Page 154 *

Voyez les portraits de Lemontey, Rioufle, et tant d'autres : comme gravure, le bon et naïf portrait mis par

Champagneux en tête de la première édition des *Mémoires* (an VIII). Elle est prise peu avant la mort, à trente-neuf ans. Elle est forte, et déjà un peu *maman*, si on ose le dire, très sereine, ferme et résolue, avec une tendance visiblement critique. Ce dernier caractère ne tient pas seulement à sa polémique révolutionnaire; mais tels sont en général ceux qui ont lutté, qui ont peu donné au plaisir, qui ont contenu, ajourné la passion, qui n'ont pas eu enfin leur satisfaction en ce monde.

Page 155 *

Voyez la belle *Lettre à Bosc*, alors fort troublé d'elle et triste de la voir transplantée près de Lyon, si loin de Paris : « Assise au coin du feu, après une nuit paisible et les soins divers de la matinée, mon ami à son bureau, ma petite à tricoter, et moi causant avec l'un, veillant l'ouvrage de l'autre, savourant le bonheur d'être bien chaudement au sein de ma petite et chère famille, écrivant à un ami, tandis que la neige tombe sur tant de malheureux, je m'attendris sur leur sort, » etc. — Doux tableau d'intérieur, sérieux bonheur de la vertu, montré au jeune homme pour calmer son cœur, l'épurer, l'élever... Demain pourtant le vent de la tempête aura emporté ce nid!...

Page 156 *

Ce fut lui aussi, l'honnête et digne Bosc, qui, au dernier moment, s'élevant au-dessus de lui-même, pour accomplir en elle l'idéal suprême qu'il y avait toujours admiré, lui donna le noble conseil de ne point dérober sa mort aux regards, de ne point s'empoisonner, mais d'accepter l'échafaud, de mourir publiquement, d'honorer par son courage la République et l'humanité. Il la suit à l'immortalité, pour ce conseil héroïque. Madame Roland y marche souriante, la main dans la main de son austère époux, et elle y mène avec elle ce jeune groupe d'aimables, d'irréprochables amis (sans parler de la Gironde), Bosc, Champagneux, Bancal des Issarts. Rien ne les séparera.

Page 156 **

Si vous cherchez ces indices, on vous renvoie à deux passages des *Mémoires de madame Roland*, lesquels ne prouvent rien du tout. Elle parle des passions, « dont à peine, avec la vigueur d'un athlète, elle sauve l'âge mûr. » Que conclurez-vous de là ? — Elle parle des *bonnes raisons* qui, vers le 31 mai, la poussaient au départ. Il est bien extraordinaire et absurdement hardi d'induire que ces bonnes raisons ne peuvent être qu'un amour pour Barbaroux ou Buzot !

Page 156 ***

Les *Lettres de madame Roland à Buzot*, récemment publiées, ne changent rien à l'opinion que j'exprimais en 1848. L'écrit testamentaire de Buzot, publié par M. Dauban, témoigne par une allusion fort claire que ce sentiment resta toujours dans la plus haute région morale.

Page 193 *

Ami du peuple, n° 509, p. 8; n° 512, p. 8; n° 514, p. 4, etc.

Page 220 *

Spécialement à ce passage : « Mais, messieurs, mais, représentants d'un peuple généreux et confiant, rappelez-vous, » etc. *(Voy.* l'original conservé aux *Archives de la Seine).* — J'avais cru d'abord voir les premiers cahiers tachés de sang; mais c'est l'encre jetée par pâtés, qui, en s'évaporant, a laissé des traces d'un jaune rougeâtre. — La signature d'Hébert n'est point du tout en pattes d'araignée, comme quelques-uns l'ont dit; elle est peu allongée, plutôt basse et sans caractère, de tout point commune. — Parmi les signatures, il y a celle d'un ingénieur, de plusieurs mécaniciens, d'un peintre en miniature, celle d'une *marchande de modes, mademoiselle David, rue Saint-Jacques,* n° 173 (écriture facile et jolie), celle d'un professeur (bien mal orthographiée) : Vinssent, professeurs de langue. — Autre encore, bizarre, mais énergiquement motivée : « *Je renonce au roy je ne le veux plus le conette pour le roy je suis sitoïien fransay pour le patry du bataillon de Boulogne Louis Magloire l'aine à Boulogne.* » — La dernière signature est celle de *Santerre,* écrite à main posée, et probablement ajoutée le soir au faubourg Saint-Antoine, où, selon toute apparence, la pétition fut sauvée et cachée.

Page 225 *

Madame Roland y avait été le matin. Madame Robert (mademoiselle Kéralio) était encore sur l'autel, près de son mari. Madame de Condorcet était dans le Champ-de-Mars; il y a du moins lieu de le croire, car Condorcet dit qu'à ce moment même on y promenait son enfant, âgé d'un an.

Page 226 *

Je dois ce beau récit, jusqu'ici inédit, à mon vénérable confrère, M. Moreau de Jonnès.

Page 234 *

« Le corps municipal employait tous ses efforts pour faire cesser le feu, et M. le commandant général, qui était plus avancé dans le Champ-de-Mars, était accouru pour rétablir l'ordre. » *Procès-verbal* conservé aux *Archives de la Seine.*

Page 236 *

La Fayette, dans ses *Mémoires* (où il parle, en vérité, d'une manière trop dégagée d'un si cruel événement), suppose que deux chasseurs furent tués *avant* le massacre ; il est constaté qu'ils le furent *après*, dans la soirée où dans la nuit. Il n'y eut, avant le massacre, que deux personnes blessées, un aide de camp du général, et le dragon près de Bailly.

Page 243 *

D'où résulta que la petite Terreur des constitutionnels ne fut que ridicule. Le 18 juillet, madame Robert, en grandes plumes, M. Robert, en habit bleu céleste, etc., traversaient Paris pour aller dîner chez madame Roland.

Page 244 *

En août, Robespierre se relève assez habilement par une longue *Adresse aux Français*, de cinquante pages, expliquant pourquoi il ne s'est pas déclaré plus promptement pour la République : « Quant au monarque, je n'ai point partagé l'effroi que le titre de Roi inspire à presque tous les peuples libres, » etc.

Page 245 *

Une partie des bâtiments du couvent était louée, sous-louée à d'autres personnes, à des royalistes entre autres, comme l'historien Beaulieu, qui prenaient un sombre plaisir à épier leurs ennemis, à les tenir sous leurs regards malveillants et curieux, à les maudire à toute heure.

Page 251 *

Elle avoue *(Lettres à Bancal*, p. 272) qu'une grande partie des Adresses républicaines des provinces s'étaient écrites, à Paris, chez elle.

Page 266 *

Camille Desmoulins dit très bien : « On a laissé à la

France le nom de monarchie, pour ne pas effaroucher ce qui est cagot, idiot, rampant, animal d'habitude; mais, à part cinq ou six décrets, contradictoires avec les autres, on nous a constitués en République. »

Page 269 *

C'est vers cette époque, si je ne me trompe, que l'habit olive, le premier habit (au dire de M. Villiers, qui logeait d'abord avec Robespierre), doit avoir un successeur. En quittant sa solitude, changeant de quartier, de maison, il prit vraisemblablement l'habit rayé qu'on portait beaucoup alors, et qu'on voit dans tous ses portraits.

Page 280 *

Et le pis, c'est que Barnave, qui se dévouait pour la Reine, se défiait d'elle et craignait sa duplicité : il exigeait qu'elle lui montrât toutes ses lettres (*Voy.* madame Campan). Avait-il tort? Je ne le sais. Le roi de Suède, qui probablement savait bien la pensée des Tuileries, écrit peu après à Bouillé (décembre) que tout ce qu'on veut, c'est « d'endormir l'Assemblée. »

Page 284 *

Relativement à l'élection, la véritable pensée du Clergé d'alors, plus sincère que celui d'aujourd'hui, est parfaitement exprimée dans l'article Pie VI, de la *Bibliographie universelle de Michaud*, t. XXXIV, p. 310 : « La Constitution civile du Clergé livrait *à tout ce qu'il y a de plus vil et de plus abject dans l'ordre social* l'élection de ce qu'il y a de plus élevé et de plus pur dans le sacerdoce. »

Page 285 *

MM. de Maistre et de Bonald ont solidement établi qu'il n'y a nul accord possible entre la Liberté et l'Église, entre la Révolution et le Christianisme. (*Voy.* aussi notre *Introduction*, t. I de cette *Histoire* ; et t. II.)

Page 297 *

Le soin intelligent avec lequel le Clergé faisait cultiver certaines vignes de luxe, tel et tel clos célèbres, a donné à ses cultures une réputation bien peu méritée. L'administration ecclésiastique avait à la fois deux défauts qui semblent s'exclure : la *mobilité* et l'*inertie*. — La *mobilité* : les mutations continuelles de bénéfices et le changement de bénéficiers mettaient dans l'existence du fermier une incertitude fâcheuse; la mutation, en certains cas, pouvait le déposséder inopinément. — *L'inertie* : l'activité, le progrès, n'étaient nullement encouragés par un corps dont les revenus dépassaient infiniment les besoins; les constructions immenses, et souvent sans utilité, que firent, au dix-huitième siècle, les corporations monastiques, montrent que, positivement et à la lettre, elles ne savaient plus que faire de leurs revenus. Dans plusieurs, le nombre des moines était réduit presque à rien. Saint-Vandrille, par exemple, fondé pour mille moines, n'en nourrissait plus que quatre. Comment s'étonner si l'administration de ces maisons était inerte et négligente, les cultures peu encouragées ? etc.

NOTES

DE LA MÉTHODE ET DE L'ESPRIT DE CE LIVRE

Page 312 *

Ceci ne contredit en rien ce que nous avons dit au chapitre X du livre IV. Là il s'agit du *public*, là il s'agit du *peuple*. Ce serait faire injure à l'intelligence du lecteur que d'expliquer la différence.

Page 321 *

Dans un très bel article où le journal *La Fraternité* pose le véritable idéal de l'Histoire, il réduit trop cependant la part du génie individuel (N° d'octobre 1847).

Page 323 *

Nous n'avons, en cette *Histoire*, nul intérêt que la vérité. Nous ne suivons à l'aveugle nulle passion de parti. La seule réclamation grave, sous ce rapport, qui nous soit parvenue, est celle des familles Foulon et Bertier. Une attaque violente et personnelle d'un membre de la famille Bertier n'a nullement ébranlé notre ferme résolution d'être juste pour tous, amis et ennemis. Le fils et le petit-fils des deux victimes, vieillards aujourd'hui fort âgés, nous ont transmis des *mémoires* très étendus. Ils tendent à établir, quant à Foullon : Qu'il ne fut ni traitant, ni financier, ne spécula point sur les grains, ne rançonna point le pays ennemi, ne conseilla point la banqueroute ; qu'il était bienfaisant, et que, dans le rude hiver de 89, il dépensa soixante mille francs en travaux pour occuper les pauvres ; que sa fortune, moins considérable qu'on n'a dit, provenait de son mariage et de ses économies (ceci est établi dans le *mémoire* par un calcul fort spécieux). *Quant à Bertier*, sa famille affirme qu'il était fort riche, même avant d'épouser la fille de Foulon ; qu'il était homme de mœurs austères, administrateur actif, ami des réformes et des améliorations, qu'il en fit ou proposa plusieurs (cadastre et péréquation de l'impôt, dépôts de mendicité, écoles vétérinaires, fermes-modèles, comices agricoles, etc.) ; les Bertier occupaient, dès le dix-septième siècle, des places importantes dans la magistrature et l'administration, étaient alliés aux plus grandes familles de robe, etc. — Plusieurs de ces faits peuvent être vérifiés dans nos dépôts publics. La famille le fera sans doute. Quant à la question *politique*, qui nous importe surtout en ceci, la lecture attentive de ces *mémoires* n'a point changé notre opinion, conforme à celle de la majorité des contemporains *et des constitutionnels*, Mounier, La Fayette, les Amis de la Liberté, *Le Moniteur*, etc.; *et des royalistes* même (Beaulieu, II, 10, Ferrières, I, 155; Choiseul, 220), qui sont peu favorables à Foulon et à son gendre. L'enquête juridique faite alors montre assez que Foulon était le conseiller de la contre-révolution, que Bertier en était l'exécuteur le plus énergique; il est prouvé par ses lettres, reçus, etc., qu'il faisait fabriquer la poudre, les cartouches. Quant à l'ordre qu'il aurait reçu *de couper les blés en vert*, pour nourrir la cavalerie, Bertier le niait si peu, *qu'il désirait vivement faire venir cet ordre*, qui eût reporté la responsabilité sur le ministre dont Bertier était l'instrument; c'est ce qu'il dit lui-même, dans cette journée fatale, à M. Étienne de La Rivière qui l'amenait à Paris, qui le défendait et le couvrait de son corps. Il essaya en vain d'écrire sur la forme de son chapeau pour faire venir cet ordre; on l'empêcha. Beaucoup de gens étaient fort *intéressés* à ce qu'il ne fût pas interrogé, et sans doute ils hâtèrent sa mort. Cet ordre et l'interrogatoire auraient dévoilé sans doute le projet de la Cour, qui, hésitant à engager ses troupes dans cette grande ville en armes, eût mieux aimé la tenir assiégée et affamée. On craignait tellement la déposition de La Rivière à ce sujet, qu'on trouva moyen d'empêcher les journaux de la donner autrement que par extraits infidèles. Le seul *Ami du Peuple* l'inséra intégralement (15 janvier 1790, n° XCVIII, p. 5). S'il s'agissait d'une opinion du journaliste, j'aurais quelque défiance, le connaissant si violent, si crédule; il s'agit ici d'une pièce qu'aucun journal imprimé publiquement n'aurait osé publier. La seule difficulté que je trouve, c'est que cet ordre, si contraire au caractère connu de Necker, porte au bas son nom. L'ordre, approuvé ou non de lui, n'en aura pas moins été envoyé par le Conseil des ministres sous le nom du ministre dans les attributions duquel se trouvait l'affaire. — Nous avons examiné tout ceci très froidement, comme on peut croire, avec un respect réel de la vérité, un ferme désir d'être juste. Seulement nous devons rappeler une grave parole de M. de Bouillé (lettre à M. de Choiseul), qui pose et formule très bien les libertés de l'Histoire : « Le caractère des hommes publics appartient au public, non à leur famille. »

Page 329 *

« Il y avait à côté 500 louis d'or, qui m'ont été volés aussi. » (*Exposé justificatif du sieur Réveillon*, réimprimé à la fin du premier volume de Ferrières, page 422, éd. 1822.)

Page 339 *

J'en ferais un livre plus gros que le leur; mais ce qu'il y a de plus curieux, c'est de voir comme ils escamotent les affaires ecclésiastiques, suppriment les discours les plus forts sur ces matières, les disant de peu d'importance, tandis que, dans leurs préfaces, les mêmes matières sont présentées comme les plus importantes. — Parfois, l'esprit de système les mène à des mutilations très graves. Par exemple, au 6 août 89, ils suppriment la *proposition* que fait Buzot de déclarer que « les biens ecclésiastiques appartiennent à la nation. » Ils craignent de donner à un homme de la Gironde cette grande initiative. — Au 27 juillet 89, ils omettent une discussion tout entière, ce qui les dispense de dire que Robespierre demanda la violation du secret des lettres, etc., etc. (*Voyez* le t. II, 1re édition, 1834).

Page 343 *

« Dieu, dit-on, ne doit rien à ses créatures. Je crois qu'il leur doit tout ce qu'il leur promit en leur donnant l'être. » (*Émile*, liv. IV.)

Page 343 **

« L'égalité de Droit, et la notion de Justice *qu'elle produit*, dérivent de la préférence que chacun se donne. » Il dit, quelques lignes plus haut, que si tous, dans la Cité, désirent le bonheur de tous, c'est qu'ils y voient leur intérêt (liv. II, chap. IV). Cette doctrine peu élevée rappelle que le *Contrat social* fut écrit d'abord à Venise.

Page 346 *

Sont-elles éclaircies aujourd'hui ? Pas encore. Qu'on sache bien cependant que nulle amélioration sociale n'est possible, tant que ces questions ne seront pas résolues, et leur formule posée. Un essai a été fait dans ce but, faible essai, mais le premier : c'est la deuxième partie de mon livre du *Peuple*, la chose la plus sérieuse peut-être que j'aie écrite, celle qui, tout au moins, témoignera de ma bonne volonté.

Page 348 *

L'organe véritable des masses fut l'infortuné Loustalot, rédacteur des *Révolutions de Paris*, qui mourut à vingt-neuf ans, après avoir obtenu un succès tel que la Presse, ni avant, ni après, n'en peut citer un semblable: son journal fut tiré parfois, je l'ai fait remarquer, à deux cent mille exemplaires! Mirabeau tirait à dix mille; la société centrale des Jacobins, à trois mille; etc. — Malgré la légitime colère qu'inspire à Loustalot la contre-révolution, (et dont il est mort), il réclame avec une vigueur admirable les Droits de l'humanité; en ce point, il réclame hardiment, sans ménagement pusillanime pour sa popularité. Il sent trop bien que c'est le cœur même du peuple qui parle en lui. Il censure les devises menaçantes qui avaient paru à la Fédération, et propose celle-ci: Vaincre et pardonner. Il pousse un cri de fureur contre les assassins du boulanger François (oct. 89): « Des Français? des Français? non, ces monstres n'appartiennent à aucun pays; le crime est leur élément; le gibet, leur patrie! »

FIN DU TOME III.

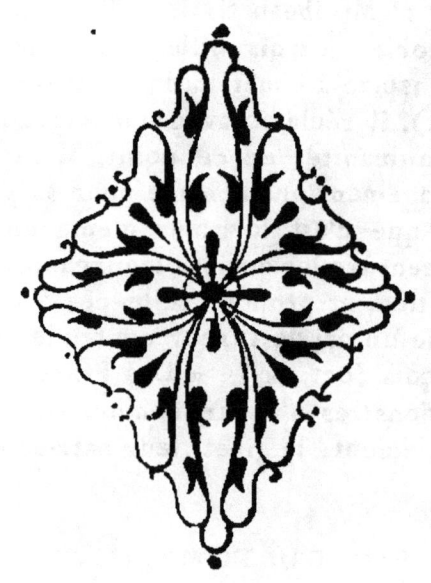

TABLE

TABLE

		Pages
Chapitre XI.	Intolérance des deux partis. — Progrès de Robespierre. . . .	1
XII.	Précédents de la fuite du Roi.	23
XIII.	Fuite du Roi à Varennes (20-21 juin 91) . .	45

LIVRE V

JUIN — SEPTEMBRE 1791

                                                             Pages

CHAPITRE I.   Impression de la fuite du Roi (21-25 juin 91)........   74

      II.   Le Roi et la Reine ramenés de Varennes (22-25 juin 91)..   103

      III.   Indécision, variations des principaux acteurs politiques (juin 91)........   122

      IV.   La société en 91. — Le salon de Condorcet.   134

      V.   Madame Roland...   151

      VI.   Le Roi interrogé. — Premiers actes républicains (26 juin — 14 Juillet 91)...   168

      VII.   L'Assemblée innocente le Roi (15-16 juillet 91)........   189

		Pages
CHAPITRE VIII.	Massacre du Champ-de-Mars (17 juillet 91)	209
IX.	Les Jacobins abattus, relevés (juillet 91) .	233
X.	La Revision. — Alliance manquée entre la gauche et la droite (août 91).	254
XI.	Prêtres et Jacobins. — Vente des biens nationaux (septembre 91)	273

DE LA MÉTHODE ET DE L'ESPRIT DE CE LIVRE. 307
CONCLUSION. 353

NOTES 357

Achevé d'imprimer

le trente mars mil huit cent quatre-vingt-huit

PAR

ALPHONSE LEMERRE

(Aug. Springer, *conducteur*)

25, RUE DES GRANDS-AUGUSTINS

A PARIS

www.ingramcontent.com/pod-product-compliance
Lightning Source LLC
Chambersburg PA
CBHW060615170426
43201CB00009B/1021